中国氢发动机发展权威解读

Authoritative Interpretation of Hydrogen Engine Development in China

中国氢发动机产业发展

蓝皮书

Blue Book on the Development of
Hydrogen Engine Industry in China

中国内燃机学会　编著

Chinese Society for Internal Combustion Engines　Edited

中国建设科技出版社有限责任公司
China Construction Science and Technology Press Co., Ltd.

北　京

图书在版编目（CIP）数据

中国氢发动机产业发展蓝皮书/中国内燃机学会编著. 北京：中国建设科技出版社有限责任公司，2025.8.
ISBN 978-7-5160-4578-7

Ⅰ.F426.47

中国国家版本馆 CIP 数据核字第 2025M8N309 号

内 容 简 介

本书总结概括了氢能产业链及氢发动机产业在中国的发展情况，共 7 章。第 1 章阐述氢发动机产业发展的总体情况；第 2 章提出氢发动机发展的技术路线图，阐述氢发动机的共性关键技术；第 3 章总结氢发动机相关标准及产业发展政策；第 4 章从制、储、运、加和用等角度阐述氢能产业链关键技术；第 5 章对氢发动机使用安全与管理问题进行介绍；第 6 章对氢发动机未来发展前景进行展望；第 7 章邀请多位行业专家对氢发动机相关技术领域的发展提出意见和建议。

本书既是一本面向氢发动机产业的战略手册，也是一扇面向公众的科普之窗，既可供从事发动机及氢能相关领域专业的技术和管理人员参考，也可作为相关投融资机构人员的重要参考资料；还可供关心新能源及其动力发展的大众阅读。

中国氢发动机产业发展蓝皮书
ZHONGGUO QINGFADONGJI CHANYE FAZHAN LANPISHU
中国内燃机学会　编著

出版发行：中国建设科技出版社有限责任公司
地　　址：北京市西城区白纸坊东街 2 号院 6 号楼
邮　　编：100054
经　　销：全国各地新华书店
印　　刷：北京联兴盛业印刷股份有限公司
开　　本：787mm×1092mm　1/16
印　　张：10.5
字　　数：200 千字
版　　次：2025 年 8 月第 1 版
印　　次：2025 年 8 月第 1 次
定　　价：168.00 元

本社网址：www.jskjcbs.com，微信公众号：zgjskjcbs
请选用正版图书，采购、销售盗版图书属违法行为
版权专有，盗版必究。本社法律顾问：北京天驰君泰律师事务所，张杰律师
举报信箱：zhangjie@tiantailaw.com　　举报电话：(010) 63567684
本书如有印装质量问题，由我社事业发展中心负责调换，联系电话：(010) 63567692

编 委 会

(排名不分先后)

主　　编：孙柏刚

副 主 编：帅石金　林铁坚　李志杰　杨正军　祖炳锋
　　　　　李金成　杨国峰

参　　编：王　辉　覃玉峰　马俊杰　谷允成　谭治学
　　　　　沈富超　马　骁　任烁今　吴涛阳　罗庆贺
　　　　　牛庆宇　蔡晓林　孟　雨　刘凡硕　钱丁超
　　　　　刘耀东

顾问委员会

(排名不分先后)

特 邀 专 家：李　骏　曹湘洪　丁文江　潘复生
　　　　　　　赵　华　吴志新
专家委员会主任：李　骏
专家委员会副主任：李树生
专家委员会成员：黄佐华　谢　辉　林　赫　成晓北
　　　　　　　　赵　华　徐宏明　湛日景　王　辉
　　　　　　　　曾笑笑　刘　磊　刘双喜　李开国
　　　　　　　　杨冬霞　王　云　金　鹏　周金广
　　　　　　　　胡志明　宋国民　张社民　邓　飞
　　　　　　　　蔡晓林

在全球能源绿色低碳转型和我国"双碳"目标背景下，发动机行业面临巨大挑战，但也存在重大发展机遇，采用低碳与零碳燃料是全球发动机行业实现可持续发展的主要技术途径之一。氢能具有来源广泛、燃烧热值高、清洁无污染、应用场景广泛等优势，被各国视为构建未来清洁能源体系、推动经济社会高质量发展的战略性选择。氢发动机是我国发动机行业实现国家"双碳"目标的重要技术途径之一，也是行业绿色转型的重要技术推动力。氢发动机通过氢燃烧方式实现能量转化，其主要燃烧产物是水，可以实现近零 NO_x 排放，且具有较高热效率，是氢能实现大规模应用的重要发展方向。

近年来，国内外发动机相关企业已开发了多款道路和非道路用氢发动机，部分科研院所和高校已在氢发动机相关的基础理论和前沿技术方面开展了深入研究。我国在氢发动机关键技术研发、核心零部件攻关、示范应用推广以及氢能基础设施建设等方面均取得了令人瞩目的进展，氢发动机部分技术指标已达国际先进水平，氢能产业链上下游协同发展效应初显，从制、储、运、加到氢发动机应用的生态体系正在加速构建，这充分展现了我国发展氢能及氢发动机产业的坚定信心与巨大潜力。

中国内燃机学会响应国家"双碳"目标重大需求，2024 年 4 月成立中国内燃机学会氢发动机创新联合体，旨在加快推动建立及完善氢发动机测评、标准及政策体系，联合攻关氢发动机产业化共性关键技术，突破氢发动机可靠性和安全性发展瓶颈，推动氢发动机应用示范，助力内燃机产业高质量发展。《中国氢发动机产业发展蓝皮书》是中国内燃机学会编写的首部面向行业未来发展的产业研究报告，在聚焦氢发动机产业发展战略和技术的同时，亦致力于搭建专业研究者与公众认知的桥梁，回应公众对氢发动机发展的关切，推动氢能及氢发动机的科学普及与友好环境的形成。

本书总结概括了氢能产业链及氢发动机产业在中国的发展情况，共 7 章。第 1 章阐述氢发动机产业发展的总体情况；第 2 章提出氢发动机发展的技术路线图，阐述氢发动机的共性关键技术；第 3 章总结氢发动机相关标准及产业发展政策；第 4 章从制、储、运、加和用等角度阐述氢能产业链关键技术；第 5 章对氢发动机使用安全与管理问题进行介绍；第 6 章对氢发动机未来发展前景进行展望；第 7 章邀请多位行业专家对氢发动机相关技术领域的发展提出意见和建议。

中国内燃机学会氢发动机创新联合体理事长单位和副理事长单位全程参与书稿整理，其中广西玉柴机器股份有限公司编写了第 1 章，潍柴动力股份有限公司编写了第 2 章的技术路线图，清华大学编写了第 2 章的共性关键技术，中国汽车技术研究中心有限公司编写了第 3 章，北京理工大学编写了第 4 章，天津内燃机研究所编写了第 5 章，中国第一汽车集团有限公司研发总院编写了第 6 章，中国内燃机学会秘书处结合专家访谈编写了第 7 章。

本书既是一本面向氢发动机产业的战略手册，也是一扇面向公众的科普之窗，既可以供从事发动机及氢能相关专业领域的技术和管理人员参考，也可以作为相关投融资机构人员的重要参考资料；还可以供关心新能源及其动力发展的大众阅读。

在本书成稿过程中，编写组借鉴了国内外氢发动机相关行业的资料及已有研究成果，在此对相关材料的提供者表示最衷心的感谢；同时，也要感谢参与本书编写的所有专家，感谢他们在本职工作之外花费大量时间调研、查找相关资料，并且多次挤占他们的休息时间组织和参与会议进行研讨交流。限于著者水平，本书难免存在不妥之处，恳请读者提出意见和建议。

中国内燃机学会

2025 年 8 月

Preface

Under the background of global energy green and low-carbon transformation and China's "dual carbon" goals, the engine industry faces significant challenges substantial opportunities for development. Adopting low-carbon and zero-carbon fuels is one of the primary technological pathways for the global engine industry to achieve sustainable development. Hydrogen energy, with its advantages of wide availability of sources, high heating value, clean and carbon-free nature, and diverse application scenarios, is regarded by countries worldwide as a strategic choice for building future clean energy systems and promoting high-quality economic and social development. Hydrogen engines represent one of the important technological pathways for China's engine industry to serve the national "dual carbon" strategy and act as a key technological driver for the industry's green and low-carbon strategic transformation. Hydrogen engines achieve energy conversion through hydrogen combustion, with water as the primary product. They can achieve near-zero NO_x emissions and offer high thermal efficiency, making them a vital development direction for the efficient application of hydrogen energy.

In recent years, domestic and international engine-related enterprises have developed multiple hydrogen engines for both road and non-road applications. Research institutes and universities have conducted in-depth research on fundamental theories and cutting-edge technologies related to hydrogen engines. China has made remarkable progress in key technology R&D, core component development, demonstration application promotion, and hydrogen energy infrastructure construction. Some technical indicators of Chinese hydrogen engines have reached internationally advanced levels, and the synergistic development effect across the hydrogen energy industry chain is beginning to emerge. The ecosystem encompassing hydrogen production, storage, transportation, refuelling, and engine application is being rapidly developed, fully demonstrating China's strong confidence and immense potential in advancing the hydrogen energy and hydrogen engine industry.

In response to the major demands of the national "dual carbon" strategy, the Chinese Society for Internal Combustion Engines (CSICE) established the CSICE Hydrogen Engine Innovation Alliance in April 2024. The Alliance aims to accelerate the establishment and improvement of hydrogen engine evaluation, standardization, and policy systems; jointly tackle common key technologies for hydrogen engine industrialization; overcome bottlenecks in hydrogen engine reliability and safety development; promote application demonstrations; and support the high-quality development of the internal combustion engine industry. *The Blue Book on the Development of Chinese Hydrogen Engine Industry in China* is the first industry research report compiled by CSICE focusing on the industry's future development. While concentrating on hydrogen engine industry strategy and technology, it also strives to build a bridge between professional researchers and public understanding, address public concerns regarding hydrogen engine development, promote scientific awareness of hydrogen energy and hydrogen engines, and foster a supportive environment.

This Blue Book provides an overview of the hydrogen energy industry chain and the development status of the hydrogen engine industry. It comprises seven chapters.

- Chapter 1 elaborates on the development status of the hydrogen engine industry, by Guangxi Yuchai Machinery Co., Ltd.
- Chapter 2 presents a development roadmap and details the common key technologies for hydrogen engines, the development roadmap by Weichai Power Co., Ltd and the common key technologies by Tsinghua University.
- Chapter 3 summarizes relevant standards and industrial development policies for hydrogen engines, by China Automotive Technology & Research Center Co., Ltd.
- Chapter 4 details key technologies in the hydrogen energy industry chain (production, storage, transportation, refuelling, and utilization), by Beijing Institute of Technology.
- Chapter 5 addresses safety and management issues in hydrogen engine use, by Tianjin Internal Combustion Engine Research Institute.
- Chapter 6 offers an outlook on the prospects of hydrogen engines, by China FAW Research and Development Institute.
- Chapter 7 presents opinions and suggestions from multiple industry experts on

the development of hydrogen engine-related technologies, CSICE Secretariat (based on expert interviews).

The Chairman and Vice-Chairman units of the Hydrogen Engine Innovation Alliance participated throughout the manuscript compilation.

The Blue Book serves not only as a strategic manual for the hydrogen engine industry but also opens a popular science window for the public. It is intended as a reference for technical and management personnel in engine and hydrogen energy-related fields, an important resource for personnel in related investment and financing institutions, and informative reading for the public interested in new energy and power development.

During the drafting of this Blue Book, the writing team drew upon materials and existing research from the hydrogen engine sector both domestically and internationally. We extend our sincerest gratitude to the providers of these materials. We also deeply thank all the contributing experts. Despite not being dedicated to this task full-time, they devoted significant effort beyond their primary responsibilities to research, source relevant information, and repeatedly organize and participate in discussions during their personal time. Given the authors' limitations, this Blue Book may inevitably contain shortcomings. We earnestly welcome readers' feedback and suggestions.

Chinese Society for Internal Combustion Engines
August 2025

- 1 氢发动机产业发展概述 001
  - 1.1 能源战略转型与绿色氢能 // 001
  - 1.2 氢发动机发展历史及产业现状 // 009
  - 1.3 氢发动机应用场景分析 // 013

- 2 氢发动机技术发展 021
  - 2.1 技术路线图 // 021
  - 2.2 混合气组织与控制技术 // 027
  - 2.3 燃烧组织与异常燃烧抑制技术 // 035
  - 2.4 可靠性技术 // 043
  - 2.5 有害物排放控制技术 // 048
  - 2.6 环境适应性技术 // 054
  - 2.7 振动噪声抑制技术 // 056

- 3 氢发动机政策与标准 060
  - 3.1 国际氢能产业政策 // 060
  - 3.2 中国氢发动机政策动态 // 063
  - 3.3 中国氢发动机标准法规建设 // 071

- 4 氢能产业链关键技术 083
  - 4.1 氢的来源及制备技术 // 083
  - 4.2 氢气储存和输送技术 // 087
  - 4.3 加氢站建设 // 099
  - 4.4 氢能应用 // 106

5 氢发动机使用安全与评价 110

5.1 氢发动机使用安全 // 110

5.2 氢泄漏检测与应急响应技术 // 113

5.3 氢安全管理体系 // 117

5.4 氢安全评价 // 123

6 氢发动机应用前景展望及发展建议 130

6.1 未来重大需求与技术关键点分析 // 130

6.2 氢发动机市场潜力与增长点 // 131

6.3 氢发动机产业发展愿景及行动建议 // 134

7 专家视点篇 139

7.1 氢能赛道中的务实先锋——氢发动机引领产业破局之路 // 139

7.2 氢发动机——氢能大规模应用的有力推动者 // 141

7.3 镁基固态储氢——氢发动机的系统集成创新与应用展望 // 143

7.4 氢能储运技术现状及镁基材料氢储运的发展潜力 // 146

7.5 氢内燃机的综合优势与技术展望 // 149

7.6 氢发动机政策标准现状及产业化展望 // 151

1 氢发动机产业发展概述

1.1 能源战略转型与绿色氢能

1.1.1 能源战略转型

2024年全球一次能源消耗已超过214.6亿吨标准煤，其中化石能源占比超过80%，不仅产生巨量温室气体排放，还加剧了日趋严重的环境污染问题。2016年4月全球171个缔约方签署了《巴黎协定》，其长期目标是在21世纪末将全球平均气温较前工业化时期上升幅度控制在2℃以内，并努力将温度上升幅度限制在1.5℃以内。联合国政府间气候变化专门委员会的研究报告显示，必须将全球温升控制在1.5℃左右，以避免严重的气候风险。为实现这个目标，全球温室气体排放要在2030年前降到比1990年水平至少低40%，并在2050年前达到净零排放，然后实现负排放。国际社会普遍认为，二氧化碳过度排放是引起气候变化的主要因素，而碳排放与能源种类及其加工利用方式密切相关。目前，全球范围内能源及产业发展低碳化的大趋势已经形成，各国纷纷出台碳中和时间表，全球已有100多个国家承诺碳中和，都在加速能源绿色低碳转型，其中美国、日本和欧盟等发达国家和地区相继提出了未来能源发展战略，图1-1是世界主要国家和地区碳中和时间节点图。美国于2021年提出了《迈向2050年净零排放的长期战略》，图1-1（a）是美国为实现2050年净零排放所规划的关键时间节点。日本于2020年12月25日发布了以面向2050年实现碳中和的产业绿色发展为宗旨的《2050年实现碳中和的绿色成长战略》（以下简称《绿色成长战略》），旨在构建面向碳中和的绿色产业体系，推动相关产业绿色发展，最终实现经济与环境的良性循环，即绿色经济与绿色社会的形成。为在2050年实现碳中和，日本还在《绿色成长战略》中确定了民生、工业、运输、电力等产业逐年降碳目标。2019年12月，欧盟正式发布《欧洲绿色协议》，阐明欧洲迈向气候中性循环经济体的行动路线，提出欧盟2030年和2050年碳中和目标，即2030年温室气体排放量在1990年基础上减少50%～55%，2050年实现净零排放。

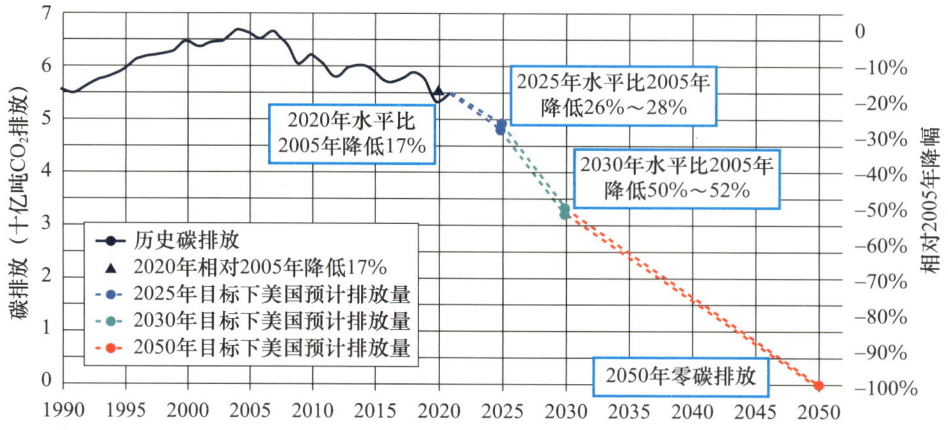

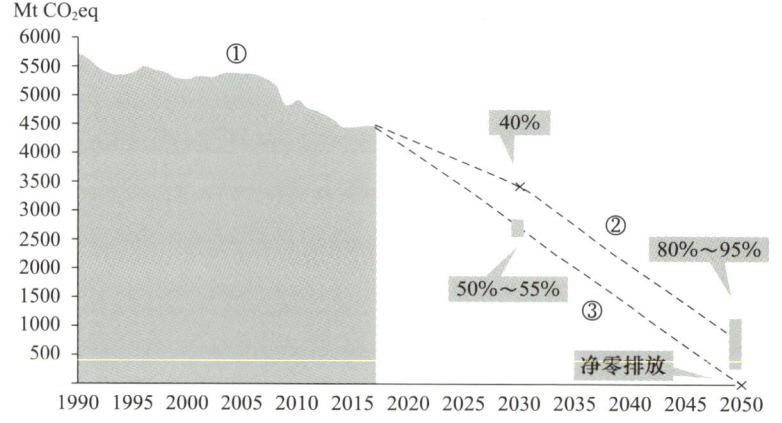

(a) 美国历史碳排放和下降幅度时间图

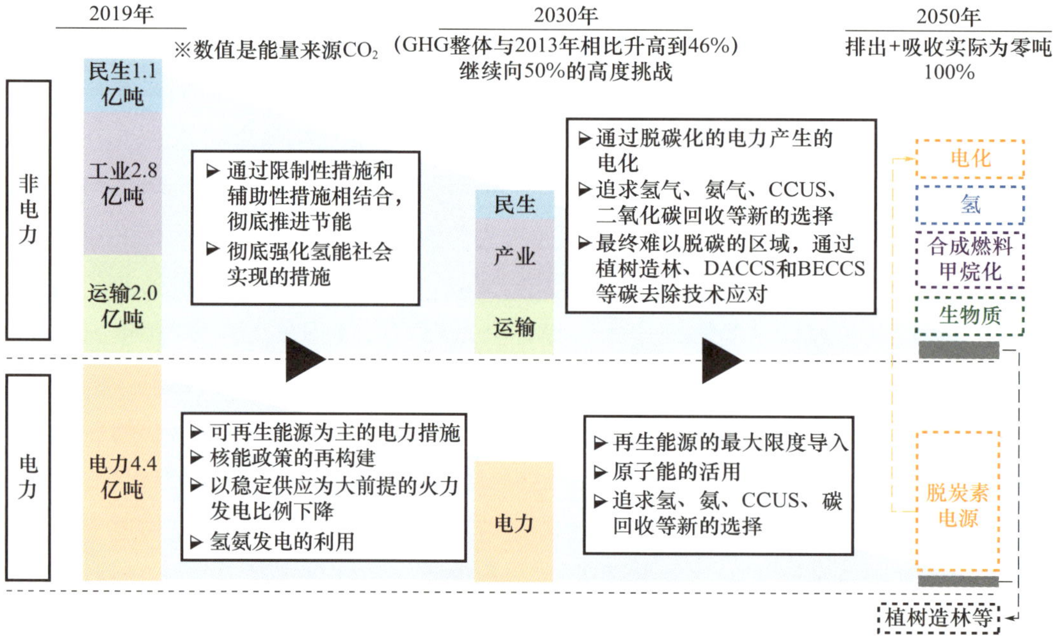

(b) 日本2050年实现零碳排放时间图

(c) 欧盟2050年实现净零排放时间节点图

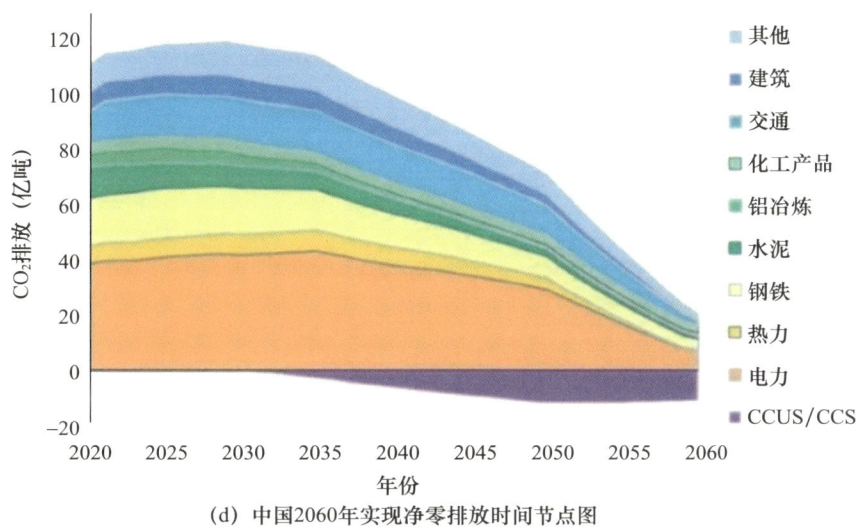

(d) 中国2060年实现净零排放时间节点图

图 1-1　主要国家和地区碳中和时间节点图

注：GHG 指温室气体，CCUS 指二氧化碳捕集、利用与封存，CCS 指二氧化碳捕集、封存，
DACCS 指直接空气碳捕获与封存，BECCS 指生物质能碳捕获与封存。

2020 年 9 月 22 日，国家主席习近平在第 75 届联合国大会一般性辩论上发表重要讲话，"中国将提高国家自主贡献力度，采取更加有力的政策和措施，二氧化碳排放力争于 2030 年前达到峰值，努力争取 2060 年前实现碳中和"。"双碳"目标提出以来，我国出台多项政策，从各个领域全面部署和推进能源绿色低碳转型发展。2021 年 10 月，《中共中央 国务院关于完整准确全面贯彻新发展理念做好碳达峰碳中和工作的意见》《2030 年前碳达峰行动方案》两个重要文件相继出台，共同构建了我国双碳"1+N"政策体系的顶层设计。2024 年国务院印发《2024—2025 年节能降碳行动方案》，明确节能降碳"时间表"和"路线图"，行动方案围绕能源、工业、建筑、交通、公共机构、用能设备等重点领域和重点行业，部署了节能降碳十大行动，明确指出统筹推进氢能发展。此外，我国的资源现状是"富煤、贫油、少气"，石油和天然气对外依存度大，需要大力发展可再生能源，坚定推进能源绿色低碳转型，建立以可再生能源为主导、多能互补的能源体系至关重要。

2020 年我国能源相关 CO_2 排放约 113 亿吨（含工业过程排放），煤炭、石油、天然气对应碳排放占比分别为 66%、16%、6%，电力、钢铁、水泥、交通行业是四大重点碳排放行业。特别是以消耗传统原煤为主的发电行业、以消耗汽油和柴油（用原油为原材料加工而成）为主的交通运输行业，直接影响我国"双碳"目标的达成。2020 年统计数据显示（图 1-2），我国电力领域碳排放占比达 34.79%，交通运输行业碳排放占比约为 10.77%，电力领域和交通运输领域的碳中和技术路线是未来技术发展的关键技术方向。

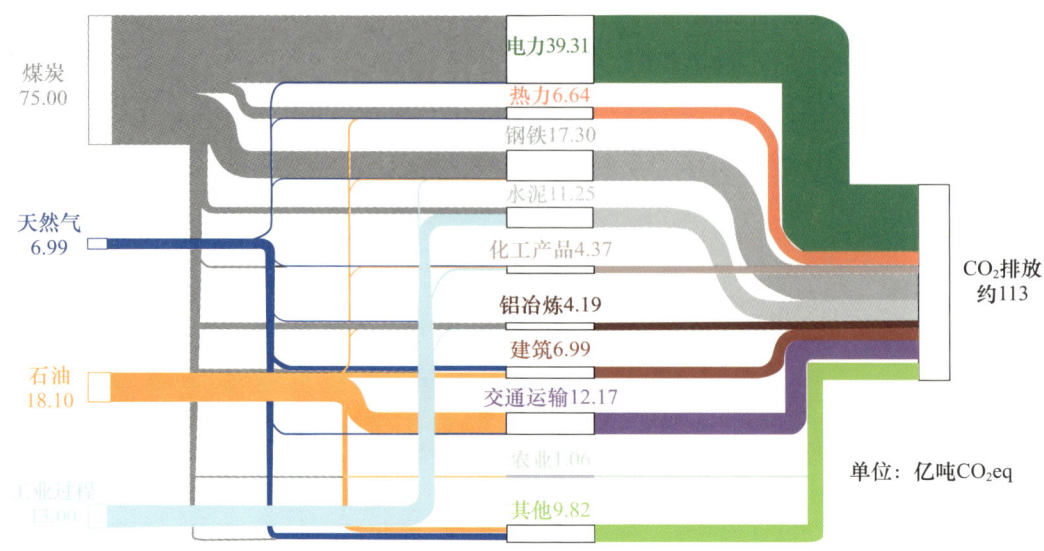

图 1-2　2020 年全国碳流图（含工业过程排放）

1.1.2　绿色氢能

能源绿色低碳转型的核心目标是减少对化石燃料的使用，发展清洁可再生能源。当前主要一次绿色能源是由风能、光能、水能、核能等非化石能源为主体生产的电能。但风、光等产生的绿电存在随机性、间歇性，导致了电网不稳定，而生物质能受到地域限制发展规模有限，因此需要储能装置来储存风、光等产生的电能，调节电力生产端和使用端时间、空间等不匹配问题。常见的储能技术有势能储能、化学能储能、动力储能等，当前以水能为主的势能已经基本饱和，蓄电池储电成本高、储存周期短，很难实现大规模储能，因此可把风、光等产生的电能转化成氢或氢基燃料存储来解决电能存储难的问题，以满足人类对能源的持续需求。把风、光等发出的绿电转化成气体或液体燃料的第一步就是电解水制氢，氢能是实现"双碳"目标的必由之路，能有效满足工业化工以及交通运输领域等终端能源消耗需求，助力形成电氢互联互补的能源形式。国家发展改革委发布的《氢能产业发展中长期规划（2021—2035 年）》指出，坚持以市场应用为牵引，合理布局、把握节奏，有序推进氢能在交通领域的示范应用，拓展在储能、分布式发电、工业等领域的应用，推动规模化发展。

全球很多国家也重视氢能的发展，并提出了相应的发展战略。2023 年美国能源部发布《美国国家清洁氢能战略和路线图》，提出了加速清洁氢能生产、加工、交付、存储和应用的综合发展框架，指出到 2030 年美国清洁氢产量将从当前的几乎为零增至 1000 万吨/年，到 2040 年、2050 年分别增至 2000 万吨/年和 5000 万吨/年，将使美国在2050年的碳排放量比2005年减少约10%。2023年日本经济产业省发布的修订版《氢能基本战略》设定了到2040年氢（含氨）供应量的目标。2020年欧盟发布《欧洲氢能战略》，为欧洲未来30年清洁能源特别是氢能的发展指明了方向，通过降低可再生能源成本并加速发展相关技术，扩大可再生能源制氢在所有难以去碳化领域进行大规模应用，最终实现2050年"气候中性"的目标。

绿色氢能相比其他绿色能源，具备以下两大优势。

1. 氢能应用广泛

氢能广泛应用于钢铁冶炼、石油炼化、合成甲醇、合成氨、火箭推进剂等传统工业、农业生产和航天推进。在石油精炼领域，氢气通过加氢处理和加氢裂化工艺深度参与油品升级，用于脱除硫、氮杂质。近年还衍生出加氢裂化技术，在高温高压条件下裂解高碳链的成分，将重质油转化率提升到85%。氢气直接还原铁技术正在改写高炉-转炉工艺统治钢铁行业150年的历史，瑞典HYBRIT（突破性氢能炼铁技术）示范项目采用100%氢气还原铁矿石，在流化床反应器中实现金属还原，可实现93%～95%的金属转化率。20世纪初，德国科学家弗里茨·哈伯（Fritz Haber）在铁催化器的作用下用氢气和氮气成功地合成出氨气，使得人类摆脱了依靠天然氮肥的被动局面，加速了世界农业的发展。

据国家能源局能源节约和科技装备司的《中国氢能发展报告2025》统计数据显示，2024年氢气消费主要用于石油炼化、钢铁行业、合成甲醇、合成氨等［图1-3（a）］，氢气有效地支撑了工业生产活动。近年来随着国家政策的支持，城市示范群建设，交通领域其他支持措施带动，氢燃料电池虽然增长迅速，但是交通运输行业氢能的利用还处于起步阶段。《中国氢能发展报告2025》统计数据显示，当前氢能生产结构主要还是煤、天然气、副产氢等制氢，电解水制氢的绿氢占比不足1%［图1-3（b）］，但在风、光、电大力发展背景下，绿氢具有广阔的发展空间。

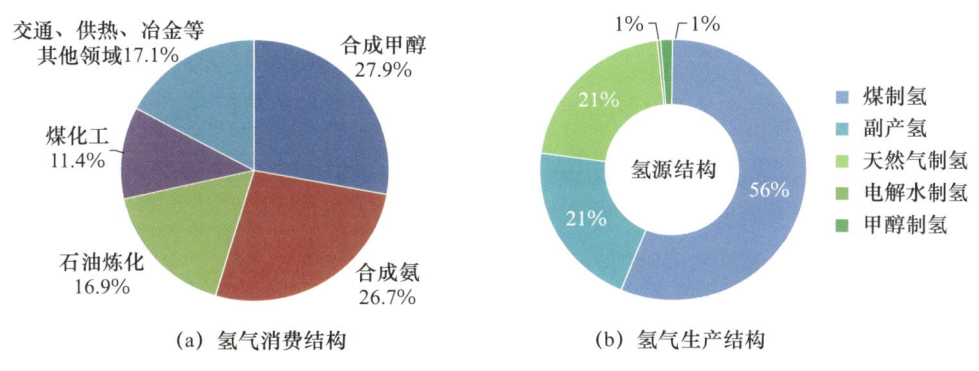

图1-3　2024年中国氢气消费和生产结构情况统计图

2. 氢能处于绿色燃料的最前端

目前能源使用中产生的碳排放主要来源于化石燃料（煤炭、石油、天然气等）的燃烧，通过绿色低碳、零碳燃料对化石燃料的替代是未来降低碳排放、实现国家"双碳"目标的有效手段之一。通过太阳能、风能等可再生能源电解生产的绿色氢能，处于绿色燃料的最前端（图1-4）。绿氢与氮气合成可以得到绿氨；绿氢与通过生物质或空气直接捕集的CO_2合成，可以得到绿色甲醇、绿色汽柴油等合成燃料，这意味着绿色氢能的生产成本较其他合成燃料更低，生产能耗更低。

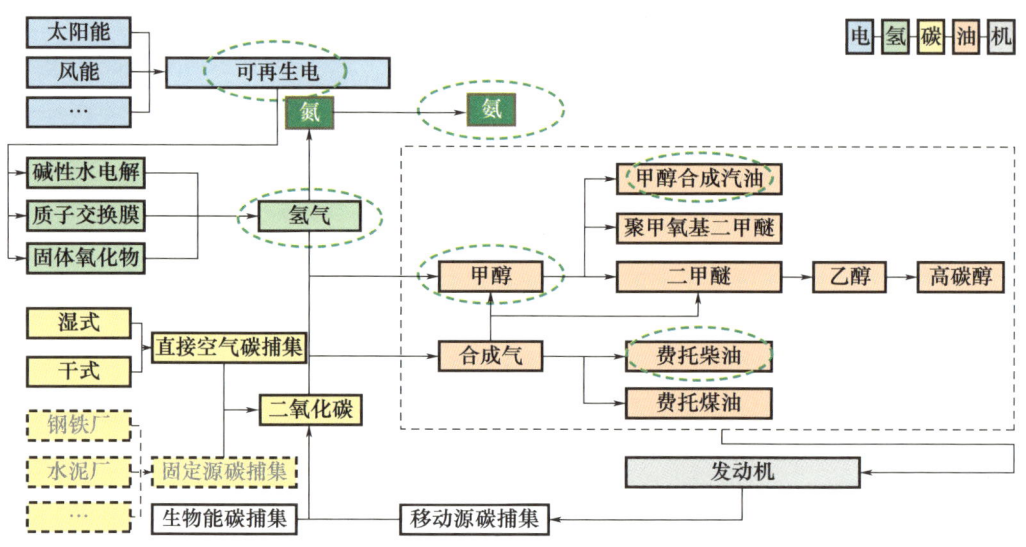

图1-4　来自可再生风光的绿色能源载体产业链

把氢能转化为机械能或电能的主要动力装置有两种：一是使用电化学方式的氢燃料电池；二是采用氢气作为燃料燃烧的氢发动机或氢燃气轮机。氢发动机和氢燃料电池是未来交通运输领域最主要的动力装置。氢发动机和氢燃料电池在工作原理上存在本质区别，氢发动机通过氢气与空气在气缸内快速燃烧产生高温高压气体，推动活塞做功，实现化学能到机械能的直接转换；氢燃料电池则是通过电化学反应，将氢气和氧气的化学能直接转化为电能。

氢燃料电池的理论效率可达83%以上，在实际使用过程中，燃料电池的活化极化、欧姆损失和浓差极化损失等损耗不可避免，并且欧姆损失和浓差极化损失都是随着电流密度或功率的增大而增大的。换言之，氢燃料电池在大电流放电，即大功率工况时效率下降（图1-5），系统实际有效效率通常在40%~60%，最大功率点的效率并不比内燃机高。随着氢燃料电池的最大设计功率增加，其热管理系统、空气压缩机系统等复杂程度上升，能量损失增加，有效效率进一步下降，同时系统成本急剧增加。

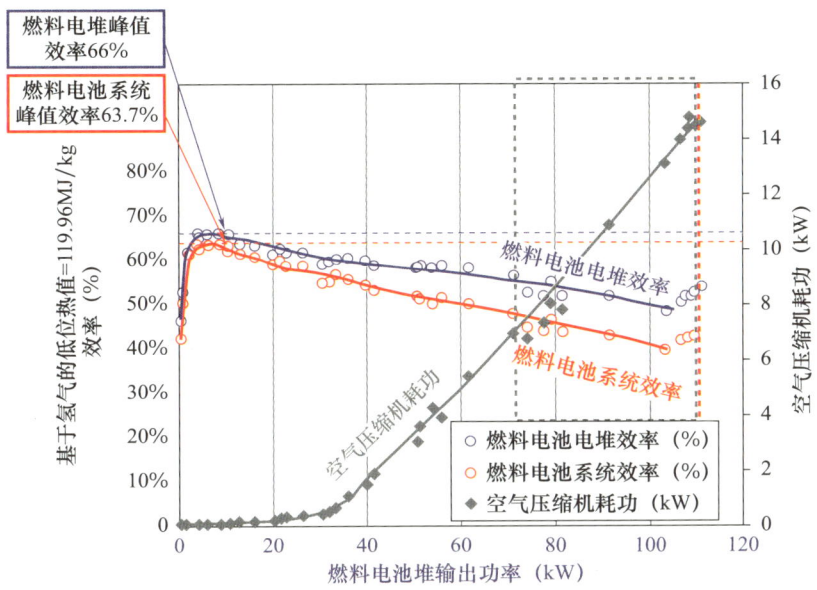

图1-5 氢燃料电池效率随功率的变化规律

火花塞点燃式氢发动机的能量流向如图1-6所示,随着负荷增加,发动机的摩擦损失、泵气损失、传热损失等损失占比降低,有效能量输出占比(热效率)增加。以道依茨(Deutz)7.8L氢发动机为例,1200 r/min外特性最优热效率达到44.1%,而10%外特性负荷率下热效率降低到30%,因此氢发动机在大负荷下有较高的热效率(图1-7)。

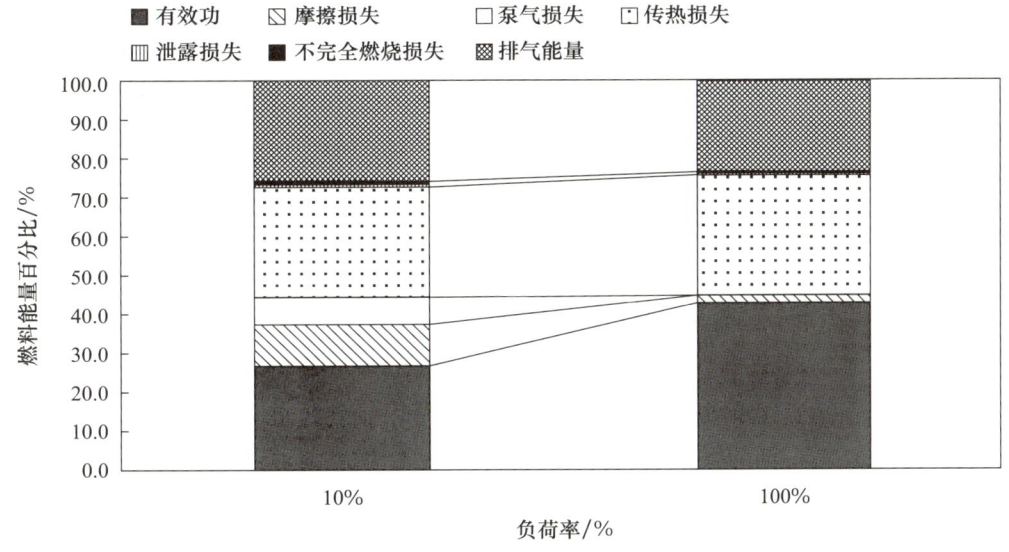

图1-6 点燃式氢发动机能量流分布示意图

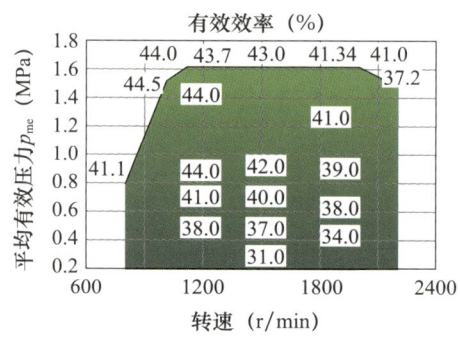

图 1-7　道依茨氢发动机热效率外特性图

国内外氢发动机公开的技术参数显示，2L 排量的氢发动机功率覆盖范围可以达到 300kW/L，升功率可达到 150kW/L；4L 排量以上火花塞点燃式氢发动机的升功率均达到了 22kW/L 以上，平均水平超过 26kW/L。排量 10L 的氢发动机功率可达到 250kW（图 1-8）。对于重型发电机组用氢发动机，排量 50～200L 的发动机功率很容易达到 1000～2000kW。

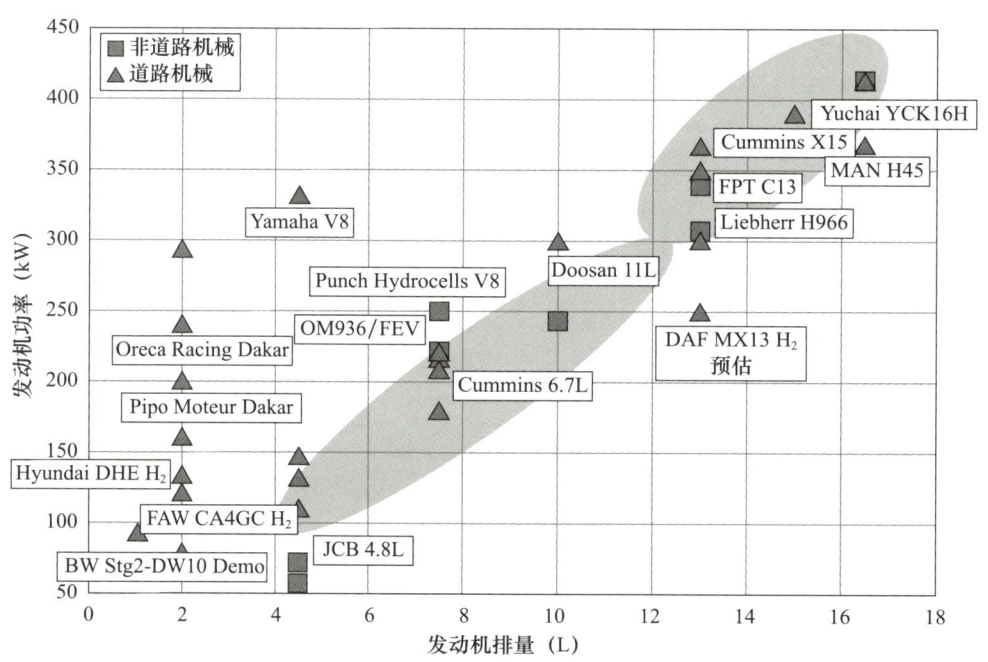

图 1-8　氢发动机功率与排量的统计图

氢发动机的装置成本与传统天然气发动机装置成本相当，略微增加；而氢燃料电池由于其系统复杂和高昂的膜电极材料成本，且可能需要使用贵金属催化剂等，成本更高，2024 年的燃料电池系统价格约 3300 元/kW。

氢发动机和燃料电池主要参数和优劣势对比见表 1-1。

表 1-1 氢发动机和氢燃料电池优劣势对比表

技术指标	氢发动机	氢燃料电池
碳排放	≈0	0
氢气适应性	优，浓度≥93.8%	劣，99.99%
输出功率	优，一般≥200kW，适用于功率需求大的场景	劣，一般在100～200kW，适用于功率需求小的场景
能量效率	现阶段峰值40%～45%，最高可提升到50%以上	40%～65%，小负荷工况热效率高，大负荷低
污染物排放	劣，零碳，有NO_x排放，加装SCR（选择性催化还原技术）系统可达成近零污染物排放	优，零碳
耐久性	≥20000h，成熟可具备40000h	20000～30000h
购置成本	400～1000元/kW	≥2500元/kW（2025年），≈3300元/kW（2024年）
NVH	劣	优
低温性能	优	劣，低温冷启动困难
使用成本（燃料除外）	机油、冷却液、尿素	去离子水、冷却液
余热品质	300～500℃，热品质高	80℃左右，热品质低

注：NVH为噪声、振动和声音粗糙度；是Noise, Vibration, Harshness的缩写。

1.2 氢发动机发展历史及产业现状

1.2.1 氢发动机发展历史

氢发动机发展历史悠久，1804年瑞士工程师弗朗索瓦·艾萨克·德·里瓦兹成功制造了首台氢氧混合燃料内燃机，尽管当时热效率尚不足5%，但这一创举首次验证了氢气作为动力燃料的可行性。1860年，法国工程师艾蒂安·勒努瓦发明的煤气内燃机虽未直接使用氢气，但其电火花点火系统为后续氢燃料燃烧研究奠定了坚实基础。

20世纪20年代，随着石油大规模开采，内燃机逐渐转向汽油和柴油，氢能研究几乎仅限于实验室。1937年兴登堡号飞艇爆炸事件加剧了人们对氢气安全性的担忧。在此期间，德国科学家鲁道夫·埃尔伦于1933年开发出首台采用液氢储存技术的氢燃料卡车，但续航仅为80km；1955年苏联尝试将氢发动机用于潜艇动力测试，但因储氢罐体积过大（占艇体40%的空间），项目被终止，氢发动机发展进入了迟滞状态。

1973年石油危机促使美国能源部启动氢发动机专项研究，并取得两项核心突破：缸内直喷技术使氢发动机热效率达32%（较汽油机高出8%），但燃烧温度过高导致

NO_x 生成量为汽油机的 1.8 倍，宝马于 1991 年推出 750hL 氢动力原型车，最高时速达 185km/h，因液氢续航仅 300km，未实现量产。1999 年马自达开发的 RX-8 Hydrogen RE 转子发动机实现氢/汽油双燃料切换，功率损失控制在 15％以内。

进入 21 世纪，欧盟 2009 年发布的《可再生能源指令》将氢能纳入清洁能源目录，氢发动机技术迎来新飞跃。2010 年，闭环喷射系统引入，转速波动降至±2％。宝马 2006 年推出全球首款液氢发动机乘用车——Hydrogen 7（限量 100 台）；康明斯 2021 年发布了氢发动机开发进展，包含 B6.7H 和 X15H 平台，可满足欧七和 EPA 2027 排放标准。近年来，中国多家汽车及发动机制造商启动氢气内燃机研发和整车示范运行，为氢发动机商业化应用奠定坚实基础。氢发动机进入了高速发展并逐步趋于成熟的阶段。

1.2.2 氢发动机产业现状

在全球能源结构转型和碳中和战略目标的推动下，氢发动机技术正迎来前所未有的发展机遇，在道路交通运输领域中氢发动机将蓬勃发展。

在乘用车领域，氢发动机凭借其卓越的性能指标、卓越的驾驶体验以及较低的运行成本，正成为推动绿色出行的零碳动力系统方案之一，吸引了国内外众多学者的广泛关注。目前，丰田、AVL 等国际知名厂商在积极研发和应用氢发动机，国内的奇瑞、一汽和吉利等企业也在进行氢发动机的样机试制和装机工作（表 1-2）。

表 1-2 乘用车用氢发动机开发情况

厂商	时间、国家及地区	产品	最大功率（kW）	最大扭矩（N·m）	最高热效率	NO_x（$\times 10^{-6}$）	备注
丰田	2023 年底，澳大利亚	3.4L 双涡轮增压 V6 发动机	120	354	—	—	装车示范运行阶段，续航里程 200km
AVL 公司	2022 年，奥地利	2.0L 发动机	300	500	—	—	缸内喷水和当量比燃烧，升功率 150kW/L
现代起亚汽车	2023 年 9 月，韩国				40.00％	15	
雷诺集团	2024 年 5 月，欧洲	2.0T 直列四缸	250				
吉利	2023 年 6 月，中国	2.0L 增压直喷	110	230	46.11％		中低负荷区间内 42％~45％
一汽红旗	2021 年，中国	2.0L 增压直喷	120	340	42.60％	20	示范运行阶段
东风汽车	中国	—	80	170	45.04％	—	大于 40％效率区占比超过 70％

续表

厂商	时间、国家及地区	产品	最大功率(kW)	最大扭矩(N·m)	最高热效率	NO_x($\times 10^{-6}$)	备注
奇瑞动力	中国	2.0T 发动机	124	330	—	—	—
广汽传祺	中国	2.0T 直喷	120	300	44.00%	—	已装车运行，实测氢耗≤1.4kg/100km，整车续航近600km

近年来，国内外制造商纷纷加大了对大功率氢发动机的研发进程。MAN、康明斯、玉柴、潍柴等商用车发动机制造商都加大氢发动机产品研发投入，氢发动机基本都已完成原型机、试验车开发，逐步迈向示范应用、小规模投放试运行的阶段（表1-3）。

表1-3 商用车用氢发动机开发情况

厂商	时间	排量(L)	最大功率(kW)	最大扭矩(N·m)	应用现状
一汽解放	2024	15.00	340	2300	装车阶段
中国重汽潍柴动力	2024	14.56	395	2700	装车阶段
玉柴	2022	14.80	375	2300	样机开发
康明斯	2022	6.70	216	1200	装车阶段
康明斯	2022	15.00	397	2600	样机开发
KEYOU	2022	7.80	210	1000	2~5年预计投放100辆卡车运营
MAN	2024	16.80	383	2500	计划小批量生产，于2025年交付
戴姆勒	2025	15.6	350	2200	样车阶段

近年来，小型氢发动机的研究逐渐受到重视，在摩托车和小型发电机组等应用领域取得了显著进展。小型氢发动机动力机械研发的技术参数信息详见表1-4。

表1-4 小型氢发动机开发情况

厂商	时间	氢发动机参数	技术路线	性能指标	应用领域
川崎摩托	2024	排量0.998L，直列4缸，4冲程	机械增压，缸内直喷	—	摩托车
宗申摩托	2024	排量0.247L，单缸，4冲程	外部增压，缸内直喷	16.9kW@6500r/min，有效热效率40.23%@5200r/min	摩托车
Aquarius Engines（以色列）	2021	2冲程，氢发动机总质量10kg	单活塞双缸直线氢发动机	—	小型发电机

续表

厂商	时间	氢发动机参数	技术路线	性能指标	应用领域
北京氢燃科技	2023	排量1L，直列4缸，4冲程	自然吸气，进气道喷射，定频发电	发电功率10kW @ 3000r/min（50Hz）	小型发电机
重庆瑜欣平瑞电子	2024	排量0.458L，单缸，4冲程	自然吸气，进气道喷射，定频发电	发电功率5kW @ 3600r/min（60Hz）	小型发电机

随着技术的持续发展，氢发动机在船舶动力系统中的应用前景变得越来越清晰。与氢燃料电池相比，氢发动机在现有内燃机技术的基础上进行改进，展现出更大的功率输出、成本效益以及与现有船舶系统的兼容性。全球的航运公司和研究机构已经开始在这一领域积极探索，致力于开发适用于不同类型船舶的氢发动机，以促进绿色航运的实现（表1-5）。

表1-5 船舶氢发动机开发情况

厂商	时间及国家	产品	运行情况
BeHydro	2023年12月，比利时	V12双燃料中速发动机，传统燃料＋氢燃料	全球最早投入运营的氢动力拖船Hydrotug 1号配套该发动机，缸径256mm，行程310mm，排量191.5L，最大功率2000kW @ 1000r/min，每台发动机提供2MW功率
洋马	2024年1月，日本	氢燃料4冲程高速发动机	氢发动机的发电机与电池相结合，采用混合动力推进。2024年开始对氢发动机进行岸上验证测试，目标在2026年完成验证
MAN	德国	24L V12双燃料氢发动机	德国第一艘氢动力双燃料船员转运船Hydrocat 55，配备该双燃料氢发动机，转速为2100r/min，配备了两台双燃料发动机，总功率为1498kW。在运行过程中，能够减少30%～50% CO_2排放和70% NO_x排放

氢发动机在发电和热电联供领域的应用处于探索和示范阶段。现有的氢发动机大多是在传统内燃机的基础上进行改进，以适应氢燃料的属性。MTU、玉柴等厂商推出了兆瓦级的纯氢燃料发动机机组，卡特彼勒推出了掺氢混合燃料发动机机组，将氢气与天然气（氢气比例通常为10%～30%）混合使用，有效降低了氢气的爆燃风险，同时结合了氢气和天然气的优势，目前技术相对成熟，安全性较高（表1-6）。

表1-6 发电机组氢发动机开发情况

厂商	时间	产品	运行情况
INNIO	2010—2022年	Jenbacher系列	2020年，德国汉堡1MW级100%氢气热电联产系统：INNIO Jenbacher与HanseWerkNatur合作，将一台1MW的Jenbacher J416发动机改造为可使用100%氢气或可变比例的氢-天然气混合燃料，为当地住宅和公共设施供电供热 2021年，亚太地区首座100%氢燃料发电厂（韩国蔚山）：INNIO为晓星重工提供Jenbacher Ready for H2发动机，利用化工厂副产氢发电 2022年，荷兰埃因霍温数据中心的氢能应急备用电源：NorthC数据中心采用6台Jenbacher Type 4氢发动机（总功率6 MW），提供无碳应急电源，支持100%氢气运行

续表

厂商	时间	产品	运行情况
卡特彼勒	2023年	G3520H掺混发电机组	卡特彼勒（Caterpillar）与美国能源部、District Energy St. Paul以及美国国家可再生能源实验室合作的氢燃料热电联产示范项目：评估纯氢（100%H_2）、掺氢天然气（最高25%H_2）和纯天然气的运行性能、排放及系统集成
MTU	2024年、2025年	MTU 4000系列	2024年，罗罗宣布其MTU 4000系列FNER/FV燃气发动机获得TÜV Süd氢气准备（H2-ready）认证，适用于25%氢气混合燃料或100%纯氢运行 2025年，首批100%氢气运行的MTU发动机将安装在德国杜伊斯堡内陆港的Enerport Ⅱ灯塔项目，为集装箱码头提供净零碳排放能源
玉柴	2024年5月	VC平台兆瓦组燃氢发电机组	发布YC16VTDH氢燃料发动机，这是国内首款兆瓦级氢燃料发电动力，热效率超42%，大修期大于4万小时，产品能充分满足商业化需求

1.3 氢发动机应用场景分析

当前以氢能为储能载体动力源的应用主要包括道路交通运输领域、储能和分布式发电领域以及低空飞行、内河航运等多个场景，适用于这些场景的主要有氢发动机和燃料电池，其技术特性和场景适应性是产业成功的关键。

1.3.1 道路交通运输领域

道路交通运输领域根据用途特征可以分为乘用车、商用车和动力机车等几个类别。根据中国汽车工程学会《商用车碳中和技术路线图1.0》分析，氢发动机、氢燃料电池可适用于重型长途牵引、重型中途牵引、重型短途牵引、重型短途载货等15个细分场景。其主要场景需求见表1-7。氢发动机车辆和氢燃料电池车辆主要差异就是动力构型系统和动力输出系统。一般车辆生命周期成本计算包括购车成本、燃料使用成本和维修保养、保险等用车成本以及二手车残值等费用，由于氢燃料电池、氢发动机车辆当前市场使用少，很难准确预估，在不考虑上述成本差异的情况下，氢发动机车辆和氢燃料电池车辆可通过动力总成购置成本和最大的成本回收周期内燃料成本即可做出动力装置优劣势对比。基于表1-7中信息，按照以下原则计算购置成本差异和燃料成本。

（1）车速、行驶里程、成本回收周期、年活跃天数等按照中值或临界状态值定义。

表 1-7 商用车主要场景当前需求信息汇总表

场景		日均运距 (km)	路况	平均车速 (km/h)	日均时长 (h)	年活跃天数 (天)	最大功率 (kW)	60%~70% 常用功率 (kW)	能量耗 [kg(kWh)/100km] 氢耗①	能量耗 电耗②	补能时长 (min)	成本回收周期 (年)
重型长途牵引运输		≥1000	城市间高速为主	80~90	≥12	250~350	340~500	0~300	9~12	144.9	10~20	1~3
重型中途牵引运输		500~1000	高速、国省道	50~70	≥10	≥300	250~420	0~250	9~13	149.6	10~20	2~3
重型短途牵引运输		200~500	国省道为主、少量高速	70~90	3~5	240~360	250-412	0~155	10~14	163.6	10~20	1.5~5
重型中途载货运输		500~1000	高速、国省道	70~80	≈10	≈280	300~375	0~140	8~9.5	141.0	10~20	2~3
重型短途载货运输		200~500	高速、国省道	70~80	≈4	300~320	130~330	0~91.5	5~8	84.1	10~20	1.5~2.5
重型城市渣土运输		200~400	城市、国省道占90%、工地道路10%	30~50	10~12	≈300	230~350	0~120	9~14	146.0	5	2~3
重型公路自卸运输		200~500	矿山道路、国省道	40~60	5~10	≈300	110~415	0~180	9~16	135.5	5	2~3
重型混凝土运输		≤200	国省道和城市道路为主、工地道路为辅	10~30	5~10	≈300	200~350	0~174	9~16	134.6	5	2~3
中型城际物流		300~800	高速为主、国省道为辅	60~80	10~12	200~300	85~240	0~108	4~7	60.8	5	2~6
中型工程自卸		50~100	城市道路	30~50	≈3	≈200	70~180	0~41.5	4~8	65.4	5	2~3
轻型城市物流		50~200	仓到店的城市道路	40~70	8~12	320~360	50~120	0~29	2~5	34.6	5	2~3
轻型自卸运输		50~200	城市、县道和农村道路	30~50	≈3	≈200	60~120	0~24.5	2.7~7	42.1	5	8
公交	6~8m	100~300	城市固定道路	18~25	8~10	≥300	80~190	0~70	6~7	88.8	5	3~5
公交	8~12m	100~300	—	—	—	—	80~260	0~96	6~8	—	—	—
旅游团体客车		200~800	高速、国省道、城市道路	60~80	8~10	200~300	140~280	0~70	7~8	102.8	10~20	≤3
定制客车		100~300	高速、国省道、城市道路、景区内道路	60~80	8~10	≈300	95~230	0~70	5~7	74.8	10~20	≤3

注：1. 氢能指燃料电池和氢发动机的能耗范围，参考《商用车碳中和技术路线图1.0》中的2025年水平，其中燃料电池和混动氢发动机接近下限值、传统直驱氢发动机接近上限值，部分细分场景氢耗参照天然气发动机等热值方式计算得到。
2. 电耗指纯电动驱动的电动能耗。

(2) 氢发动机按照表1-7中对应场景最大百公里燃料消耗量值进行计算，燃料电池按照表1-7中对应场景的最小百公里燃料消耗值计算；氢发动机混动系统按照相对传统氢发动机节油20%计算，考虑到燃料电池小负荷下效率高于氢发动机，不同场景系统差异下很难精确评估系统损失差异，故定义氢发动机混动系统百公里氢耗不得低于燃料电池系统百公里燃料消耗。上述原则是基于当前氢发动机最低效率估算的。

(3) 氢发动机混动系统和燃料电池系统功率定义为常用功率范围的最大值，直驱氢发动机按照最大需求功率范围的平均值进行计算。

(4) 氢发动机动力系统成本按照400元/kW、氢发动机混动系统按照700元/kW计算。2024年燃料电池平均价格在3300元/kW，预计2025—2030年降低到2500元/kW。根据《节能与新能源技术路线图2.0》预测显示，2032—2034年燃料电池价格预计相对2500元/kW继续降低40%，考虑到系统功率对系统复杂性、成本影响，假设80kW以下功率燃料电池按照900元/kW、80~150kW功率段燃料电池按照1200元/kW、150kW功率以上的燃料电池按照1500元/kW来计算。

(5) 本章氢燃料成本按照30元/kg计算，山西省、河北省、内蒙古自治区等多地有工业副产氢，工业副产氢价格更低，对于氢发动机会更具优势。

基于上述计算原则，不同细分市场氢发动机、混动用氢发动机、氢燃料电池在不同的细分市场其优劣势各不相同，在重型长途牵引运输、重型中途牵引运输等功率需求大的细分场景中，氢发动机和氢发动机混动系统成本具备明显优势，在轻型城市物流、中型工程自卸等常用功率需求小于50kW的场景中氢燃料电池车辆略有优势。因此，氢燃料电池和氢发动机在不同场景可以形成优势互补，共同推进氢能在交通运输行业的发展，商用车不同细分应用燃料和购置成本对比如图1-9所示。

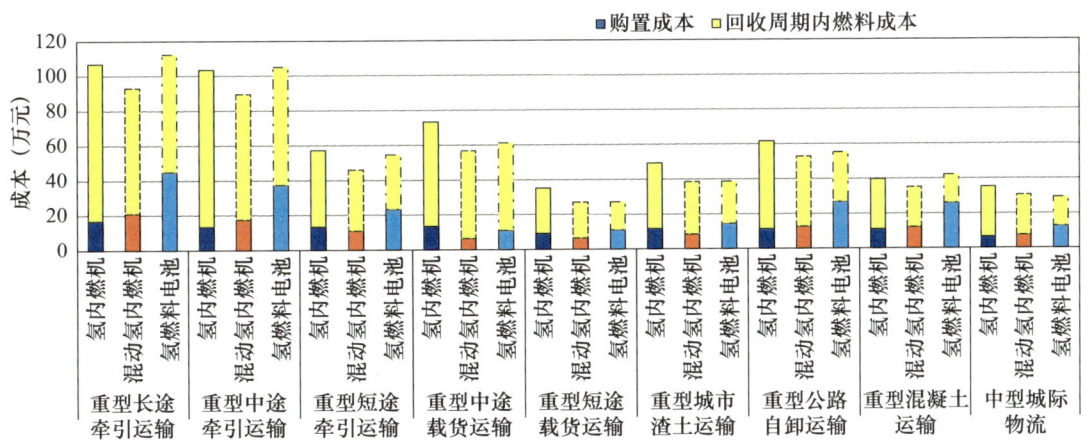

(a) 不同细分场景成本对比(一)

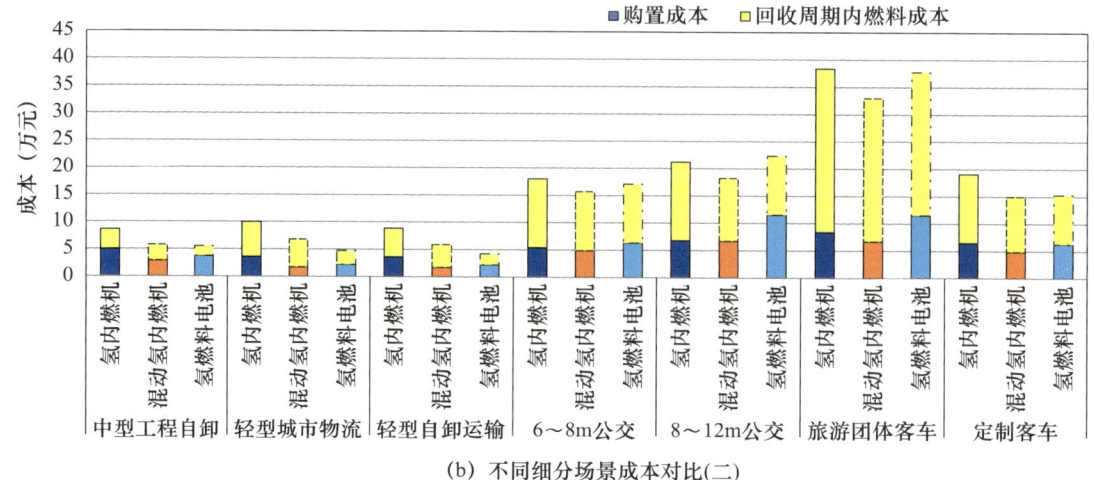

(b) 不同细分场景成本对比(二)

图 1-9 商用车不同细分应用燃料和购置成本对比图

根据乘用车使用场景特征,乘用车场景主要分为乘用车日常使用和乘用车出行公司两个应用场景,其典型场景需求见表 1-8。

表 1-8 乘用车出行需求统计表

场景		单位	乘用车日常使用	乘用车出行公司
日均里程		km	50~200	200~400
路况		—	城市通勤、短途高速、快速路	覆盖城市核心区拥堵路段、机场高铁站枢纽接驳通道、城际高速等多维场景
客户和关注点		—	个人或家庭用户,注重舒适性、安全性能	出租车和网约车公司,注重经济性
平均车速		km/h	20~120	30~100
日均时长		h	2~4	8~10
综合续航里程		km	≥1000	≥1000
年活跃天数		天	250~350	250~350
最大功率范围		kW	150~250	150~250
60%~70%常用功率		kW	20~70(发动机)	20~70(发动机)
能量耗	氢耗	kg(kWh)/100km	1.2~1.5	1.2~1.5
	电耗		10~20	10~20
补能时长		min	10~20	10~20
期望成本回收周期		年	—	1~3

综合乘用车的日常使用和出行公司两个场景,氢发动机乘用车是在达成碳中和时期的常规低碳动力混动汽车和零碳动力汽车的补充。其相较于纯电动乘用车主要的优势在于补能时间短;相较于混动汽车的优势主要是碳排放少,若使用工业副产氢可能

在燃料使用费用方面存在价格较低优势。氢发动机乘用车的应用场景是在部分氢能基础设施相对完善的富氢地区，尤其是有工业副产氢的地区下，是对电动汽车和混动汽车的补充，但在其余方面暂时处于劣势。

1.3.2 储能和分布式发电领域

传统内燃机发电场景主要包括大规模和长时储能调峰调频发电场景、区域模块化调峰调频电源场景。

1. 大规模和长时储能调峰调频发电场景

利用风光电资源丰富地区过剩电力通过电解水制氢，实现大规模长周期储能（放电持续时间在 20~45h，压缩氢成为储能的最经济选择），在用电高峰或风光电资源不足时，通过大规模氢发动机发电补充电网，实现电力调峰调频作用（图 1-10）。

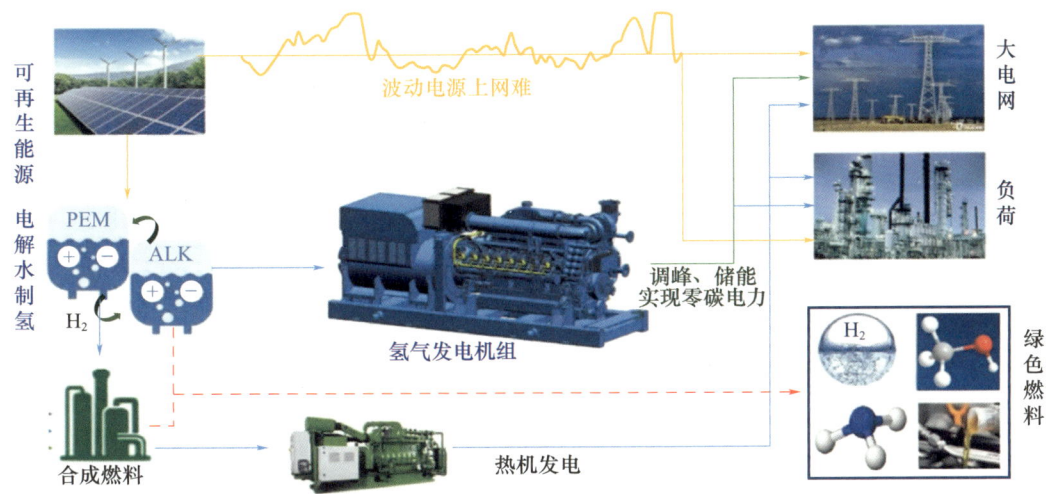

图 1-10　利用弃电制氢、氢或氢基燃料发电调频调峰示意图

相对于氢燃料电池，氢发动机具备以下优势。

（1）氢发动机单机功率大：氢发动机通过排量调整容易达到 1000kW 以上的动力需求。

（2）氢发动机效率高：在大功率工况下，氢发动机综合效率都在 40%~50%；燃料电池的综合效率可达 40%，但是功率持续增加会进一步降低综合效率。同时氢发动机排气能量热品质高（一般 400~500℃），排气能量占燃料能量超过 25%，可以通过传统热发电的系统来实现排气热能转化成电能，按照经过热交换后排气余热温度 120℃不可使用、余热回收系统 60% 效率计算，预计超 10% 燃料热能可转化成电能，能源效率达到 60% 以上；发动机冷却液以及余热回收之后的热能温度都超 100℃，完全满足热电联产供热需求，热电联产系统综合效率超 90%。

（3）氢发动机可靠性好：对于进气道喷射的氢发动机，其同传统天然气发电机组一样，技术成熟后可靠性时间超 40000h。

相对于燃料电池，氢发动机的主要劣势是存在 NO_x 污染物排放、城区或市郊使用氢发动机噪声相对大。

2. 区域模块化调峰调频发电场景

在氢资源丰富地区，可根据市场需要通过部署单机组或多机组，实现区域模块化应急发电或调峰调频电源场景。区域模块化调峰调频发电主要包括偏远地区和岛屿、工业园区、应急保障用电、军事或科研、城市边缘发电等场景。做为应急保障用电时（如医院、数据中心、灾后应急通信等），通过配套一定规模的氢储能设施（橇装式高压气态瓶组、小型储罐、固态储氢等方式），借助氢发动机发电机组实现应急保障用电需求。

对于区域模块化应急发电或调峰调频电源场景，氢发动机发电和燃料电池发电的优劣势同大规模和长时储能调峰调频发电场景。

1.3.3 其他领域

1. 低空飞行场景

低空飞行（通常指飞行高度在 1000m 以下的航空活动）作为新兴战略领域，近年来在全球范围内加速发展。2022 年美国联邦航空管理局更新了《先进空中交通（AAM）实施方案 V1.0》，规划到 2028 年实现城市空中交通商业化运营。欧洲联盟通过《欧洲无人机战略 2.0》计划，2023 年拨款 4.2 亿欧元支持电垂直起降飞行器技术研发。2023 年 6 月我国发布了《无人驾驶航空器飞行管理暂行条例》（国令第 761 号），明确划设全国统一的低空空域分类（报告空域、监视空域、管制空域），覆盖 80％国土面积。党的二十届三中全会中提到，要发展通用航空和低空经济。

针对 50～1000m 空域运行场景，氢动力技术凭借其独特的能量密度与环境适应性，正在突破传统能源系统的效能边界，构建起新型低空交通体系。

氢发动机在 800km 续航场景中较纯电动方案减少 50％电池携带量，同时在 －20℃环境中仍保持 90％功率输出，而氢燃料电池在此温度下效率衰减，低于 65％。对于日均 10 次起降的高强度作业，氢发动机混动系统通过制动能量回收可降低 15％氢耗。市场应用可优先布局三大方向：充分发挥载重 150kg 以上物流无人机的高功率特性；利用高寒地区巡检飞行器低温适应性建立技术壁垒；城市空中交通领域采用氢电混动架构，既能满足 200km 通勤需求又可实现 5min 快速补能。

2. 内河航运场景

氢发动机在船舶动力领域备受关注，与液化天然气（Liquefied Natural Gas,

LNG）动力船、甲醇船舶的推广模式相同，有可能率先在散货船和旅游船上试行。

按照水域划分，内河行业主要有长江水域、西江水域、京杭运河水域以及湖泊和沿江景区等水域。内河航运中，散货运输船数量居多。长江、西江、珠江及京杭运河等水域，因船舶吨位、航道、用途和驾驶习惯差异，对动力需求不同。运输船服务距离常超 200km，因此要注重可靠性、安全性、经济性、响应性及排放等指标，具体需求指标见表 1-9。

表 1-9 内河航运场景需求汇总表

路况	业务特征	客户特征	技术需求
长江水域	1. 配套船舶吨位：10000～12000t 2. 服务航程：长江沿线，200km 以上 3. 平均航速：10～12km/h 左右 4. 日运行时长：≥10h 5. 年活跃天数：根据运输情况不等 6. 成本回收期限：5 年 7. 能源补给时长（在途＋补能）：≤2h	散户和船务公司并存，以散户为主	1. 功率需求：1000～1100kW 2. 综合续航里程：≥200km 3. 响应性： （1）瞬时调速率 ±12% （2）稳态转速波动率 ≤1% 4. 常用工况：0%～50% 额定功率
西江水域、京杭运河等	1. 配套船舶吨位：4000～5000t 2. 服务航程：西江、珠江或京杭运河沿线，200km 以上 3. 平均航速：10～12km/h 左右 4. 日运行时长：≥10h 5. 年活跃天数：根据运输情况不等 6. 成本回收期限：5 年 7. 能源补给时长（在途＋补能）：期望≤2h	1. 西江：散户和船务公司并存，以船务公司为主 2. 京杭运河：以散户为主	1. 功率需求：590～740kW 2. 综合续航里程：≥200km 3. 响应性： （1）瞬时调速率 ±12% （2）稳态转速波动率 ≤1% 4. 常用工况：20%～30% 的额定功率
湖泊、沿江景区等	1. 配套船舶位数：100 位客船 2. 服务航程：固定旅游航线沿线，10～20km 左右 3. 平均航速：15km/h 左右 4. 日运行时长：1～2h 5. 年活跃天数：全年 6. 能源补给时长（在途＋补能）：固定晚间补能	以旅游公司为主	1. 功率需求：145～300kW 2. 综合续航里程：≥20km 3. 响应性： （1）瞬时调速率 ±12% （2）稳态转速波动率 ≤1% 4. 常用工况：20%～40% 额定功率

部分旅游景区出于环保需求，也会优先采用安全可靠的氢能动力船舶。景区船舶航线固定，距离 10～20km，可在非旅游时段补充能量，契合景区环保运营需求。

氢发动机相比于氢燃料电池、纯电动，在内河航运具备以下优势。

（1）单机功率大、成本低。氢发动机通过调整发动机的排量来实现不同功率需求，单台功率可达到 1000kW 以上，而氢燃料电池需要多机组组合使用，氢发动机成本具备明显优势。

（2）氢发动机采用有机液储氢或固态储氢，具有更高的安全性。船用氢发动机对安全性要求高，采用有机液储氢或固态金属储氢可有效解决安全性问题。但有机液储氢、固态储氢等方式在释放氢气时需要吸收热能，发动机排气温度高、余热能量占比大，可用作有机液储氢或固态储氢脱氢所需能量，动力装置综合效率高。氢发动机增程器动力可实现纯电动的响应性需求，并让系统始终处于高效区，提升综合效率。

参考文献

[1] Masson-Delmotte V，Zhai P，Pörtner HO，et. al. Global Warming of 1.5℃［R］. IPCC Special Report，2018.

[2] UNEP Copenhagen Climate Centre. Emissions Gap Report 2020［R/OL］.（2020-12-09）［2025-06-01］. https：//www.unep.org/emissions-gap-report-2020.

[3] IPCC. Climate Change 2021：The Physical Science Basis［R/OL］.（2021-08-06）［2023-06-01］. https：//www.ipcc.ch/report/ar6/wg1.

[4] United States of America. The Long-Term Strategy of the United States：Pathways to Net-Zero Greenhouse Gas Emissions by 2050［EB/OL］.（2021-10-30）［2021-11-11］. https：//unfccc.int/documents/307878.

[5] 日本経済産業省（METI）.《2050年カーボンニュートラルに伴うグリーン成長戦略》［Z］. 東京：経済産業省. 2021.

[6] 魏一鸣，余碧莹，唐葆君，等. 中国碳达峰和碳中和时间表与路线图研究［J］. 北京理工大学学报（社会科学版），2022，24（04）：13-26.

[7] 史峰鹰. 创新性氢基炼钢工艺［J］. 世界金属导报，2023，38：B14.

[8] 柴茂荣. 氢燃料电池技术与应用［M］. 上海：上海交通大学出版社，2025.

[9] Gerorama K K. 2020 Gas Review 2023［R］. IEA，2023.

[10] 帅石金，王志，马骁，等. 碳中和背景下内燃机低碳和零碳技术路径及关键技术［J］. 汽车安全与节能学报，2021，12（04）：417-439.

[11] Henning L，Kevin S，Michael D，et al. Automotive fuel cell stack and system efficiency and fuel consumption based on vehicle testing on a chassis dynamometer at minus 18 ℃ to positive 35 ℃ temperatures［J］. International Journal of Hydrogen Energy，2020，45（1）：861-872.

[12] Univ. Prof. DR. Ing. s. Pischinger. INTERNAL COMBUSTION ENGINES Volume 1［M］. 2010.

[13] KOCH D，EBERT T，SOUSA A. 采用高废气再循环稀薄燃烧过程的新型氢发动机技术方案［J］. 汽车与新动力，2021，4（01）：20-24.

[14] GB/T 44723—2024 氢燃料内燃机 通用技术条件［S］. 北京：中国标准出版社，2025.

[15] 中国汽车工程学会. 商用车碳中和技术路线图1.0［M］. 北京：机械工业出版社，2024.

2 氢发动机技术发展

2.1 技术路线图

2.1.1 技术发展趋势

氢发动机是氢能动力的重要类型之一,随着氢发动机的动力性、经济性、可靠性等要求越来越高,相关技术指标也会不断强化。面向2040年的氢能装备要求,依据相关技术指标可把氢发动机的发展分为三个阶段:V1.0阶段(~2030年)、V2.0阶段(~2035年)、V3.0阶段(~2040年)。氢发动机的六大特性指标要求如图2-1所示,包括动力性、经济性、可靠性、NO_x排放、振动噪声及环境适应性特性,从2030年的V1.0到2035年的V2.0,再到2040年更高指标要求的V3.0,六大特性指标将显著提高,如商用车的有效热效率经济性指标从47%提高到50%,再提高到52%,升功率动力性指标从29kW/L提高到32kW/L,再提高到35kW/L。未来将不断深化氢发动机技术指标,不断拓展氢发动机应用场景,纯氢发动机/混合动力轿车的功率达70~160kW,商用车中/重型氢内燃机的功率达300~450kW,无人飞机用高增压氢内燃机的功率达120~200kW,固定动力氢内燃机、船舶氢内燃机的功率达500~3000kW。氢发动机的主要技术发展方向如下:

(1) 喷射方式及喷射器技术;
(2) 混合气形成控制及增压技术;
(3) 燃烧组织及异常燃烧抑制技术;
(4) 有害物生成及排放控制技术;
(5) 冷型点火系统及高能点火技术;
(6) 关键性零部件、整机可靠性技术;
(7) 冷却系统及热管理技术;
(8) 润滑系统及专用润滑油技术;
(9) 环境适应性技术;
(10) 振动噪声抑制技术。

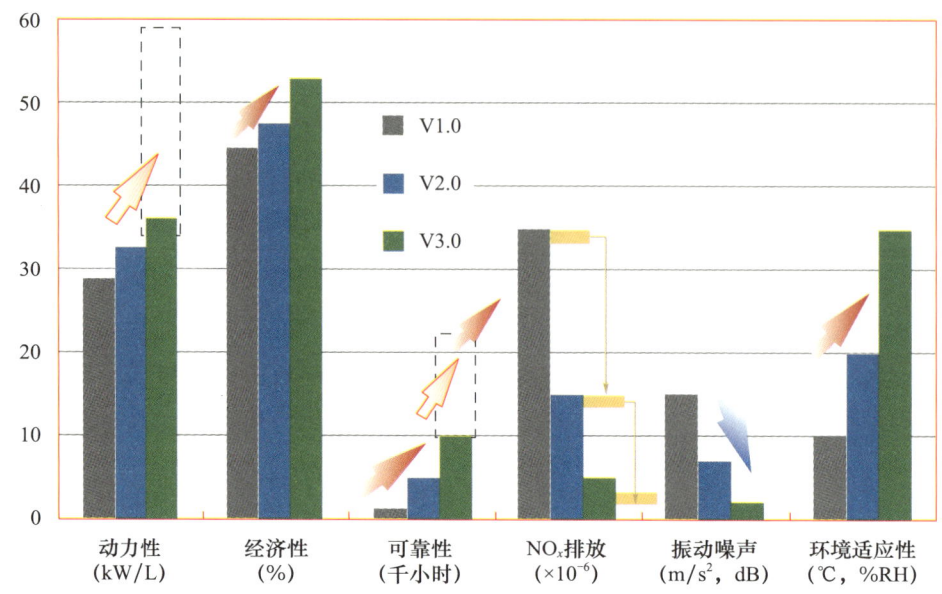

图 2-1　氢发动机六大特性指标要求

2.1.2　产业发展目标

1. 近期目标（～2030年）

在乘用车领域，将逐步实现高效燃烧技术的重大突破。届时，氢发动机最高有效热效率预计达到45%，其中有效热效率（Brake Thermal Efficiency，BTE）超过40%的高效区占比将达到45%；关键零部件将逐步形成自主产业化能力，同时鼓励氢燃料混动专用发动机生产和消费，并推动氢发动机混动乘用车示范运行工作的开展。在商用车领域，将实现氢发动机产品化与高效燃烧技术的突破，确保氢发动机的排放水平满足或超越现行最严格环保标准；氢发动机最高有效热效率将达到47%，其中有效热效率超过42%的高效区占比将达到45%，并在特定应用场景（如城市公交、物流配送等）实现氢发动机商用车的示范化应用。在非道路领域，将实现工程机械氢发动机−30℃稳定启动，大缸径氢发动机单机功率突破1000kW，大修周期超过2万h，同时，推动工程机械、内河航运、分布式发电、低空飞行领域开展氢发动机示范运行。

2. 中期目标（～2035年）

在乘用车领域，氢发动机技术将全面成熟。氢发动机最高有效热效率预计达到47%，其中有效热效率超过42%的高效区范围占比将达到50%；关键零部件耐久及可靠性显著提升，排放水平满足同期排放法规要求；完善零碳燃料和发动机的技术标准和法规体系，推动氢发动机逐步实现量产上市，搭载氢发动机的先进混合动力乘用车新车市场渗透率预计达到 5%。在商用车领域，氢发动机最高有效热效率将达到 50%，有效热效率超过 45% 的高效区占比将均达到 45%；探索并应用差异化燃烧技术路线，实现燃料缸内高压直喷，提高系统集成度和智能化水平，形成涵盖燃料生产、供应、加注、服务等环节的完整氢发动机产业链；通过规模化生产和技术进步，降低成本，提高市场竞争力，氢发动机车辆在传统能源中重卡新车市场渗透率预计达到 8%。在非道路领域，氢发动机的单位功率成本将降低至 300 元/kW，大缸径氢发动机单机功率突破 1500kW，大修周期超过 3 万 h，氢发动机与混合动力系统技术结合，在工程机械、内河航运、分布式发电、低空飞行领域实现商业化应用。

3. 远期目标（～2040 年）

在乘用车领域，氢发动机将逐步实现产业链高效整合和优化，形成强大的竞争力和抗风险能力。氢发动机最高有效热效率将达到 50%，其中有效热效率超过 45% 的高效区范围占比将达到 50%；实现规模化应用，搭载氢发动机的先进混合动力乘用车新车市场渗透率将达到 8%。在商用车领域，氢发动机最高有效热效率将达到 52%，有效热效率超过 47% 的高效区占比将均达到 45%；实现关键零部件的自主可控和高可靠性，降低对外依赖，实现绿色燃料的大规模生产和应用，支撑氢发动机的环保目标。氢发动机将在多个关键领域（如重型运输、长途运输等）确立市场主导地位，氢发动机车辆在传统能源中的重卡新车市场渗透率预计达到 15%。在非道路领域，工程机械、内河航运、分布式发电、低空飞行的氢发动机市场占有率将突破 10%，实现完全市场化运营。

氢发动机发展目标及里程碑见图 2-2。

2.1.3　关键技术路线图

氢发动机按运营领域可分为道路和非道路两大类，其中道路领域又分为乘用车和商用车领域，二者在使用氢发动机的应用场景上存在差异。乘用车侧重于提高氢发动机的燃烧效率、降低排放；商用车则更关注氢发动机在高功率输出和长时间高负荷运行下的耐久性、排放控制和燃料经济性。非道路领域涵盖工程机械、内河航运、分布式发电、低空飞行等多个场景，其中工程机械场景偏重燃料经济性、可靠性；内河航运及分布式发电场景关注单机功率、热效率、使用寿命；低空飞行场景注重安全性和功重比（图 2-3）。

在乘用车领域，氢燃料作为一种清洁能源，能够在氢发动机中通过高效燃烧提供动力，并减少碳排放，因此，未来乘用车的技术资源、产业资源及市场资源将足以支

领域	子类	2030年	2035年	2040年
道路领域	乘用车	发动机热效率达45%，BTE≥40%高效区占比达到45%	发动机热效率达47%，BTE≥42%高效区占比达到50%	发动机热效率达50%，BTE≥45%高效区占比达到50%
		平均有效压力达1.6MPa	平均有效压力达1.8MPa	平均有效压力达2.0MPa
		氢内燃机满足同期排放标准要求		
		直喷喷氢器寿命≥2亿次，换油周期≥200h	直喷喷氢器寿命≥3亿次，换油周期≥300h	直喷喷氢器寿命≥4亿次，换油周期≥500h
	商用车	发动机热效率达47%，BTE≥42%高效区占比达到45%	发动机热效率达50%，BTE≥45%高效区占比达到45%	发动机热效率达52%，BTE≥47%高效区占比达到45%
		平均有效压力达2.2MPa	平均有效压力达2.3MPa	平均有效压力达2.3MPa
		升功率达到29kW/L	升功率达到32kW/L	升功率达到35kW/L
		氢内燃机满足同期排放标准要求		
		直喷喷氢器寿命≥4亿次，换油周期≥300h	直喷喷氢器寿命≥5亿次，换油周期≥500h	直喷喷氢器寿命≥6亿次，换油周期≥800h
非道路领域	工程机械	发动机热效率达46%，高效区占比达到40%	发动机热效率达47%，高效区占比达到45%	发动机热效率达50%，高效区占比达到50%
		平均有效压力达2.1MPa	平均有效压力达2.2MPa	平均有效压力达2.3MPa
		氢内燃机满足同期排放标准要求		
		-30℃环境下冷启动时间不超过10s	-30℃环境下冷启动时间不超过8s	-30℃环境下冷启动时间不超过6s
	内河航运	发动机热效率达46%，高效区占比达到40%	发动机热效率达47%，高效区占比达到45%	发动机热效率达50%，高效区占比达到50%
		最大功率达1000kW	最大功率达1500kW	最大功率达2000kW
		氢内燃机满足同期排放标准要求		
		大修周期超过2万h，年可用性达90%以上	大修周期超过3万h，年可用性达95%以上	
	储能和分布式发电	发动机热效率达46%，高效区占比达到40%	发动机热效率达47%，高效区占比达到45%	发动机热效率达50%，高效区占比达到50%
		氢内燃机满足同期排放标准要求		
		大修周期2万h以上，年可用性达90%以上	大修周期3万h以上，年可用性达95%以上	
	低空飞行	稳定功率输出35kW/L	稳定功率输出38kW/L	稳定功率输出42kW/L
		氢内燃机满足同期排放标准要求		
		高空适应性，海拔0～3000m动力不衰减		

图 2-2 氢发动机发展目标及里程碑

撑各项关键技术指标的突破。预计到 2030 年，氢发动机在乘用车中的应用将实现燃烧效率和排放控制的初步突破，达成有效热效率及高效区热效率的阶段性指标，实现乘用车端搭载应用，并满足同期排放标准。同时，将在部分典型场景开展示范运行工作，

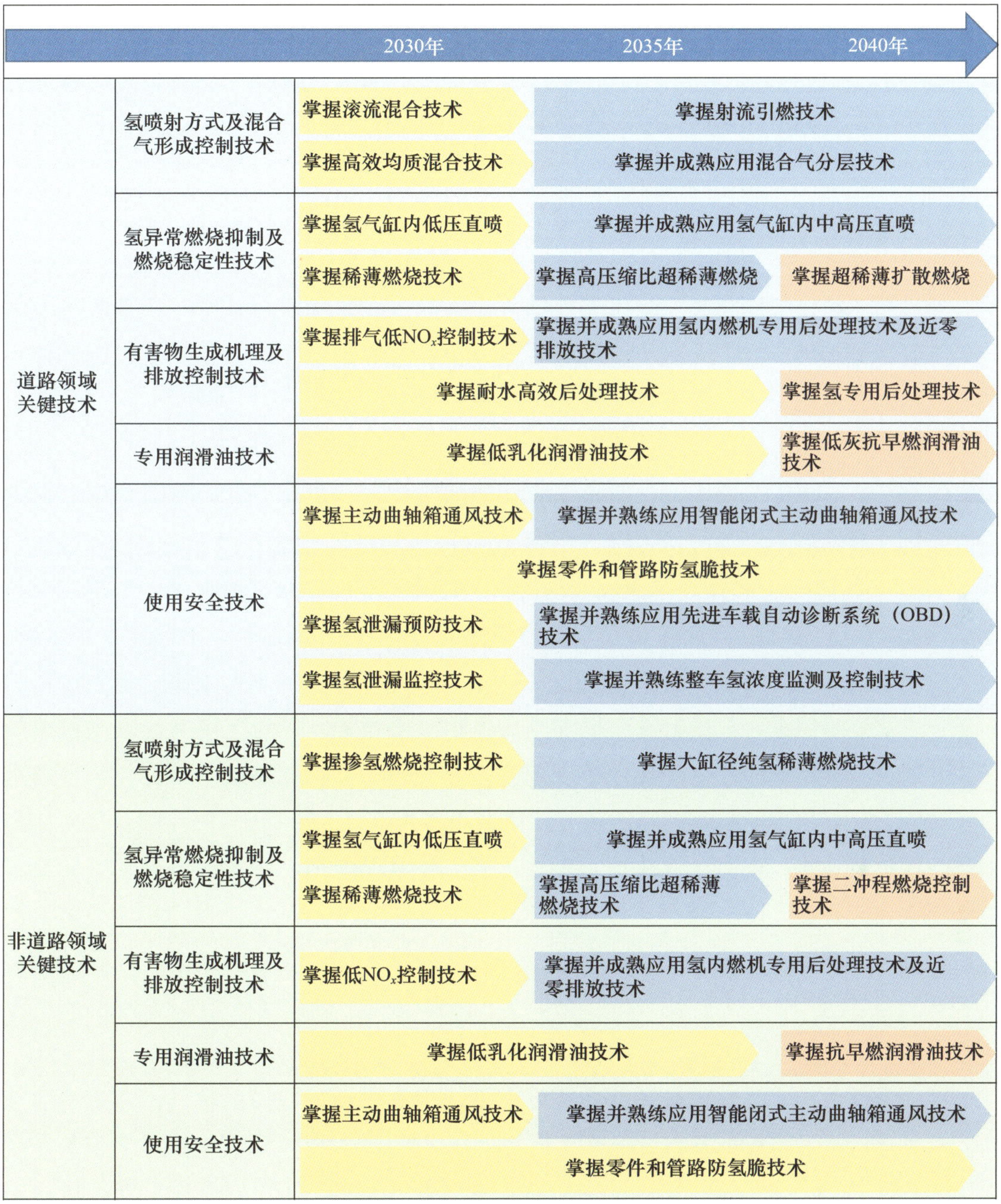

		2030年	2035年	2040年
道路领域关键技术	氢喷射方式及混合气形成控制技术	掌握滚流混合技术	掌握射流引燃技术	
		掌握高效均质混合技术	掌握并成熟应用混合气分层技术	
	氢异常燃烧抑制及燃烧稳定性技术	掌握氢气缸内低压直喷	掌握并成熟应用氢气缸内中高压直喷	
		掌握稀薄燃烧技术	掌握高压缩比超稀薄燃烧	掌握超稀薄扩散燃烧
	有害物生成机理及排放控制技术	掌握排气低NO_x控制技术	掌握并成熟应用氢内燃机专用后处理技术及近零排放技术	
		掌握耐水高效后处理技术		掌握氢专用后处理技术
	专用润滑油技术	掌握低乳化润滑油技术		掌握低灰抗早燃润滑油技术
	使用安全技术	掌握主动曲轴箱通风技术	掌握并熟练应用智能闭式主动曲轴箱通风技术	
		掌握零件和管路防氢脆技术		
		掌握氢泄漏预防技术	掌握并熟练应用先进车载自动诊断系统（OBD）技术	
		掌握氢泄漏监控技术	掌握并熟练整车氢浓度监测及控制技术	
非道路领域关键技术	氢喷射方式及混合气形成控制技术	掌握掺氢燃烧控制技术	掌握大缸径纯氢稀薄燃烧技术	
	氢异常燃烧抑制及燃烧稳定性技术	掌握氢气缸内低压直喷	掌握并成熟应用氢气缸内中高压直喷	
		掌握稀薄燃烧技术	掌握高压缩比超稀薄燃烧技术	掌握二冲程燃烧控制技术
	有害物生成机理及排放控制技术	掌握低NO_x控制技术	掌握并成熟应用氢内燃机专用后处理技术及近零排放技术	
	专用润滑油技术	掌握低乳化润滑油技术		掌握抗早燃润滑油技术
	使用安全技术	掌握主动曲轴箱通风技术	掌握并熟练应用智能闭式主动曲轴箱通风技术	
		掌握零件和管路防氢脆技术		

图2-3 氢发动机关键技术路线图

在实际使用环境下验证技术可行性与稳定性。

在乘用车应用方面，氢发动机的技术发展聚焦高效燃烧、排放控制、可靠性及使用安全性四大方向，分阶段实现热效率与环保目标。至2030年，通过稀薄燃烧与缸内直喷技术攻克回火、早燃、爆震等瓶颈，结合轻量化部件与高性能材料提升机械性能，使最高有效热效率达45%，解决整车用氢安全、车载自动诊断系统（On-Board Diagnostics，OBD）等问题，满足示范应用条件；2035年进一步优化燃烧控制与热管理，强化高效催化剂与排气后处理技术，将热效率提升至47%并满足同期排放法规；至2040年，依托扩散燃烧技术与缸内中高压直喷，协同能量回收技术，实现热效率50%及近零排放，大幅提升常用工况区热效率，整车CLTC（中国轻型汽车行驶工况）氢耗降低至1.1kg/100km。

在商用车领域，重型车、长途运输等场景是氢发动机应用的重点领域，氢燃料凭借其高质量能量密度和零碳排放特性，将成为商用车动力系统的核心。商用车对功率、耐久性和高负荷运行的要求，使得氢发动机在这一领域的应用尤为关键。预计到2030年，氢发动机商用车将进入示范阶段，其热效率将高于乘用车场景，并通过燃烧优化和排放控制技术实现符合环保标准的高效运行。

在商用车应用方面，氢发动机仍面临动力性提升、中高压喷嘴耐久性提高、早燃、爆震抑制及热效率提升等挑战，需重点攻关高压缩比稀薄燃烧、缸内直喷喷射器可靠性、先进高效增压、新型点火系统、后处理耐水热和低乳化低灰分机油等关键技术。预计2025—2030年，将逐步掌握氢发动机高效燃烧机理，提升氢燃料缸内中压直喷技术成熟度，完善整机控制策略和安全监控策略，优化燃烧系统结构和空气管理系统，使氢发动机最高有效热效率达到47%。2030—2035年，将进一步探索研究氢发动机的差异化燃烧技术路线，包括射流引燃和高压缸内直喷技术，以实现更高的发动机热效率，并通过空气系统的进一步优化实现超稀薄燃烧模式。在此基础上，优化氢发动机系统结构，提升氢发动机耐高爆压能力，使平均有效压力达到2.3MPa。结合可变热力循环智控燃烧技术、智能热管理技术和电动附件技术的应用，将重型氢发动机的最高有效热效率提升至50%。此外，通过技术进步和规模化生产降低氢发动机的成本，使单位功率成本降低至与柴油机相近水平。2035—2040年，氢发动机最高有效热效率将达到52%，其中B10寿命达120万km以上，实现公路运输场景下对柴油机的原位替代。

在非道路领域，工程机械和分布式发电将成为氢发动机应用的重心，氢燃料的可再生性和零碳排放特性能够有效保证其市场占比。预计到2030年，大缸径纯氢发动机将完成攻关，单机功率提升至1000kW，初步解决可靠性问题；至2035年将提升至1500kW，寿命达3万h以上；到2040年，氢发动机将在低空经济领域实现拓展，二冲程机型落地应用，功重比、可用性等指标大幅提升。

在非道路应用方面，氢发动机仍面临单机功率不高、寿命受限、功重比不足等挑战。工程机械用发动机与商用车发动机对共性关键技术的需求比较类似，但大缸径氢发动机仍为掺氢燃烧，氢燃料利用占比和使用寿命未有突破性进展，难以满足绿色分布式电网降碳减排需求；同时，二冲程氢发动机的发展缓慢，限制了其在低速机和低空飞行领域的应用。因此，需要聚焦突破大缸径纯氢稀薄燃烧、二冲程异常燃烧控制、长效专用润滑油等共性关键技术,形成氢发动机的细分使用场景技术储备。2025—2030年,将逐步掌握大缸径氢发动机高效燃烧机理,解决氢气使用安全问题,使氢发动机最高有效热效率达到46%。2030—2035年,将完成包括射流引燃和大流量中高压缸内直喷的技术开发,使发动机热效率进一步提升至47%,实现大缸径发动机的纯氢超稀薄稳定燃烧。同时,在车用润滑油技术的基础上,进一步提升润滑系统的耐水、耐腐蚀能力,使发动机大修寿命突破3万h,单位小时使用成本与柴油机接近。2035—2040年,氢发动机最高有效热效率将达到50%,突破二冲程氢发动机技术,完成低速氢发动机商品开发,低空飞行用氢发动机升功率达与汽油机相同水平,大幅拓展氢发动机应用领域,达成氢能在动力系统领域全方位接入目标。

2.2 混合气组织与控制技术

2.2.1 氢喷射模式

氢发动机依据燃料供给方式可分为进气道喷射式(Port Fuel Injection,PFI)和缸内直喷式(Direct Injection,DI)。主流的氢发动机形式为进气道喷射火花塞点燃式[图2-4(a)]、缸内直喷火花塞点燃式[图2-4(b)]以及缸内直喷射流引燃式[图2-4(c)]三种。

进气道喷射所要求的氢气喷射压力较低,当采用气态高压储氢时,氢气的可用量大;这种喷射方式下的整个燃料供应系统结构简单,造价低、可靠、易于维护。同时,进气道喷射所用的氢气喷嘴技术已相对成熟,喷嘴的可靠性较高。此外,进气道喷射还能获得更均匀的混合气,在采用稀薄燃烧时,缸内不会出现大范围偏浓区域,NO_x整体排放较低。与传统汽油相比,氢具有更高的火焰传播速度和更宽的可燃范围,这为超稀薄燃烧提供了实现稳定燃烧而不爆震的条件。不过,进气道喷射点燃式氢发动机也面临回火和早燃的挑战。另外,PFI氢发动机充量系数小,降低了空气流量,从而降低发动机功率。

缸内直喷可提升氢发动机的动力性,显著降低回火发生的概率。但缸内直喷面临以下挑战:①最高燃烧压力增加,燃烧速度加快,导致机械负荷和热负荷高;②工作覆盖的过量空气系数范围广,而燃烧和NO_x排放对过量空气系数的变化敏感,使得热效率和排放之间存在强烈的相互制约关系;③氢气缸内直喷喷嘴对流量、密封和耐久特性要求高;④氢气和空气混合时间短,影响排放、效率和燃烧的稳定性;⑤控制策略复杂。

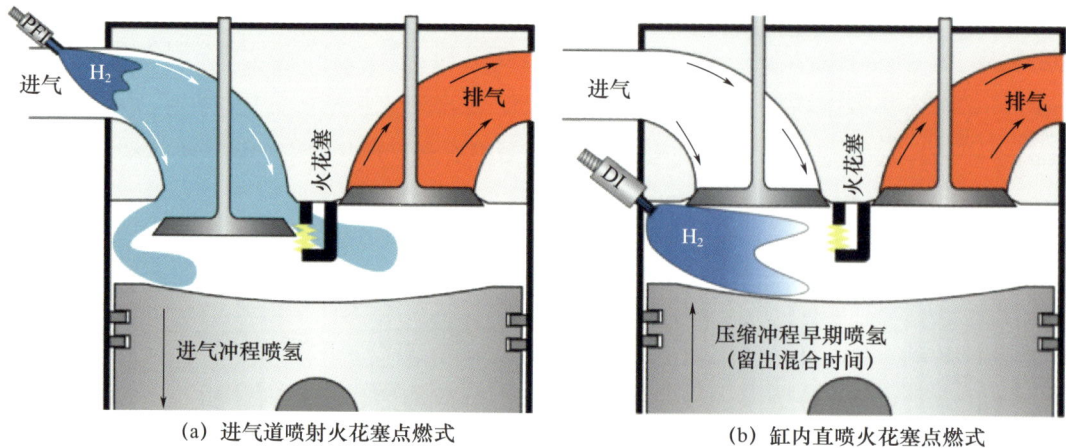

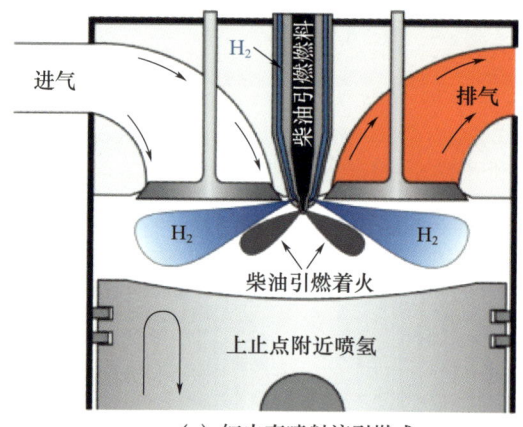

图 2-4　氢发动机的主要喷射燃烧模式

表 2-1 给出了氢发动机两种喷氢方式的性能对比，表 2-2 比较了氢发动机与天然气发动机、汽油机的理论功率密度。从表中可以看出，当氢气喷射方式从 PFI 切换到 DI 时，充量系数明显增加，氢发动机的理论功率密度也明显提升。

表 2-1　氢发动机 PFI 与 DI 喷氢方式的性能对比

喷射方式	进气道喷射式（PFI）		缸内直喷式（DI）	
			中压直喷式（≤5MPa）	高压直喷式（>5MPa）
喷射位置及时刻	单点喷射	多点开阀喷射	进气及压缩冲程初始阶段	进气及压缩冲程初始阶段，上止点前
系统成本	较低		中等	较高
功率密度	比柴油机低约 30%		与柴油机相当或略高（0～20%）	
热效率	与汽油机相当，略低于柴油机		与柴油机相当或略高	
异常燃烧	回火概率高	回火风险	早燃爆震风险	早燃爆震风险
适用场景	低功率、低成本		性价比最优	高功率、成本不敏感

表 2-2 氢发动机与天然气发动机、汽油机的理论功率密度

混合气形成方式	氢气	甲烷（天然气）	异辛烷（汽油）
进气道喷射式（PFI）	86%	92%	100%
缸内直喷式（DI）	119%	100%	100%

2.2.2 喷氢器结构

氢气喷射器（简称"喷氢器"）分为进气道喷射与缸内直喷两类。根据针阀开启方向的不同，氢气缸内直喷喷氢器分为外开式和内开式两类，如图 2-5 所示。外开式喷氢器喷嘴横截面面积更大、氢气流量大，密封和阻尼性能好，有利于组织分层混合气。内开式喷氢器可进一步分为单孔喷氢器和多孔喷氢器。多孔式喷氢器多采用高压力喷射以保证足够的供氢量。

氢气射流与传统的汽、柴油等液体燃料喷雾过程差异很大，它属于典型的欠膨胀气体射流。如图 2-6 所示，氢气射流可加速到超音速，引发普朗特-迈耶反射等气动过程，并在不同压比条件下形成不同的复杂波系结构。当出口压力与环境压力比大约高于 2 时，就会形成桶状激波，并在喷口外形成一个盘状正激波，即"马赫盘"，同时伴有反射激波。这些波系结构与缸内气流运动都对氢混合气组织产生重要影响。

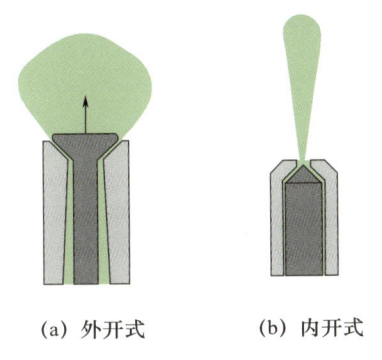

图 2-5 外开式和内开式喷氢器结构

(a) 外开式　(b) 内开式

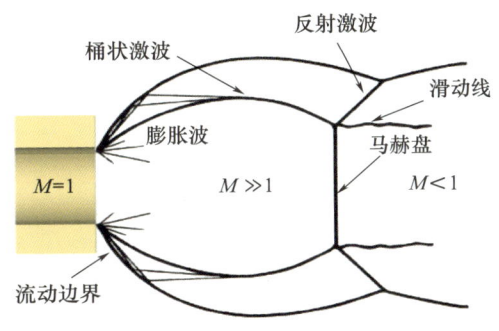

图 2-6 氢气射流结构示意图

注：M 为马赫数。

近年来，研究重点关注通过喷氢器尖端加装导流罩的方式（图 2-7），提升氢射流贯穿能力、强化混合，促使混合气按设计形成特定的浓度分布（图 2-8）。射流导流罩的应用可减少康达效应（也称附壁效应）对混合气分布的影响。但是，由于喷氢器尖端暴露于高温燃烧场中，导流罩区域若扫气不彻底，容易导致喷氢器尖端导流罩成为早燃的潜在诱因。因此，通常需要避免导流罩尖端凸入燃烧室，加强冷却措施，防止形成如图 2-9 所示的射流出口附壁现象。

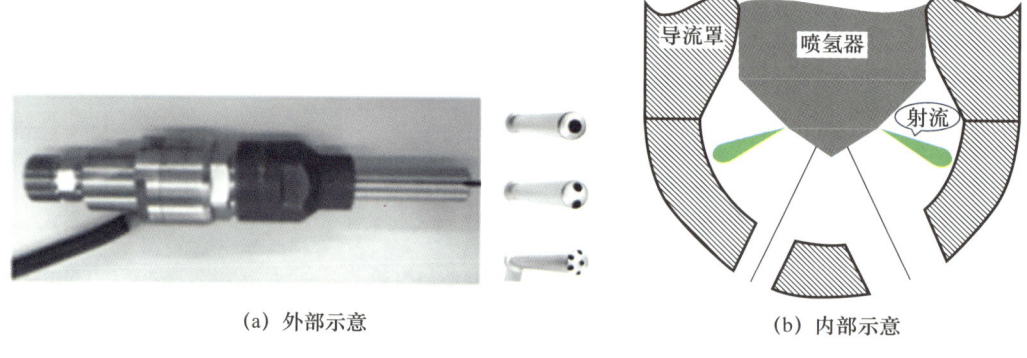

(a) 外部示意　　　　　　　　　(b) 内部示意

图 2-7　氢导流罩

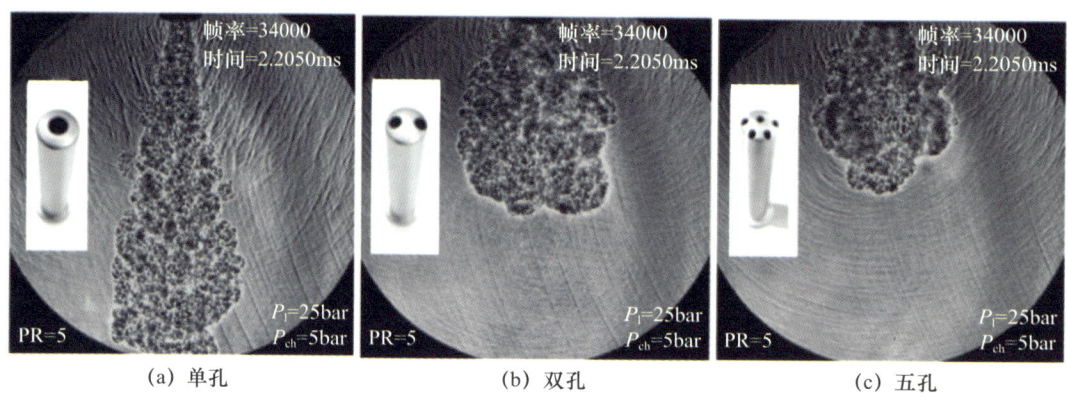

(a) 单孔　　　　　　(b) 双孔　　　　　　(c) 五孔

图 2-8　不同导流罩设计下的氢射流演变过程

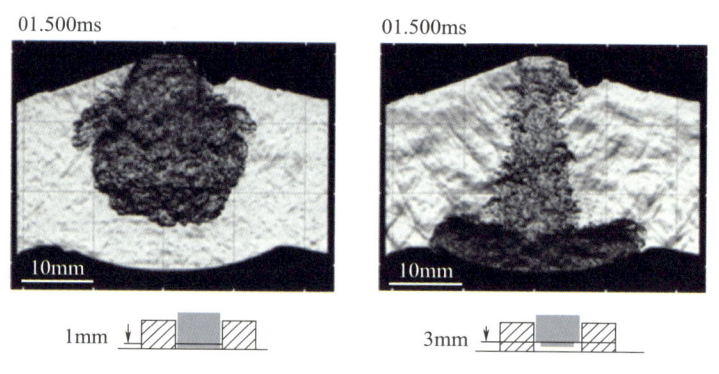

图 2-9　喷氢器安装深度对混合气形成的影响

2.2.3　氢发动机增压技术

氢气的当量空燃比是汽油的两倍多，结合稀薄燃烧的策略，氢发动机的空气流量要比传统的汽油机大很多，氢发动机需要大流量、高压比的压气机。相比于传统的汽油机和柴油机，氢发动机的排气温度较低，通常在500℃左右，稀薄燃烧小负荷时仅有

300℃，涡轮从废气中获得的能量少，氢发动机需要大膨胀比的涡轮。

如图 2-10 所示，考虑氢发动机的早燃/爆震、NO_x 原排、功率/平均有效压力、低速扭矩、瞬态响应等设计约束，涡轮增压系统应满足氢发动机稳态及瞬态工况下过量空气系数（λ）、EGR 率等需求。考虑稀燃工况下较低的排气温度，低排气焓入口边界进一步给涡轮增压系统的设计带来挑战。鉴于此，氢发动机增压系统的设计应重点突破几点：①宽流量、高压比压气机气动设计；②高效、可变截面涡轮气动设计；③高响应、可调增压系统匹配、集成和控制。

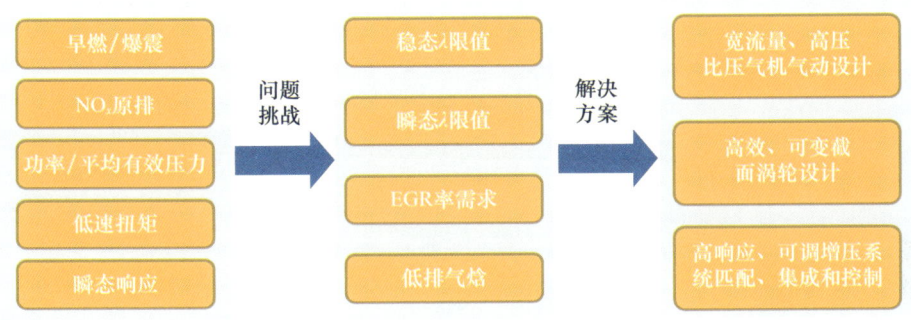

图 2-10　氢发动机增压系统设计挑战

氢发动机增压系统按增压器数量可分为单级增压系统和多级增压系统，单级增压包括废气放气式涡轮增压和可变截面涡轮增压；多级增压包括可调两级涡轮增压、单级涡轮增压加机械或电动增压、大小涡轮相继增压等。氢发动机增压系统按辅助增压能量源形式又分为机械辅助增压、电动辅助增压。考虑氢发动机的不同设计目标和应用场景，增压系统的选型和匹配准则也各不相同。传统的废气放气和可变截面单级涡轮增压难以兼顾氢发动机全工况下的进气需求，单级增压氢发动机性能指标显著低于同排量的柴油机水平。开发氢发动机专用涡轮增压器可有效改善单级增压氢发动机的性能水平。图 2-11 对比了氢发动机和柴油机专用压气机流量和涡轮效率图谱。由图可知，氢发动机所需压气机图谱具有宽域、高压比特征，氢发动机的涡轮需要更高的效率。

电辅助增压通过集成电动机或电力驱动装置，与传统废气涡轮增压器协同工作。其核心目标是补偿涡轮迟滞、扩展高效工况范围、提升内燃机低速扭矩与瞬态响应能力。该技术结合了废气能量回收与电力驱动优势，尤其适用于混合动力系统。

如图 2-12 所示，电辅助增压按实现方式又可分为电动涡轮增压器和电子增压器。电动涡轮增压器又被称为电复合涡轮增压器，是指在传统涡轮增压器的同轴上集成高速电机（通常为永磁同步电机），电机既可驱动压气机（低转速时），也可作为发电机回收废气能量（高转速时）。电子增压器又被称为电动压气机，是指完全由电机驱动的离心式/罗茨式压气机，独立于废气涡轮工作，专门用于解决低转速增压需求。

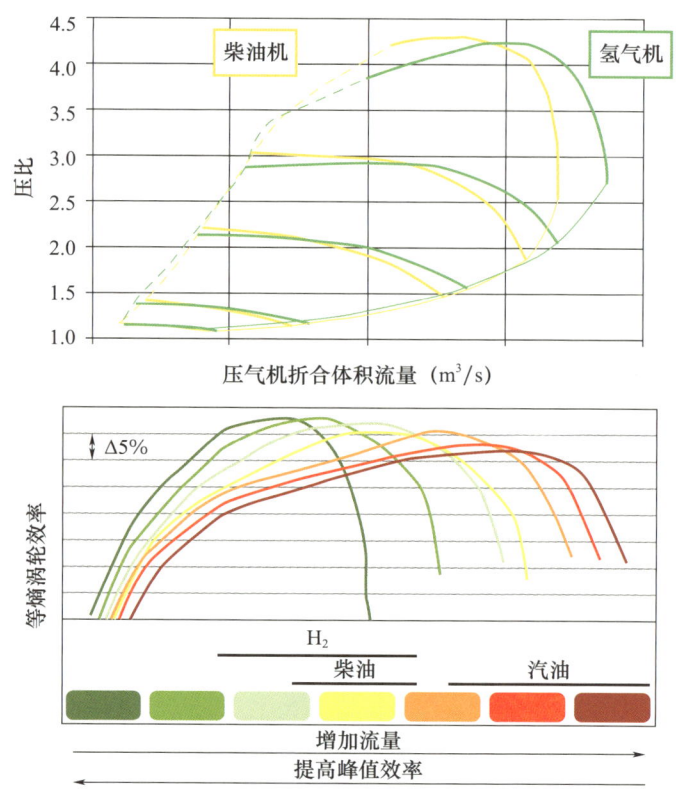

图 2-11 氢发动机和柴油机专用压气机流量、压比及涡轮效率图谱对比

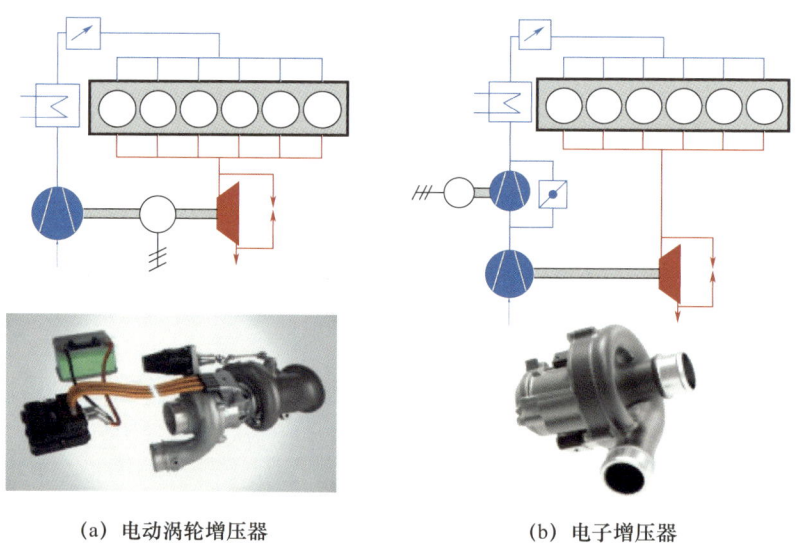

(a) 电动涡轮增压器   (b) 电子增压器

图 2-12 电辅助涡轮增压系统示意图

机械辅助增压是指通过发动机曲轴直接驱动增压器,其核心原理是机械传动增压,即增压器是由发动机曲轴通过皮带、齿轮和链条驱动,而非依赖废气能量或电

动机。鉴于此，机械增压具有零迟滞、高可靠性等优势，但其体积、质量、调节能力不具有优势。机械辅助增压按其实现方式又可分为机械复合涡轮增压器（图2-13）和机械增压器。机械复合涡轮增压器是指在传统涡轮增压器的同轴上集成减速齿轮、无级变速器并同发动机曲轴相连，通过调整传动比可以实现曲轴输出功驱动涡轮增压器（低转速时），也可以回收废气能量传递至曲轴（高转速时）。机械增压器是指完全由曲轴驱动的离心式/罗茨式压气机，独立于废气涡轮工作，主要用于解决低转速增压需求。

单级增压系统由于受到了压缩机喘振的影响，以及预混稀薄氢气燃烧的排气焓的限制，无法很好地适应所需的空气质量流。多级增压系统

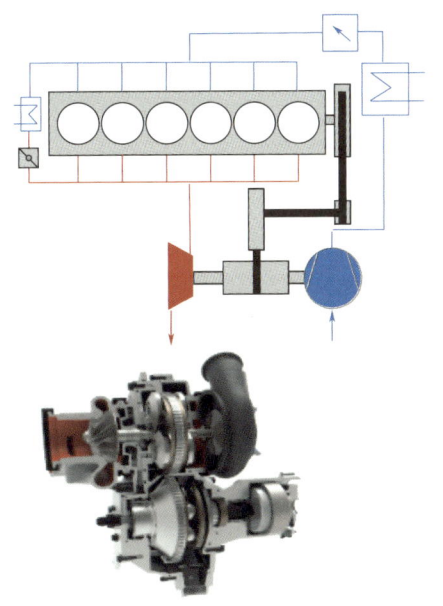

图2-13 机械复合涡轮增压系统示意图

通过串联或并联多个增压装置，逐级提升进气压力。考虑到系统复杂度和整机集成控制，两级增压是最常见的多级增压方案，两级增压因能实现较高的压比和较宽的流量范围，可有效满足氢发动机稀薄燃烧需求。与柴油发动机相比，氢气内燃机的排气温度要低约100℃。多级可变截面涡轮增压（Variable Geometry Turbine，VGT）系统通常以增加排气背压为代价实现高功率输出，不过，通过对VGT系统进行电气化改造可以缓解这一问题。将48V驱动的电动增压器与单级或双级VGT系统结合使用，是氢发动机增压的有效解决方案。尽管电动增压器的电力需求可能导致峰值BTE降低约2%，但在混合动力系统中，制动能量回收可以有效补偿该部分损失。此外，外部增压器也可以提升有效效率，对排量为476.5cm³单缸风冷SI氢发动机进行试验的研究表明，在40kPa的增压压力下，可实现14.2%的热效率提升。随着增压压力的增加，压缩机出口温度可能高达250℃，这会损害压缩机材料的耐久性。氢气发动机排气中水含量高，涡轮壳体腐蚀风险较高，可使用钛等替代材料增加压缩机的机械强度。

常用两级增压又可分为两级可调增压、高压级复合增压、低压级复合增压等方案（图2-14）。两级可调增压方案中的高压级和低压级涡轮增压器可以是可变截面涡轮增压器或固定截面涡轮增压器，高压级和低压级复合增压方案中的辅助功传递可为电辅助或机械辅助方案。因此，两级增压方案存在多种可行设计方案，增压系统方案的选取应综合考虑氢发动机稳态及瞬态工况下的设计指标。德国FEV公司对比评估了上述

不同增压系统设计方案在提升直喷氢发动机比功率、低速扭矩和瞬态响应上的效果如图 2-15 所示。

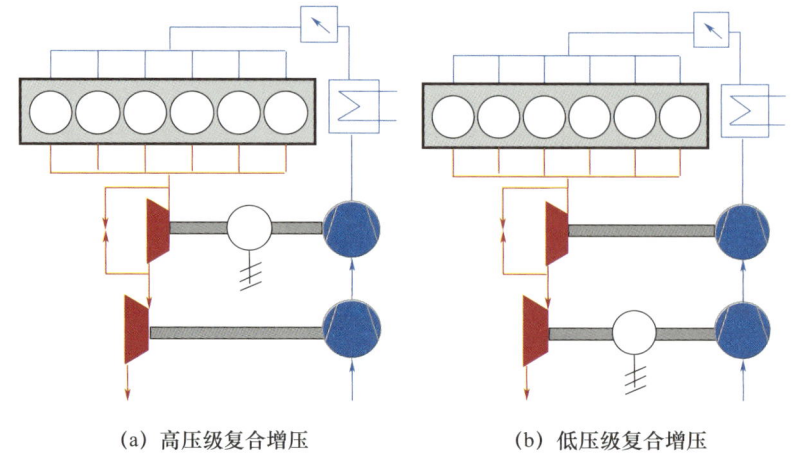

(a) 高压级复合增压　　　　　　(b) 低压级复合增压

图 2-14　两级增压系统方案示意图

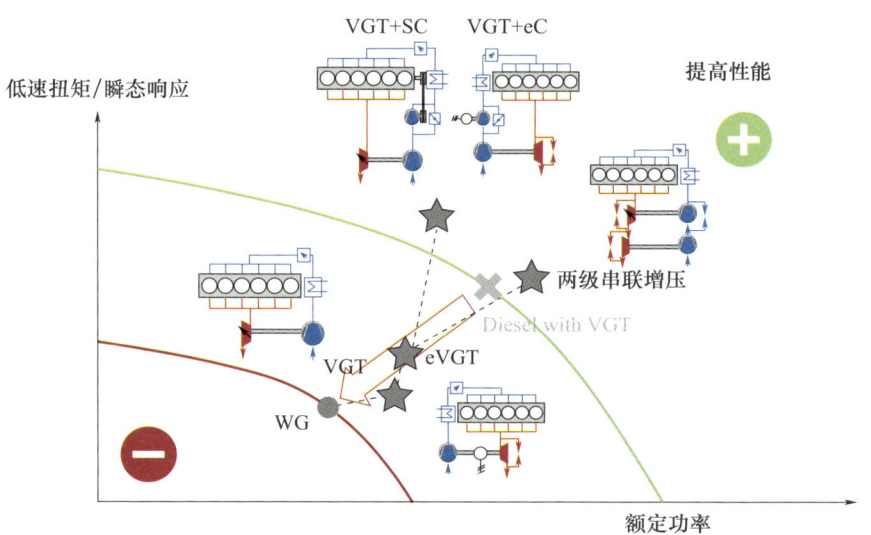

增压器类型：SC—机械增压；eC—电子增压；WG—废气旁通；eVGT—电动可变几何涡轮。

图 2-15　不同增压系统氢发动机性能对比

研究表明，单级废气放气式增压氢发动机性能指标远小于同排量柴油机；可变截面涡轮增压在改善氢低速扭矩和瞬态响应上的效果有限；采用电复合涡轮增压可进一步提高低速扭矩和瞬态响应特性，但改进效果仍受限于辅助功大小和单级增压压气机压比及流量范围；机械/电辅助增压耦合废气涡轮增压方案可有效提升氢发动机瞬态响应特性，但在改善氢发动机额定功率上仍受限于低压级废气涡轮增压图谱的流量范围；两级增压氢发动机方案可实现类可变截面增压柴油机的性能指标。

2.3 燃烧组织与异常燃烧抑制技术

2.3.1 燃烧模式

根据点火方式不同,氢发动机可分为 4 类:①火花点火(Spark Ignition,SI);②微引燃(Dual-Fuel,也称 High Pressure Direct Injection,HPDI);③射流点火(Jet Ignition,JI);④压燃(Compression Ignition,CI)。此外,还存在均质混合气压燃燃烧(Homogeneous Charge Compression Ignition,HCCI)和进气道喷射射流点火(Port Injection Jet Ignition,PIJI)等喷射燃烧模式。

根据混合气浓度分布的不同,点燃式氢发动机主要分为均质充量火花点燃(Homogeneous Charge Spark Ignition,HCSI)模式和分层充量点燃(Stratified Charge Spark Ignition,SCSI)模式。HCSI 模式将氢气与空气在气缸内充分混合形成均质混合气,然后通过火花塞点燃,从而实现快速、稳定且高效的燃烧过程。该模式利用氢气高辛烷值、高燃烧速度和低点火能量的特点,允许发动机采用更高的压缩比,从而提高热效率,同时避免了汽油机可能出现的爆震问题。不过,由于氢气燃烧温度较高,这种模式会带来较高的 NO_x 排放以及较大的热损失。

SCSI 分层燃烧模式通过优化混合气分布来提高燃烧效率并降低 NO_x 排放。在进气阶段,通过喷射系统和进气组织,将氢气集中喷射到火花塞附近,形成一个富含氢气的区域;空气则通过进气口进入气缸,形成稀薄的外围区域,构建混合气分层结构。火花塞点燃富氢区域后,火焰从该区域向外传播,逐步点燃稀薄区域。这样做的优势有:①富氢区域的高能量密度可以提高燃烧速度和效率;②稀薄区域的燃烧可以降低温度,从而减少 NO_x 排放;③通过分层燃烧,可以在部分负荷条件下优化燃料经济性,同时降低燃烧室边缘的温度,减少传热损失。

微引燃(HPDI)技术方案通常基于柴油机改装。在进气道内喷射氢气,原中央布置的高压喷油器不变,用微量喷射的柴油(占比 5%~10%)来引燃氢气;或采用缸内同轴氢-柴油直喷,在压缩冲程的中后期通过高压直喷系统将氢气直接喷入气缸,形成可燃混合气,在压缩终点(接近上止点)时,通过微量的柴油高压直喷实现点火。这种方式容易实现稀薄燃烧下的最小循环变动,多点同时燃烧加快了火焰燃尽速度,也避免了异常燃烧的发生。HPDI 模式本质上是活性控制压燃(Reactivity Controlled Compression Ignition,RCCI)模式,可适应多种燃料组合,如柴油-氢气、聚甲氧基二甲醚-氢气以及生物柴油-氢气等,通过匹配高压缩比、废气再循环(Exhaust Gas Recirculation,EGR)和喷射策略,多种燃料组合可以实现高热效率,该模式的缺点是必须使用双燃料系统,难以摆脱含碳燃料。

射流点火技术作为一种促进稀薄燃烧和高热效率的重要技术,近年来在氢发动机领域得到了广泛关注。该技术通过在预燃室内引发燃烧,并将高温火焰射流喷入主燃烧室,诱发多点快速燃烧,从而提高整体燃烧速度和稳定性。主燃室的燃料喷射方式可细分为进气道喷射射流点火和缸内直喷射流点火(Direct Injection Jet Ignition,DIJI)。从点火过程与火焰传播特征来看,PIJI通过将氢气提前喷入进气道,在进气过程中与空气混合形成均匀混合气后进入主燃室,而预燃室的混合气在压缩冲程被点燃,其射流引燃主燃室内的预混气。由于主燃室混合气分布均匀,火焰射流可同时在多个点位迅速引燃,呈现多点爆燃式传播。DIJI是在压缩末期将燃料直接喷入主燃室,形成浓度梯度明显的分层混合气,其射流点火过程同样发生在压缩末期,但由于混合气分层结构,DIJI更适合用于控制爆震和实现分层燃烧,且后喷策略尤其适用于氢发动机,可在保持极低当量比(超稀薄)下显著提高抗爆性能。从燃烧效率与排放表现来看,PIJI和DIJI均可通过支持稀薄燃烧和提高压缩比来提升发动机热效率。例如,PIJI在高EGR和米勒循环条件下已实现>41%的有效热效率;而DIJI在极稀薄燃烧区间下可实现NO_x排放削减>99%。

根据点火能源和供油方式的不同,射流点火技术又可分为被动式与主动式两类。被动式射流点燃系统依赖进气冲程或压缩过程中的压力差,使主燃室中的混合气进入预燃室。在压缩末期时,由火花塞点燃预燃室内与主燃室成分相同的混合气,高温高压的燃烧产物通过多个小孔喷射至主燃室,引发主燃室内的稀薄混合气燃烧。被动式射流点火预燃室的混合气组分无法单独控制,燃料当量比受限,点火能力与传统火花点火能力相近。此外,预燃室内残余气体不易被清除,可能影响后续循环的稳定性。被动式预燃室多与缸盖一体铸造,结构紧凑,仅需布置点火装置(如火花塞)和连接主燃室的小孔通道,燃气充填依靠主室气流携带完成,不涉及独立供油和温控系统,成本较低,制造工艺简便。因此,被动式射流点火技术以低成本、集成简便的特点,适用于负荷变化较小的轻型乘用车或小功率氢发动机。主动式射流点火系统在预燃室中配置了独立的燃料喷嘴,用于喷射氢气或富燃料混合物,可实现对预燃室燃料成分和当量比的精准调控。在压缩后期时,火花塞点燃预燃室内混合气,形成能量高、火焰速度快的射流,从而提高点火能力并拓宽稀薄燃烧极限,尤其适用于超低当量比燃烧条件下的稳定引燃。主动式预燃室通常设有燃料喷嘴、火花塞,需独立控制预燃室喷油时机与喷油量,因此结构更为复杂,且需要额外的控制体系。此外,由于预燃室内部浓燃,其热负荷更高,需配备必要的冷却设计。所以,主动式射流点火技术对喷油控制和系统布置有更高要求,更适合重载、高效氢发动机或氢-氨混合燃料等低反应性燃料场景。

2.3.2 燃烧室设计

氢发动机燃烧室的几何形状和结构与氢气的喷射燃烧方式密切相关,直接决定了氢的能量转化效率和 NO_x 排放物的生成。有效组织燃烧室内的流场,改善混合气均匀性,控制局部温度分布,是抑制氢发动机异常燃烧和优化排放的关键技术手段。

在点燃式氢发动机的燃烧室形状设计方面,部分设计借鉴了天然气掺氢点燃式发动机,如采用星云形、十字形、凹腔形、偏心半球形、梯形和缩口圆柱形等燃烧室。研究发现,不同燃烧室形状对氢发动机性能和火焰影响很大,因此需要进行细致匹配优化。

氢双燃料发动机的燃烧室设计通常采用压燃式发动机燃烧室结构,主要在活塞顶上设计燃烧室,如凹入环形燃烧室活塞(图 2-16),此外还有半球形、环形凹腔、环形、碗状、ω 形、浅形、直边形、梯形等其他结构的燃烧室。

 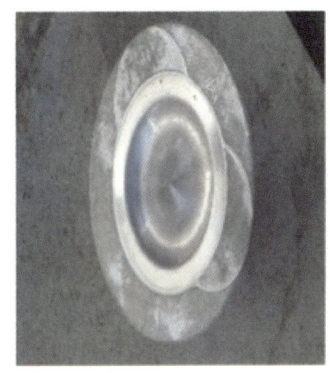

图 2-16 氢双燃料发动机环形和凹入环形燃烧室活塞

氢发动机的预燃室设计在射流点火等模式中起关键作用,其主要设计参数包括预燃室容积、喉部直径、预燃室形状等。这些设计参数对于调控燃烧过程、提高氢发动机可靠性和效率至关重要。若预燃室内氢气的燃烧组织不当,反而可能加剧末端气体自燃趋势。所以,一般选取较大的预燃室喉部直径,能缓解预燃室内压力积聚,有效降低最大压力升高率,提高发动机热效率。

表 2-3 为目前公开报道的氢发动机的燃烧系统构型。氢发动机的常规构型燃烧室中,进气组织目前主要有依靠涡流和依靠滚流两类。依靠滚流的设计类似于常见的 GDI 汽油机所用方式,利用进气道形状及燃烧室、活塞形状引导形成滚流,加强可燃混合气输运,以达成火花塞附近适宜的空燃比需求以及分层等其他策略,提高热效率和排放。涡流燃烧室则更接近于传统柴油机加强缸内混合的设计。此外,也存在同时包含涡流和滚流的设计。

表 2-3 多种发动机的燃烧系统对比

氢发动机相关	排量(L)	功率(kW)	喷射系统	压缩比	进气组织	增压系统	最大BMEP (bar)	λ	PI(%)	BTE(%)	NOx排放(g/kWh)
FEV	2.1 SCE	NA	LPDI (30bar)	10.6	平头+滚流气道	NA(EGR/H2O)	24~30	2.4	0.5~1	44~44.6	2~6
戴姆勒	15.6	350@1600r/min	PFI (to DI)	NA	涡流(到滚流)	1(to2)-TC, W/(to W/O)EGR	18	2.4	NA	最大45	最大1
沃尔沃	17.3	448@1600r/min	LPDI (30bar)	10.5Al	涡流(<0.5, 环形涡旋)	LP+VGT, W/O EGR	21.8 (3000Nm)	2.3	NA	最大42	最大1
AVL/斯堪尼亚	13	360@1800r/min	HPDI (30bar)	NA	涡流	VGT, W/EGR	26	NA	NA	49.1~50.5	最大10
AVL/雪佛龙	12.8	280	PFI	NA	涡流	VGT	21	NA	最大1	NA	NA
CMI	6.7	216@2300r/min	LPDI	9.5	滚流	2-TC, W/O EGR	22.5	2.3	最大0.5	40.5~41	最大2
博世	1.6	132	LPDI	9.5	滚流	VGT + eSC	21	2.5	NA	NA	最大0.5
迪马雷	2.3	81@3500r/min	DI	MA	平头+滚流气道	2-TC(FGT), W/EGR	18	2.2	NA	NA	最大2
阿美石油公司/菲尼亚	2.2	110@3500r/min	LPDI	9.5	涡流	VGT	19	2.4	NA	NA	最大1

2.3.3 异常燃烧

氢发动机的异常燃烧现象主要包括早燃、回火和爆震。早燃是指发动机在正常点火之前就发生了混合气自燃,如图 2-17 (a) 所示,早燃循环的 CA05 明显早于正常点火循环。氢的点火能低,因此在预混燃烧模式下,氢混合气易被缸内局部热点(早燃源)引燃而产生早燃。

当早燃发生过早时,如在进气门尚未关闭时,则燃烧后的压力波会传入进气道,或迫使一部分混合气倒流回进气道并在进气道内燃烧,这一现象被称为回火。有时不早燃也可能发生回火,比如由于进排气重叠角过大,造成缸内废气进入进气道而引发回火。回火不仅会产生异常声响、造成发动机动力下降,同时进气管路中的燃烧或高压也可能会对进气系统造成破坏。丰田公司的数值模拟显示,对于直喷氢发动机,若氢在进气冲程喷射,会有可能反流进入进气道形成热点,引发早燃和回火[图 2-17 (b)];若氢在进气门关闭后才开始喷射,即使发生早燃,也不会有回火现象发生。进气道喷射氢发动机发生回火的概率更高,且回火对进气系统的损坏也更为严重。

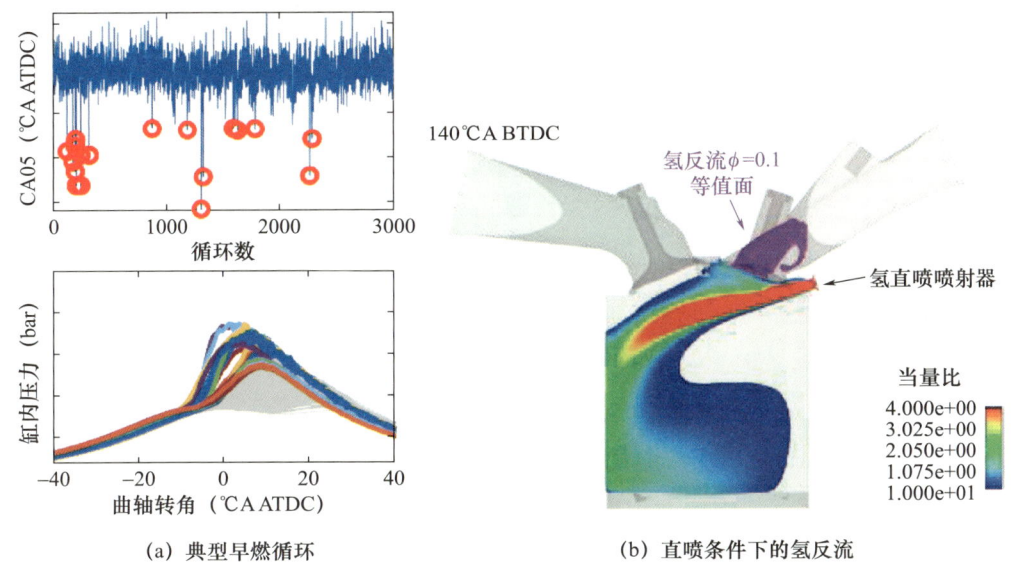

(a) 典型早燃循环　　　　　(b) 直喷条件下的氢反流

图 2-17　典型的氢发动机早燃

爆震是指末端混合气在高温高压状态下自燃后,产生大幅压力振荡的现象。当压力振荡幅度过高时,会对燃烧室结构造成严重破坏。爆震通常是由于点火提前过早引起的,在发生早燃时,如果早燃的着火时刻也较为靠前,同样会导致爆震。

氢发动机的回火和爆震都与早燃有密切关系,因此抑制早燃是避免发生回火和爆震的关键。氢发动机的早燃既有发生在进气冲程的[图 2-18 (a)],也有发生在压缩冲程后期的[图 2-17 (a)];既有持续型的[图 2-18 (b)],也有偶发型的[图 2-17 (a)]

和［图2-18（a）］。发生在进气冲程且时刻较早的早燃，通常是由于点火系统内的残余电荷放电引起的，可以通过改进点火线圈的设计解决。持续型早燃通常是由缸内部分凸出表面（如火花塞电极等）过热造成的热表面点火［图2-18（c）］，具有早燃时刻逐渐提前的特点，通常可以通过改进燃烧室结构设计、使用冷型火花塞可以解决。当前，仍困扰氢发动机开发的主要问题是偶发型早燃。

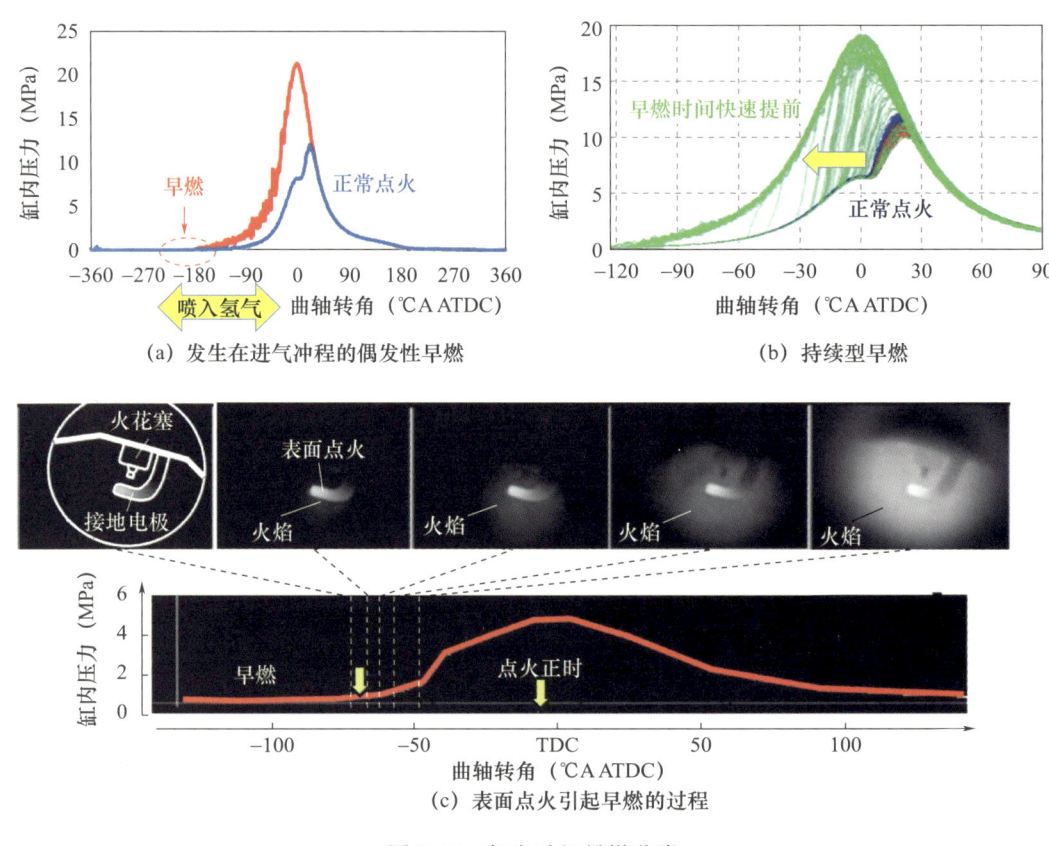

图2-18　氢发动机早燃分类

图2-19基于现有研究总结了引起氢早燃的早燃源及其导致早燃的基本机制。其中，润滑油进入燃烧室被广泛认为是引起早燃的最主要因素之一。润滑油具有较高的十六烷值，当润滑油液滴进入燃烧室后，容易自燃，进而引起混合气着火导致早燃。另外，润滑油含有金属添加剂组分，且其基础油为长链碳氢化合物，即使进入燃烧室后没有立即引起早燃，当其附着于壁面后也容易形成沉积物，这些脱落的沉积物也会形成炽热点引起周边混合气着火导致早燃。

由于氢发动机不存在液体燃料稀释壁面油膜的问题，因此活塞间隙内积存的润滑油相比于汽油机来说将会有所减少，其进入燃烧室的概率也相应降低。然而氢发动机实际测得的早燃频次却比汽油机高很多，这固然与氢的低点火能有关，但不能排除润滑油通过其他途径进入燃烧室成为早燃源的可能性，如曲轴箱通风、增压器泄漏以及气门杆泄漏都是润滑油进入缸内的潜在途径（图 2-20）。

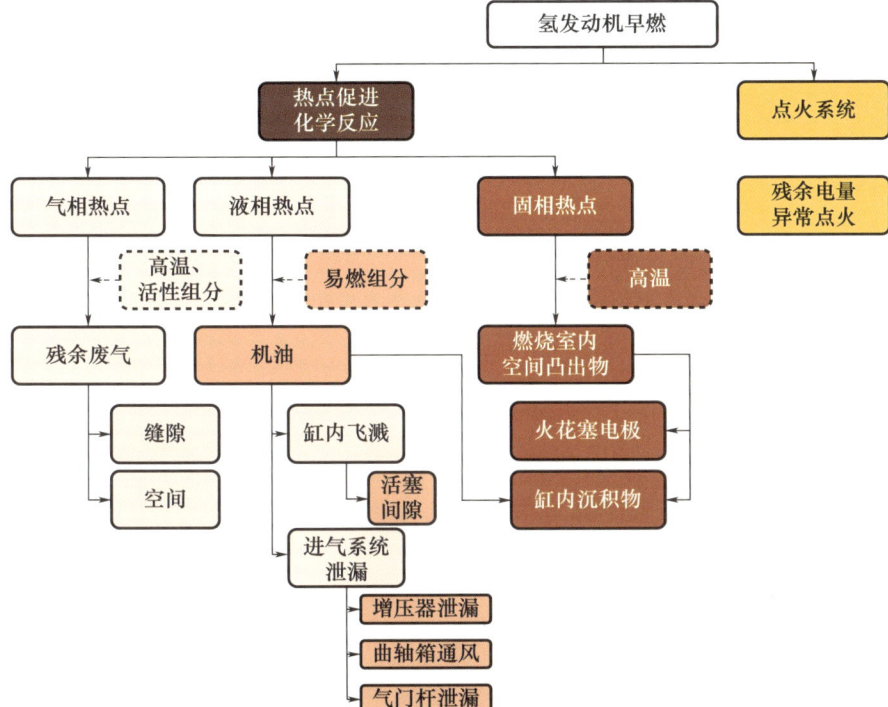

图 2-19 氢发动机可能的早燃源

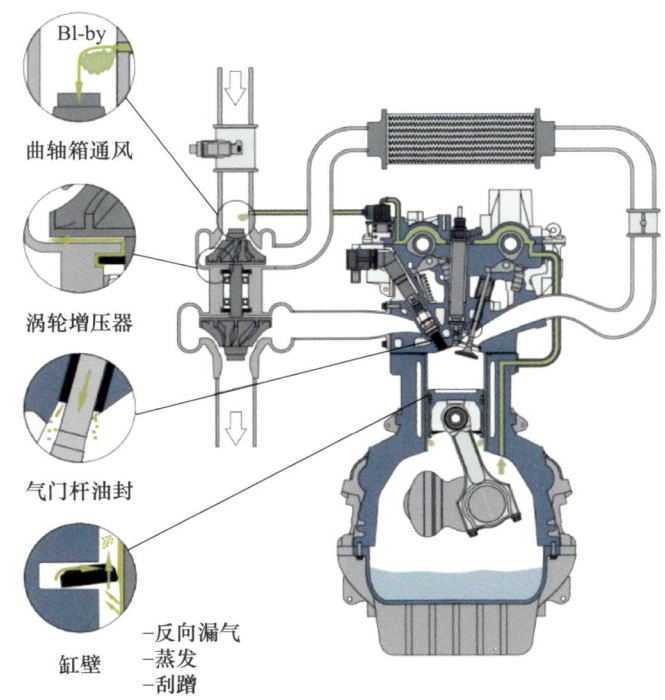

图 2-20 润滑油进入氢发动机燃烧室引起早燃的途径

燃烧室缝隙内的残余废气也是氢发动机的早燃源之一。残余废气的温度较高，会缩短氢混合气的滞燃期，此外，残余废气中含有的活性自由基也可能会加速氢的化学反应。火花塞的呼吸腔会因换气不充分而残留有废气，进而促进早燃的发生。研究发现，当呼吸腔容积由 $111\mu L$ 降低至几乎为零时，早燃频次大幅度降低，无早燃时的平均有效压力也提高了约 $0.3MPa$（图 2-21）。试验结果表明，活塞间隙内被压入第一道气环后的氢混合气反流与活塞间隙内的高温废气掺混后，会发生化学反应放热，这也可能形成早燃源。在快速压缩机上进行的缝隙内火焰传播研究表明，在 $0.36mm$ 缝隙宽度下，无论是氢、甲烷还是异辛烷，火焰都能顺利传入缝隙中（图 2-22）。研究者在光学发动机上的测试结果表明，即使活塞间隙宽度为 $0.5mm$，甲烷和异辛烷的火焰仍可以在局部区域传入活塞间隙内，而添加氢气后，火焰的最大贯穿距会进一步增加。

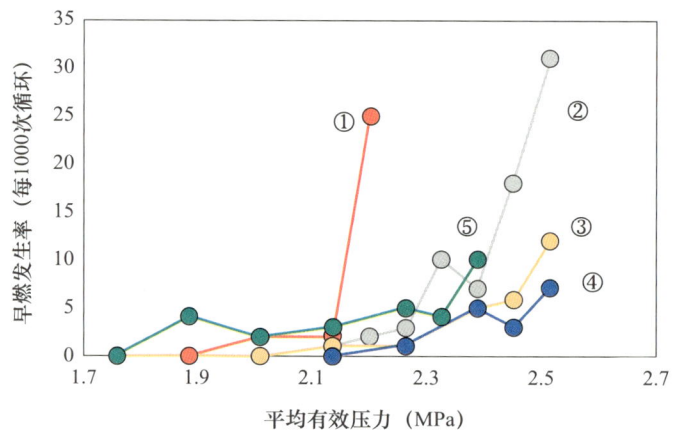

图 2-21　使用不同呼吸腔结构火花塞的氢发动机早燃频次

炽热颗粒物是另外一种主要的早燃源。有观点认为，活塞间隙内积存的润滑油在进入燃烧室后并不直接燃烧，而是在接触活塞顶或其他燃烧室表面后发生池火燃烧，逐渐形成沉积物。这些沉积物会因活塞运动或压力震荡而脱落悬浮于缸内，如果未能被及时排出缸外，则会在下一个循环因表面高温引起混合气早燃。

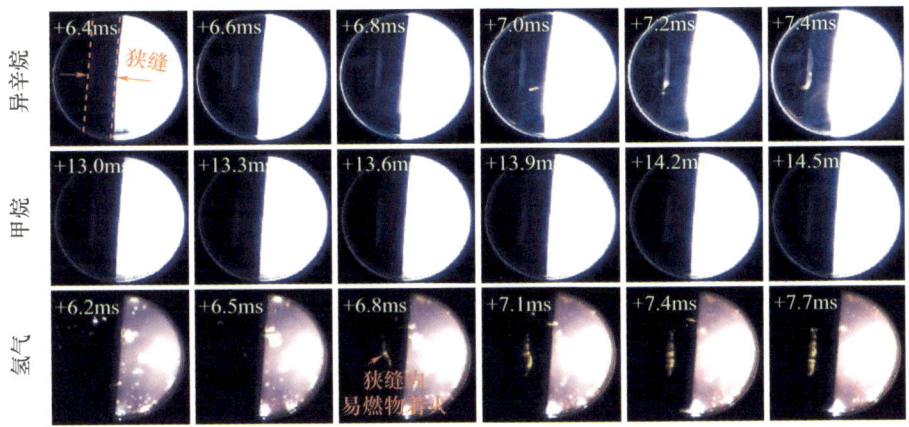

图 2-22　不同燃料火焰在狭缝内的传播

氢发动机并没有类似汽油机燃油喷雾湿壁的问题，其活塞顶沉积物堆积的情况并不严重，但在火力岸处仍能形成沉积物。有研究报道，在氢发动机耐久试验中发现了因火力岸处沉积物突出燃烧室而产生的持续型早燃，清理沉积物后，持续型早燃消失。但沉积物对偶发型早燃的影响尚不清楚。

氢发动机抑制异常燃烧的主要技术见表 2-4。

表 2-4　氢发动机抑制异常燃烧的主要技术

早燃原因	抑制措施
点火系统异常放电	• 优化点火线圈设计
局部结构温度过高	• 加强燃烧室冷却 • 使用冷型或扁平火花塞
残余废气量过高	• 加强扫气 • 减少燃烧室缝隙
机油窜入燃烧室	• 使用高着火点、低灰分机油 • 优化活塞环设计 • 优化增压器密封、曲轴通风系统和气门密封设计
混合气活性过高	• 使用稀燃抑制混合气活性 • 使用 EGR、喷水等引入更多惰性组分 • 优化喷射策略，形成分层燃烧

2.4　可靠性技术

2.4.1　氢脆和部件可靠性

氢脆是影响氢发动机安全的重要问题，氢脆是指氢原子渗入金属内部，从而导致金属的延展性和强度下降,最终使材料脆化甚至开裂的现象,尤其在高强度钢材中更为显著。供氢管路和相关传感器、执行器都需要解决氢脆的问题,不同材料发生氢脆的敏感度不同,其中高强度钢、镍基合金等材料更容易发生氢脆,奥氏体不锈钢受影响相对较小。材料的热处理、焊接工艺等也能导致氢脆的发生。金属氢脆在材料、镀层、预防方面都已经有较为成熟的应对方法和体系,但氢发动机行业仍需根据氢脆已有研究和安全体系,制定相关的安全标准,并针对性地解决部分内燃机特有的问题,如高压喷射器运动部件高温承压区域的材料和表面处理,及在恶劣环境中氢脆保护涂层的可靠性等。

约65%的氢气火灾源于接头和阀门填料泄漏,因此必须高度重视结构密封。对于氢发动机的密封与泄漏问题,可参考氢燃料电池汽车的安全研究及要求,所有涉氢管路、连接件、阀门密封件等都必须专为氢气设计。要避免使用铸件等多孔材料,使用不锈钢焊接管路,减少螺纹连接数量。对于进气道喷射系统,进气歧管可使用双层结构防止泄漏,夹层中应设置报警用的传感器并配置相应的处置措施,所有组件在安装前均需进行内部清洗。

由于氢气本身不具有润滑性,氢发动机的气门座圈需要特殊考虑材料的选取。同时活塞、活塞环、火力岸环缝等区域都必须按氢气燃烧的特点进行针对性的设计,以保证燃烧室密封的可靠性,防止氢气泄漏量超过安全范围。有研究指出,氢发动机的第一道气环宜采用矩形环,并优化其参数以兼顾抑制润滑油沉积物产生(与缸内热点有关)以及密封的需求;对第二道气环泄漏量的控制要求也比传统发动机更高;更重要的是,由于必须控制第一道气环处的窜气量,过去利用窜气压力辅助密封的设计不再合适,应当选用更为合适的扭转环等构型。此外,氢喷射系统必须保证在喷射器长时间闭阀(如长时间停车)情况下,不向进气管或缸内泄漏。

2.4.2 冷却系统和热管理

冷却系统是氢发动机性能的关键组件,直接影响发动机的效率和使用寿命,氢发动机的淬熄层0.64mm远小于汽油机的2mm,火焰更靠近壁面,传热量变大;氢发动机比汽油机具有更高的换热系数,且更高的缸内燃烧温度。氢发动机的工作原理类似于传统内燃机,但其氢气的理化和燃烧特性带来了对冷却系统的新要求。具体来说,氢气因具有较高的燃烧温度和热导率,在内燃机燃烧过程中,尤其是在高负载条件下,产生的热量需要迅速有效地散发出去,以防止发动机过热,不正常的热点可能会导致早燃和超级爆震。因此,氢发动机的冷却系统设计相对复杂,这是为了确保在高压和高温下热通量满足要求,从而维持发动机温度正常。此外,快速高效冷却和低传热损失之间存在相互制约的关系,这不仅影响发动机的热管理效率,还直接关系到燃烧过

程的稳定性和 NO_x 等有害气体的排放。因此传统的冷却系统设计不足以满足氢发动机的需求，需要进行相应的改进。

对于缸内直喷氢发动机，其喷氢器和火花塞的冷却需要重点考虑，这两个部件在缸内常受到高频高强度的热冲击，故冷却系统的设计必须确保喷氢器在安全的温度范围内工作，以避免燃料汽化问题或喷氢器故障。值得注意的是，由于氢气的高扩散性和很好的火焰速度，火力岸和气缸壁面之间的环缝内会出现较为明显的火焰传入现象；此外，氢气临近壁面的淬熄距离很短。这些因素都会使得发动机内部局部热负荷恶化，缸内直喷发动机传热状态也与常规发动机有所区别，因此，在冷却设计时需要特殊考虑。

由于燃烧温度升高，氢发动机材料承受的热应力增大，特别是活塞、气缸盖和阀门等部件。因此，所用材料必须能够承受更高的温度，同时保持结构的完整性。冷却系统需要能够快速吸收并散发多余的热量，以保护这些关键部件并抑制热点形成。未来，可能需要开发新型高导热材料，以提高冷却系统的热传导效率。

在冷却液的选择和热交换器的设计上，如何减少热损失并提高热交换速率是一个重要的研究方向。氢发动机的冷却系统包括液冷系统和空气冷却系统两种，其中液冷系统效能优势明显，是氢发动机冷却系统的主流技术路线。为增强冷却效果，液冷系统的冷却液需要具备良好的热导率和稳定性。水-乙二醇混合液体以及包含纳米流体的新型冷却液，可提升液体的导热性和热交换效率。为了提高液冷系统的效率，还需使用多通道冷却系统，同时改进冷却液的流动路径等措施。

冷却系统的可靠性和耐用性对氢发动机的长期性能至关重要。氢内燃机在高温和严苛条件下工作时，氢气反应产生大量水蒸气可能会增加腐蚀的可能性，因此，冷却系统必须考虑强化抗腐蚀问题。温度波动和散热压力可能导致冷却系统部件（如泵、散热器和密封件）更快被磨损，所以，在材料选取和结构设计中必须考虑系统的长期可靠性。

液氢在氢内燃机中的应用作为热沉具有巨大的潜力。液氢在低温下具有良好的热属性，其低沸点（$-252.87℃$）使其成为吸收发动机燃烧过程中产生的过量热量的理想选择。当液氢吸收热量时，它会经历从液态到气态的相变，这种相变会吸收大量的热量，而液氢的温度几乎不升高。这一特性使得液氢作为冷却介质非常有优势，其汽化潜热约为450kJ/kg，通过吸收过量热量，液氢有助于保持发动机部件的温度，防止其过热并延长使用寿命。此外，有效的冷却不仅有助于降低发动机的工作温度，还能提高整体效率。

近年来，国内外围绕液氢热沉利用技术，主要面向气流预冷与燃料预热协同路径、利用高温余热的液氢预热路径，以及多源热控集成与系统级能量耦合路径进行研究。

气流预冷与燃料预热针对压缩空气或引气冷却，使液氢用于降低进气系统热负荷的同时，通过换热过程将其预热至适燃温度。高温余热换热路径利用发动机运行中产生的废气、润滑油或其他高温介质，对液氢进行预热，从而实现稳定喷注与高效燃烧，并提高发动机热效率，延长部件寿命，是目前可行性最高的路径之一。

通过燃油滑油换热器、表面风油冷却器、表面风冷燃料冷却器等多模块的热管理模型，可实现液氢与油路、风冷系统等能量耦合。通过多路径液氢分配系统与热交换网络，可以将预热、冷却与动力系统融合为一体。近年来，车载液氢汽化器研究的提出，可以将汽化器设计与发动机冷却系统或燃料电池散热系统相耦合，利用循环水将液氢汽化并同时实现余热回收；此外，液氢汽化产生的冷量还可预冷进气或驱动车载空调系统，从而提升整体能源利用率。结合现有液氢汽化器的结构特点，还可实现"增压空气预冷"这一冷能利用路径，该路径有望实现超过60%的冷能利用率，附件系统最大节能可达15%，在典型重型商用车运行循环中，最大相对节能效果可达10%。

液氢作为热沉的应用通常涉及两个核心换热机制：一是汽化器内部的两相流沸腾传热；二是汽化后的单相氢气流动中的强制对流换热。氢在临界点附近表现出了高度非线性特征，因此，其热容、导热率和动力黏度的剧烈变化要求更高的换热精度。可采用螺旋管束、U形通道或微通道等紧凑结构，借助大表面积比提升单位体积内的换热能力，从而满足现代氢发动机轻量化、高换热密度的综合要求。此外，液氢热沉系统的动态响应特性也是重点突破技术之一，目前行业迫切需要开发具备动态调节能力的集成热管理系统。

目前针对液氢热沉技术研究的工程化落地仍面临一系列挑战。首先是液氢相变过程中精度控制的问题，由于液氢温度极低，在快速换热条件下容易出现局部过冷或不完全汽化等现象，造成热沉效率下降，从而影响喷射稳定性。其次氢气的易泄漏、易燃烧特性，使得相关设备在材料选型和密封设计方面需具备高抗氢脆能力与低渗透率。在复杂运行环境下如何实现热沉系统与发动机主燃烧系统的协同控制，确保系统稳定性与安全性，是亟待解决的技术瓶颈。此外在氢循环系统中材料需同时满足低温力学性能、安全性和长期耐久性等多重指标，对合金材料及焊接工艺提出了新的要求。

2.4.3 专用润滑油技术

润滑设计是氢发动机可靠性的重要因素。氢发动机润滑系统的技术要求与常规汽、柴油发动机的有关要求存在差异。氢气点火能量低、燃烧温度高、燃烧产物无碳且水含量高等原因，但氢发动机润滑油面临保持高温稳定性等一系列技术挑战，需从材料兼容性、热稳定性、抗乳化性、抗腐蚀性等多维度突破技术瓶颈。其专用润滑油的相关主要问题如下。

1. 高温稳定性

氢气燃烧温度较汽油高 200～300℃，燃烧室壁温可达 300℃，氢气进入燃烧室后无汽化吸热，故氢发动机的热负荷相对更高，这要求润滑油具有优异的抗氧化抗硝化性能，抑制润滑油在高温环境下的氧化衰减，并在高温下保持润滑油黏度。这种情况可以通过全合成基础油配合新型抗氧剂和硝化抑制剂的方法，控制高温沉积物的形成，确保润滑效果。

2. 低灰抗早燃性

氢气着火极限宽、点火能量低、火焰传播速度快，零部件上的炽热点易产生早燃、爆震等异常燃烧。这要求氢发动机润滑油应具有低挥发性，减少高温下的蒸发损失，降低润滑油窜入燃烧室的概率，辅助降低燃烧室中因润滑油生成沉积物的量。此外，氢气自身缺乏润滑性，因此氢发动机相比汽、柴油机的润滑条件更差，这就要求润滑油复配金属类添加剂组分，控制硫酸盐灰分，增强抗早燃特性；开发无金属有机抗磨剂（如离子液体型添加剂），将硫酸盐灰分控制在合理区间；通过分子模拟优化灰分组成，在气门-座圈接触区形成保护层，降低气门磨损的同时，减少早燃发生率。

3. 抗锈抗腐协同防护

氢气燃烧的主要产物是水，极易导致发动机油乳化，进而引起发动机缸套、活塞等部件腐蚀、锈蚀、磨损等严重后果，这就需要润滑油具有优异的防腐防锈性，保护发动机内部金属部件，最大程度地降低水对发动机的影响。润滑油应调整基础油、添加剂复配方案，提升防腐防锈性能，并和发动机材料（如丁腈橡胶、氟橡胶）相兼容，防止密封件老化和泄漏，降低金属件腐蚀的可能性。

4. 抗磨极压协同作用

氢发动机润滑油中加入金属抗磨剂（如含钼化合物），可形成稳定润滑膜，提升边界在润滑状态下的抗磨效果，同时优化润滑油的高低温黏度，确保高温高剪切下的油膜强度，兼顾流体润滑、混合润滑状态下的润滑特性。此外，由于水能使抗氧抗磨剂二烷基二硫代磷酸锌（ZDDP）发生分解失效，从而降低润滑油体系抗氧保护，使润滑油整体性能下降，因此添加剂设计还必须考虑水的影响。在高压含水条件下，必须较为精确地考虑油膜恰当的有效厚度问题。

5. 乳化稳定性

氢燃烧生成的大量水汽，在低温环境中产生的水易沉积到油底壳底部，如果曲轴箱通风系统无法完全分离水分，可能导致润滑油乳化（含水量为 0.5%～1.5%）。乳化油膜润滑性能急剧下降，并引发金属部件锈蚀（如轴承铜合金腐蚀速率提高 3 倍）。此外在低温下，机油中的水结冰可能导致润滑油泵非正常工作，从而引发严重磨损，因此氢发动机润滑油需要具备适宜的溶水性能，以及在低温环境下不易水分层、在高温环境下易于和润滑油分离排出的特性。

6. 低温冷启动性

氢发动机润滑油应具有合适的黏度,确保在不同温度下都能有效润滑。有水存在的情况下,润滑油的低温流动性会受到较大影响,在低温低剪切下,高含量水会形成强分子键。在低温低剪切条件下,润滑油的黏度可能会更高,从而影响低温冷启动性能。实验证明,润滑油含水6%,常温以上对润滑油压力影响不大,但在关注高黏度指数的同时,使用添加剂的方法降低高含水下润滑油的低温流动性是需要解决的关键技术难题(图2-23)。

图 2-23 乳化保持性能示例

7. 润滑油寿命

氢发动机润滑油中燃烧产生的冷凝水易形成油水微乳液,加速酯类基础油水解,促进金属皂化反应,同时造成ZDDP水解、活塞环-环外面磨损大、碱值保持能力差等一系列问题,需要进行针对性的设计缓解或解决该系统问题。

此外,当前API/ACEA/国标均未提及氢发动机润滑油,缺乏相应的针对性测试和评价方法,无法全面评估润滑油特性。目前,ASTM D7589汽油机测试程序无法模拟氢发动机的瞬态爆震(压力升高率>10MPa/ms);CEC L-109含水试验仅考虑3%含水量,而氢发动机润滑油实际含水为8%~12%;抗早燃测试(Ford WSP-M2C913-D)未涵盖氢-润滑油混合气的自燃特性,因此亟须打通"机理研究—台架开发—道路验证—标准制定"的全链条协同创新体系。

2.5 有害物排放控制技术

氢气作为零碳燃料,燃烧后的尾气主要由水蒸气、氮气、稀薄燃烧工况下的氧气、未燃氢和氮氧化物组成。其中NO_x是由空气中的氧气和氮气在高温环境下反应生成的,主要包括一氧化氮(NO)、二氧化氮(NO_2)和少量的一氧化二氮(N_2O),这些NO_x会导致光化学烟雾和酸雨,且对人体呼吸系统有害,也是世界各国排放法规重点限制的污染物。氢发动机高温富氧的缸内条件会进一步加剧NO_x排放的生成,若不加以控制,氢发动机的NO_x排放浓度可超过10000×10^{-6}(旧称ppm),是汽油机的三倍以上。而其他因少量机油参与燃烧生成的一氧化碳(CO)、碳氢化合物(HC)或颗粒物

(PM) 污染物浓度可以忽略。因此 NO_x 排放是氢发动机的主要污染物,如何有效控制 NO_x 排放是氢发动机走向实际应用的关键挑战。

氢发动机的排放控制技术可分为缸内原始排放控制(在发动机燃烧过程中减少 NO_x 的生成)和尾气后处理(将排气中的 NO_x 转化为无害物)两种技术手段。

2.5.1 机内净化技术

由于氢燃料本身不含氮,因此氢发动机中 NO_x 的生成完全来自空气中的氮气和氧气。氢发动机 NO_x 生成的主要机制为热 NO 机理(Zeldovich 机理),该机理包括以下三个基本反应步骤:$O+N_2 \rightleftharpoons NO+N$;$N+O_2 \rightleftharpoons NO+O$;$N+OH \rightleftharpoons NO+H$。这三步反应的速率与反应温度和氧气浓度密切相关:当温度低于 1800K 时,NO 生成速率较低;而温度超过 1800K 时,反应速率随温度的升高呈指数级增长,每升高 100K,速率增加 6~7 倍。此外,随着氧气浓度的提高,NO 生成速率也进一步增加。试验表明,当氢发动机在接近化学计量比(过量空气系数 $\lambda=1.2$)的高负荷工况下运行时,燃烧峰值温度可超过 2200K,导致 NO_x 排放达到峰值,超过 10000×10^{-6}。此外,由于燃烧过程中缺少碳氢自由基,一般不会产生显著的快速型 NO_x(Fennimore 机理),也不存在燃料氮型 NO_x。因此,抑制氢发动机原排 NO_x 的关键在于降低缸内局部燃烧温度和控制缸内局部空气与燃料的比例。基于上述机理分析,研究者提出了如下技术手段用于抑制原排。

稀薄燃烧是降低氢发动机 NO_x 排放最直接且有效的方法之一。通过提高混合气的过量空气系数 λ,使燃烧过程拥有充足的空气,从而显著降低燃烧温度,达到抑制 NO_x 生成的目的。试验证明,当过量空气系数从 2 提高到 3 时,部分负荷下氢发动机的 NO_x 浓度可从 220×10^{-6} 迅速降至 3×10^{-6}。当氢发动机运行在 λ 超过 3 的稀燃工况下,NO_x 排放可实现近零。此外,在部分负荷工况下的稀薄燃烧可以实现无节气门控制,从而显著减少泵气损失,有效提高发动机的效率。在低负荷工况下,超稀薄燃烧几乎可以彻底消除 NO_x 排放;但在高负荷工况下,若难以进一步通过提高 λ 值且避免 NO_x 生成,就必须辅以其他手段(如废气再循环或尾气后处理系统),氢发动机 NO_x 排放随 λ 变化如图 2-24 所示。同时,稀薄燃烧自身存在功率和效率损失的问题,因此在实际工程应用中,往往会与增压技术、分层燃烧等方法结合,以扩展稀薄燃烧的适用范围,实现兼顾性能与排放的目标。

废气再循环(EGR)技术通过将部分排气重新引入进气,与新鲜空气混合进入气缸,来降低进氧气浓度并增加混合气热容,从而有效降低燃烧峰值温度,减少 NO_x 的生成,可在部分负荷工况下提升动力性和燃油经济性。根据废气引入方式的不同,EGR 可分为内部 EGR 和外部 EGR。内部 EGR 通过调整配气机构(如可变配气正时、

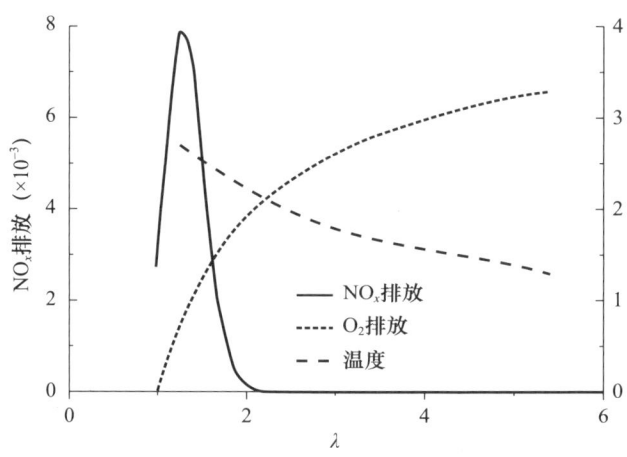

图 2-24　氢发动机 NO_x 排放随 λ 变化曲线

二次开启排气门等）增加缸内残余废气量，但需对发动机主体结构进行较大改动；外部 EGR 则通过外部管道和 EGR 阀将废气引入进气系统，其优势在于控制灵活、成本低，且废气可经冷却装置调节温度，从而减少节流损失并适配不同工况需求。因此，相较于内部 EGR，外部 EGR 因对发动机结构改动更小、控制精度更高而应用更为广泛。单缸 1.5L 的氢发动机试验结果表明，当 EGR 率达到 25% 时，NO_x 排放降低约 57%。但是过高 EGR 率会延长燃烧持续期，导致燃烧稳定性降低，同时降低燃烧速率和峰值压力，使功率和效率损失。在四缸 2.5L 氢发动机低转速 1000r/min 工况下引入 EGR 后，功率下降 27% 的同时 NO_x 减少了 73%；而在 6000r/min 高速工况下 NO_x 减少高达 84%，但功率下降 39%。可见，EGR 的使用需要寻求排放与功率的平衡。此外，氢发动机的 EGR 成分主要是水蒸气和燃烧富余的氧气和氮气。高温高湿的排气易加剧 EGR 阀和系统其他零部件磨损失效。在当量比为 1 时，氢发动机废气中水体积占比达 34.7%（汽油仅为 14%）。废气温度降低则易导致冷凝水积聚，需额外处理以避免金属部件腐蚀。与传统汽、柴油发动机不同，氢发动机废气中不含碳基污染物（CO、HC 等），在氢发动机中 EGR 技术的作用主要依赖于降低进气氧浓度及利用水蒸气作为一种燃烧的抑制成分，而非传统 EGR 中主要利用二氧化碳的燃烧抑制作用，因此若过度降低废气温度导致水蒸气冷凝则会导致氢发动机中 EGR 效果降低。此外，与传统发动机相比，在氢发动机中运用 EGR 的优势在于氢气燃烧过程中无碳基物质排放，这避免了在传统汽柴油发动机中应用 EGR 时可能因为燃烧不完全导致 CO、HC 排放增加的矛盾。

有研究者采用向燃烧室内喷水降低 NO_x 的方式。喷入的水在蒸发过程中因其高汽化潜热和热容使其在燃烧过程中吸收大量热量，其作用机制与 EGR 相同，在降低排放的同时，通过冷却缸内热点、降低混合气的初始温度，达到抑制早燃及爆震发生的效果。喷水方式包括缸内直接喷射和进气道喷射两种。缸内直喷水的优点是可以快速蒸发吸热，但需要布置高压水喷射系统；进气道喷射水结构简单，但是歧管内蒸发雾化效果有限。由于氢气可燃范围广，喷水流量可从氢气流量的 0.2 倍变化至 20 倍，水箱中的水需要定时补充。某些研究提出，可以从氢发动机排气中回收冷凝水以循环利用，但实际实现较为困难。

对于缸内直喷氢发动机，喷氢与点火优化控制技术可灵活调整氢气的喷射时刻、喷射次数和喷射压力，协同点火优化控制，可有效控制缸内混合气的形成。高速氢气提前喷射会导致缸内湍流动能增加，湍流聚集区燃烧温度和 NO_x 排放相应增大，而推迟喷射后，泵气和传热损失减少，功率和效率增加，但混合时间变短会导致缸内相对局部过浓（过量空气系数小于 1.5）区域有大量 NO_x 生成。在高负荷下使用推迟喷射分层燃烧时，需避免局部区域偏浓导致的 NO_x 大量生成；而在低负荷时可利用提前喷射在缸内形成均质稀薄混合气，实现近零 NO_x 排放。如果采用多次喷射策略，只要通过较好组织混合气分层，就可在保证火焰稳定性的同时显著降低总体 NO_x 排放量。研究还发现，在高温混合气中喷入氢气可以发生类似"热 NO_x 还原"反应，故而有学者提出在燃烧后第三次向高温区域喷氢的"三次喷射"的策略，降低 NO_x 排放使其满足欧Ⅵ法规的同时，提升指示热效率 3.6%。

通过推迟放热，燃烧峰值压力和温度降低，NO_x 大幅减少。汽油机通常将点火定时调在接近 MBT（最佳扭矩点火提前角）以兼顾效率和排放。对于涡轮增压氢发动机，推迟点火可增加尾气能量，燃烧损失的能量能通过废气涡轮进行回收，因此适度延迟点火可在保持动力性的同时降低排放。但是，过度推迟点火会导致未燃氢增加，效率大幅下降，所以需要通过标定确定控制 NO_x 排放的最佳点火角。

以上原排控制手段通常联合使用，例如，中等负荷下采用适度 EGR 配合稀薄燃烧的方式，比单一稀薄燃烧可进一步降低 NO_x 排放量且燃烧更稳定；又如，采用多次喷射结合喷水的方式，可在高增压工况下协同抑制 NO_x 和爆震。有研究指出，未来氢发动机应向"低温燃烧＋适度增压 EGR ＋分层直喷"的方向发展，在保障高效的同时，可将 NO_x 原始排放量降至极低。但是，仅靠原始控制有时仍难以满足最严格的排放标准，因此需要尾气后处理装置来进一步净化残余 NO_x。

2.5.2　机外净化技术

虽然氢气的完全燃烧产物为水，但是氢发动机仍需后处理系统去除发动机尾气中氢气、NO_x 以及机油消耗产生的少量总碳氢化物（THC）排放。未燃氢气和部分机油消耗产生的 CO 和 HC 可通过氧化催化器（OC）、三效催化器（TWC）等实现转化，NO_x 可利用原排中 H_2 选择性还原 NO_x，但是常规 H_2-SCR 反应温度窗口窄，通常在

100~250℃之间；NH_3-SCR 可实现较宽的活性温度窗口，但是需匹配额外的尿素喷射系统；还可应用稀薄燃烧 NO_x 捕集（LNT），具有 NO_x 存储功能的三效催化器（NTWC）等技术，与被动选择催化还原（PSCR）耦合使用，实现 NO_x 的高效净化。

鉴于发动机燃烧模式、标定策略、原排特点后处理成本和性能需求，氢发动机后处理系统可能形成不同的技术路线，具体列于表 2-5。

表 2-5 不同后处理系统及特点

系统方案	技术特点
OC + P-SCR	面向稀、浓燃烧模式发动机后处理，系统简单，NO_x 处理依靠 LNT 产生还原剂还原，NO_x 净化性能较低
OC + 尿素喷射 + SCR1 + SCR2 + ASC	常规稀薄燃烧后处理路线，技术成熟，需加装尿素喷射系统，面对当量燃烧，NO_x 处理能力低
H2-SCR + OC + 尿素喷射 + SCR1 + SCR2 + ASC	常规稀薄燃烧后处理路线基础上加装 H_2-SCR，有效利用原排 H_2，降低 NH_3-SCR 装量，具备优异 NO_x 净化性能，但是成本高
TWC + 尿素喷射 + SCR1 + SCR2 + ASC	相比常规稀薄燃烧路线，TWC 替代 OC，兼顾当量燃烧下 NO_x 处理
NTWC + 尿素喷射 + SCR1 + SCR2 + ASC	兼顾当量燃烧下 NO_x 处理和冷启动、急速下 NO_x 排放
OC + P-SCR + 尿素喷射 + SCR1 + SCR2 + ASC	有效利用原排 H_2 降低 NO_x，结合 NH_3-SCR，满足 NO_x 全工况排放控制，但成本高

氢发动机专用 OC，是安装在氢发动机排气管路中，通过氧化反应，将氢发动机排气中氢气（H_2）、少量的 CO 和 HC 转化成水（H_2O）和二氧化碳（CO_2），以此来降低排气中 H_2、CO、HC 的排放量。同时将 NO 氧化成 NO_2，实现 SCR 快速反应，有效

提升 SCR 催化剂的低温活性。

氢发动机专用 SCR 催化器是在一定的温度和催化剂作用下，利用还原剂（如液氨、尿素等）将尾气中的氮氧化物（NO_x）还原为无毒无害的氮气（N_2）和水（H_2O）。SCR 系统一般由尿素溶液箱、计量喷射单元、混合器和 SCR 催化转化器组成。典型反应包括标准 SCR（$4NH_3 + 4NO + O_2 \longrightarrow 4N_2 + 6H_2O$）、快速 SCR（$4NH_3 + 2NO + 2NO_2 \longrightarrow 4N_2 + 6H_2O$）等。其中快速 SCR 在 $NO:NO_2$ 约 1:1 时速率最高。对于氢发动机排气，NO_x 主要为 NO（鲜有 NO_2），因此 SCR 系统通常需要在前端加装氧化催化器（DOC），将部分 NO 转化为 NO_2 实现快速高效 SCR 反应。SCR 催化剂多采用金属氧化物，如钒基（V_2O_5-WO_3/TiO_2）或分子筛（Cu/Fe 沸石）等。在氢发动机高含水条件下，不同催化剂有效工作温度略有差异：钒基催化剂活性范围 300~450℃，抗硫性好，但高温易挥发失活；铜基和铁基沸石可在更低温（200~400℃）发挥作用且其高温稳定性更佳，但容易产生 N_2O。由于氢发动机多采用稀薄燃烧，排气温度最低仅 330℃，因此需要合理设置 SCR 系统位置保证合适的反应温度。要兼顾两种催化剂的优点，可采用联合布局方式：即将钒基 SCR 置于前段，大幅降低 NO_x 的同时避免 N_2O 排放；随后使用铜基 SCR 完成余量 NO_x 的高效转化，整体 NO_x 转化率可超过 99%。由于氢燃料本身不含硫，氢排气无颗粒物，SCR 催化剂不会遭受硫中毒或表面积灰失效。

H_2-SCR 催化技术是一种利用 H_2 作为还原剂，在催化剂作用下将 NO_x 选择性还原为氮气（N_2）和 H_2O 的催化转化技术。与传统 SCR 技术（使用 NH_3 或尿素）相比，H_2-SCR 可直接利用载氢燃料作为还原剂，省去了传统 SCR 技术中氨源储存和喷射系统等复杂装置，大幅简化了发动机后处理系统，具有低温活性好、二次污染小等优点，尤其适用于低温和动态工况下的 NO_x 减排。铂（Pt）和钯（Pd）基催化剂在 H_2-SCR 反应中均可表现出优异的低温活性和选择性。试验证明，Pt 基催化剂在低于 200℃ 的温度下即可实现高效的 NO_x 转化，但由于反应温度范围较窄，尚未得到大规模应用。

ASC 即氨氧化催化器，在氢发动机系统中，其核心功能是消除尾气中未反应完全的氨（NH_3）。ASC 催化技术通过催化反应，将氨转化为无害的 N_2 和 H_2O。目前，ASC 催化剂可分为四大类：一是 NH_3 氧化活性较高，但 N_2 选择性低的贵金属催化剂；二是 NH_3 氧化活性较低，但 N_2 选择性好的非贵金属催化剂；三是 NH_3 氧化效率和 N_2 选择性相对平衡的贵金属-非贵金属复合型催化剂；四是 NH_3 氧化效率较高，N_2 选择性优的双功能 ASC 催化剂。

稀薄、超稀薄燃烧可有效提高氢发动机热效率，但也带来富氧条件下 NO_x 的处理难题。传统 SCR 技术（NH_3-SCR）可有效降低 NO_x 排放，但需外加还原剂，导致系统复杂底盘布局难度大。具有 NO_x 存储转化性能的 LNT、NTWC 可在不需要额外喷

NH_3 还原剂的情况下，有效解决氢发动机稀薄/超稀薄燃烧条件下的 NO_x 排放问题，同时兼顾当量燃烧工况下的 NO_x 处理、同步搭配 PSCR 催化剂使用，在进一步提升 NO_x 转化效率的同时兼具解决 NH_3 排放问题，具有一定的应用前景。

氢发动机专用 TWC 活性组分的主要包括 Pt、Pd 和铑（Rh）贵金属活性成分。当量燃烧模式下，TWC 可以处理尾气中的未燃 H_2、CO、HC 和 NO_x 等污染物，同时转化为 CO_2、N_2 和 H_2O，确保排放符合严格环保标准，但不能有效解决稀薄燃烧 NO_x 排放问题。

此外，氢发动机含水量高，高含水量可能导致竞争吸附、低温性能下降及催化剂性能劣化等问题。探究高水汽环境对各类催化剂的性能影响机理，开发具备高抗水热稳定性的催化材料，实现催化剂在约 30% H_2O 的水热环境下长期稳定运行是氢发动机后处理技术急需解决的重要课题。

未来的氢发动机可能需要结合缸内缸外多种 NO_x 控制技术，并针对不同负荷工况制定不同的控制策略：在低负荷工况时通过提前喷射实现超稀薄燃烧（实现原始排放近零）；在高负荷工况时利用喷射优化、EGR 或喷水尽量降低缸内 NO_x 排放水平，在缸外利用 SCR 与 ASC 处理多余的 NO_x 排放，再辅以 LNT 作为冷启动或短时高 NO_x 排放工况的辅助措施，以确保全工况范围内实现高效氢发动机的超低 NO_x 排放。

2.6 环境适应性技术

氢发动机作为一种用氢气作为燃料的动力装置，在环境适应性方面具有显著优势和挑战。

在排放特性方面，氢气燃烧后仅生成水蒸气，不产生二氧化碳，对缓解温室效应具有显著效果。同时，与传统化石燃料内燃机相比，氢气作为燃料的动力装置几乎没有 PM、硫氧化物（SO_x）等有害物质排放，使后处理器的开发难度大幅降低。但是，通过实验室测试发现氢发动机在实际运行过程中会出现较大幅值的 NO_x 排放、较高的排气水、排气残余氢气等现象，这些都是后处理系统开发所面临的挑战。

在能源来源与可持续性方面，氢气可通过电解水制取，若电力来自风能、太阳能等可再生能源，则全生命周期碳排放趋近于零。氢能可作为间歇性可再生能源的储能载体，提升能源系统灵活性。当前主流制氢方式仍依赖化石能源（如天然气重整），但这一过程存在碳排放问题；而绿氢（可再生能源制氢）成本较高，其规模化应用尚需技术突破。

氢发动机在零部件结构、工质组织和燃烧做功特性等方面与传统汽油或柴油内燃机类似，在环境适应性方面预期接近或相当；在重型商用车动力领域，氢发动机环境适应性能力优于其他零碳纯电动和燃料电池解决方案。对重型车用氢发动机环境适应性可归纳如下。

1. 满足各地区排放法规要求

氢发动机的排放性能优于传统柴油和燃气（Natural Gas，NG）发动机，目前样机台架测试可满足欧七和北美 EPA2027 最新排放标准，同时二氧化碳排放量相比传统内燃机减少 99% 以上。相关单位也正在积极开展整车排放测试验证工作，包括评估技术架构以满足正在制定中国第七阶段排放标准。

2. 氢燃料气质成分和续航能力

由于能量转换形式的不同，氢发动机对氢气纯度不需要苛刻要求；结合氢气实际制备工艺和成本考虑，氢气中其他杂质含量要求可在燃料电池汽车用氢气燃料标准《质子交换膜燃料电池汽车用燃料 氢气》（GB/T 37244—2018）基础上适当放宽。另外，由于氢气的单位体积能量密度低（标况下是 NG 的 1/3），需要使用高压或液化氢气瓶以满足重型商用车长续航要求。例如，使用 70MPa 压缩氢气瓶，续航里程可与现有 CNG 压缩天然气重卡车型处在相同水平，显著高于一般纯电动重卡续航里程。

3. 高温（高湿）、高原和极寒地区应用挑战

目前主流氢发动机采用稀薄燃烧技术架构，鉴于氢气在空气中可燃范围较广（是 NG 的 6 倍），氢发动机在极端环境（高温、高原和极寒）下的性能表现预期不弱于现有燃气发动机重卡产品，不过这方面还需要后续的整车试验验证并进行针对性改进。另外，由于氢气更容易被点燃（点火能量是 NG 的 1/10），在极寒地区（-40℃）的冷启动性能也会更优。即使不采用 EGR 系统和主动曲轴箱稀释通风系统，氢发动机相比现有燃气重卡发动机产品，其结冰风险也会得到一定改善。

4. 气候与地理适应性方面

氢气扩散速度快、点火能量低，氢发动机在低温环境下启动性能优于传统柴油机，适用于高纬度或寒冷地区应用。但由于氢发动机工作过程中生成水较多，寒区结冰问题较为突出，主要集中在 EGR 系统、进气混合器、后处理器、油气分离器进出气管等位置。此外，寒区环境对氢发动机自身橡胶部件的低温性能提出了更高的要求，包含电加热等技术在内的综合热管理可以加强发动机本体热量利用，需要开发低温催化剂、耐低温橡胶等技术措施以适应寒区环境挑战。氢发动机通常采用稀薄燃烧方式运行，其工作所需的空气量高，但在高海拔地区空气稀薄供应量不足，这给发动机高效运转带来了挑战，双级增压、复合高效增压等技术方案可有效改善这一问题，提高氢发动机在高原的性能。另外，由于氢气能量密度低，储氢罐需更大空间，可能影响车辆或设备布局，车载液态储氢、固态储氢等技术方向仍需有进一步突破。

5. 基础设施兼容性方面

与传统内燃机结构相似，氢发动机可基于现有内燃机平台改造，其产业链转型难度低于燃料电池。若能利用现有加油站扩建加氢设施，可加速氢能应用推广。同时也要认识到，目前加氢网络建设滞后，全球加氢站数量有限，这一问题制约了氢发动机大规模应用。氢气液化或高压储运技术要求高，成本与能耗显著，相关产业亟待大力度提升发展。

氢发动机在环境适应性上表现突出，尤其在零碳排放、低温启动、与传统技术兼容性等方面具有显著优势，但其大规模应用受限于绿氢成本、加氢基础设施、储氢技术等瓶颈问题。未来需通过绿氢降本、基础设施扩建、燃烧控制优化等举措，提升其环境与经济竞争力，使其在特定领域（如重载运输、备用电源）作为低碳转型的重要选项。

2.7 振动噪声抑制技术

氢发动机在燃烧过程中的高速反应特性及其引发的压力波动，使得发动机在运行过程中面临更为复杂的 NVH（Noise，Vibration and Harshness；即噪声、振动和声振粗糙度）问题。

燃烧特性驱动的振动：氢气的高火焰传播速度（约 2.8m/s）和宽可燃极限（4%～75%）导致其在燃烧过程中压力波动剧烈。例如，缸内直喷氢发动机在压缩比为12:1时，燃烧压力峰值可达 15MPa 以上，比传统汽油发动机高 30%。这种压力波动通过活塞—连杆—曲轴系统传递，引发机械结构的共振。同时，爆震的非线性放大效应也不能忽视，氢燃料的低点火能量（0.02MJ）和高火焰温度易触发爆震。爆震产生的冲击波冲击燃烧室壁面，不仅加剧振动，还会导致活塞顶局部过热，材料出现疲劳裂纹。活塞顶在持续高温（>300℃）和高压（>10MPa）作用下，其铝合金材料会发生蠕变变形，导致活塞与缸壁间隙增大，加剧振动和漏气。因此需考虑分层燃烧的精确组织和控制，如采用多孔喷嘴实现氢气混合气分层，使燃烧重心后移（CA50 控制在 15°～20°CABTDC），降低压升率。爆震抑制方面可采用闭环调控系统，在缸盖与缸体间安装环形爆震传感器阵列。当爆震强度超过阈值时，减小喷氢量和延迟点火，也可以采用进气道喷射与缸内直喷结合的方式，采用恰当喷射组合策略来抑制爆震及相关噪声。

通过在发动机关键部位布设缸内高精度压力传感器、结构加速度计和外部麦克风，协同采集燃烧压力、结构振动与声压信号，基于缸压、缸套加速度与机外声压之间的频谱相关性分析，此类多物理耦合方法可提升噪声源识别的准确性，也为燃烧优化、喷油策略调整及结构声辐射控制等提供量化依据。

此外还需考虑氢气可压缩性的影响，高压氢气（35MPa）在喷射过程中压力波动可达±5MPa，导致燃料流量不稳定，引发燃烧不均匀和振动，故需进行针对性的控制和补偿。

活塞往复运动产生的一阶振动（频率与发动机转速相同）占总振动能量的70%以上，二阶振动占20%。氢发动机因追求高功率密度，常采用轻量化活塞（如铝合金活塞，质量可减少30%），能一定程度上降低振动。对于混合动力系统，在曲轴后端集成电机，通过电机扭矩补偿可有效抵消发动机一阶振动。

如采用液氢，液氢在汽化过程中温度变化和密度差异会导致管路内压力振荡，可能引发燃料供应系统共振。因此需考虑动态压力调节与温度补偿，在高压储氢罐出口安装比例减压阀（响应时间<50ms），结合温度传感器数据实时调整喷射压力。

进排气方面，通过引入多级消声结构，如共振腔、扩张室和分频隔断，可以有效吸收和反射特定频段内的压力波。利用复合式排气消声系统，有多个扩张谐振腔和二级扰流腔，通过调整腔体容积与排气管长度，使系统对多频率声波具备广谱消声能力，在不显著增加排气背压的前提下，可将整机排气噪声峰值降低8~12 dB，同时改善发动机运行平稳性，是实现燃烧声源隔离与降噪目标的重要辅助手段。

在主动噪声与振动抑制方面，可基于长短期记忆网络、神经网络等智能化方法预测振动趋势，通过压力执行器主动实时施加反向力抵消振动。例如美国阿贡国家实验室的对置活塞氢发动机在2500r/min时，采用主动控制技术使缸体振动幅值降低60%。未来面向NVH的协同优化需要基于智能化结合燃烧学、声学、控制理论，实现从燃烧到振动的全链路优化，并融合物联网和边缘计算，开发自适应振动控制系统，实现实时监测、预测与调整。

本章主要结论如下：

（1）氢发动机在未来主要的技术路线面向商用车、非道路和低空飞行器，按时间预计分为若干发展阶段，以排放控制和提高热效率为主要技术牵引。

（2）缸内直喷构型因其具有抑制异常燃烧和有效阻止混合气的能力，将成为未来主要技术方向。燃烧组织方面以点燃式、微引燃（双燃料）和射流引燃为主。

（3）面向高增压比的多级、多参数，可控增压装置更适合用于提高氢发动机性能。

（4）抑制氢发动机异常燃烧的核心是抑制早燃，且以偶发性早燃为主要对象，需重点考虑润滑油、沉积物、残余废气等可能导致局部热点的因素。

（5）未来的氢发动机需要结合缸内缸外多种NO_x控制技术，包括缸内稀薄燃烧针、EGR、喷水以及多种NO_x后处理耦合联用，以保证排放达标。

（6）考虑到氢气的燃烧特性和产物水的影响，冷却过程以及润滑油使用都必须进行针对性的设计。抑制氢脆等技术是可靠性相关设计方面的重点。

（7）氢发动机的环境适应性有优势，但面向寒带、高原等环境，仍需在零部件上进行针对性的设计。

（8）氢发动机的NVH需要针对氢燃烧的特点发展相应抑制技术，并利用混动电机等主动装置进行振动抑制等。

参考文献

[1] 王志，齐运亮，陈清楚，等．氨氢融合零碳内燃机燃烧过程综述［J］．汽车安全与节能学报，2024，15（04）：443-466.

[2] 孙柏刚，包凌志，罗庆贺．缸内直喷氢燃料内燃机技术发展及趋势［J］．汽车安全与节能学报，2021，12（03）：265-278.

[3] Scarcelli R，Wallner T，Matthias N，et al. Mixture formation in direct injection hydrogen engines：CFD and optical analysis of single-and multi-hole nozzles［J］．SAE International Journal of engines，2011，4（2）：2361-2375.

[4] Wróbel K，Wróbel J，Tokarz W，et al. Hydrogen internal combustion engine vehicles：a review［J］．Energies，2022，15（23）：8937.

[5] Cabezas KM，Zaihi A，Liu X，et al. Numerical analysis of different hydrogen injector characteristics in a constant volume chamber［J］．SAE Technical Paper，2024.

[6] Bae G，Lee J，Moon S. Transient development and structure of supersonic gas jets from narrow-cone-angle pintle-type hydrogen injector［J］．Fuel，2025，384：134072.

[7] Yeganeh M，Akram MS，Cheng Q，et al. Experimental study of hydrogen jet dynamics：Investigating free momentum and impingement phenomena［J］．International Journal of Hydrogen Energy，2024，68：1423-1437.

[8] Stępień Z. A comprehensive overview of hydrogen-fueled internal combustion engines：Achievements and future challenges［J］．Energies，2021，14（20）：6504.

[9] Cooper A，Harrington A，Bassett M，et al. Application of the passive MAHLE jet ignition system and synergies with miller cycle and exhaust gas recirculation［J］．SAE Technical Paper，2020，2020-01-0283.

[10] Gürbüz H，Akçay İH. Evaluating the effects of boosting intake-air pressure on the performance and environmental-economic indicators in a hydrogen-fueled SI engine［J］．International Journal of Hydrogen Energy，2021，46（56）：28801-28810.

[11] Hamdan MO，Selim MY，Al-Omari S-A，et al. Hydrogen supplement co-combustion with diesel in compression ignition engine［J］．Renewable energy，2015，82：54-60.

[12] 松原直義，宮元敬範，丹野史朗，等．水素エンジンにおける異常燃焼の発生メカニズムの解析［J］．自動車技術会論文集，2023，54（1）：100-105.

[13] Amann M，Alger T. Lubricant Reactivity Effects on Gasoline Spark Ignition Engine Knock［J］．SAE International Journal of Fuels and Lubricants，2012，5（2）：760-771.

[14] Okada Y，Miyashita S，Izumi Y，et al. Study of Low-Speed Pre-Ignition in Boosted Spark Igni-

tion Engine [J]. SAE International Journal of Engines, 2014, 7 (2): 584-594.

[15] Gschiel K, Wilfling K, Schneider M. Development of a method to investigate the influence of engine oil and its additives on combustion anomalies in hydrogen engines [J]. Automotive and Engine Technology, 2024, 9 (3).

[16] Koyanagi K, Hiruma M, Furuhama S. Study on Mechanism of Backfire in Hydrogen Engines [C]. SAE Technical Paper, 1994, 942035.

[17] Peñaranda A, Martinez Boggio S D, Lacava P T, et al. Characterization of flame front propagation during early and late combustion for methane-hydrogen fueling of an optically accessible SI engine [J]. International Journal of Hydrogen Energy, 2018, 43 (52): 23538-23557.

[18] Janas P, Ribeiro M D, Kempf A, et al. Penetration of the Flame Into the Top-Land Crevice - Large-Eddy Simulation and Experimental High-Speed Visualization [J]. SAE Techical Paper, 2015, 2015-01-1907.

[19] Das L M. Safety aspects of a hydrogen-fuelled engine system development [J]. International Sournal of Hydrogen Energy, 1991, 16 (9): 619-624.

[20] 赵康. 车载液氢汽化器换热研究 [D]. 北京：中国航天科技集团公司第一研究院, 2018.

[21] 杨明烨. 车载液氢冷能利用系统构型设计及热管理 [D]. 北京：清华大学, 2023.

[22] K. K. Gerorama, Gas review 2023, IEA, Paris, 2023.

[23] 帅石金, 王志, 马骁, 等. 碳中和背景下内燃机低碳和零碳技术路径及关键技术 [J]. 汽车安全与节能学报, 2021, 12 (04): 417-439.

[24] S. Pischinger. Internal Combustion Engines Volume 1 [M]. Berlin: Springer, 2010.

[25] KOCH D, EBERT T, SOUSA A, 采用高废气再循环稀薄燃烧过程的新型氢发动机技术方案 [J]. 汽车与新动力, 2021, 4 (01): 20-24.

[26] United States of America. The long-term strategy of the United States: Pathways to net-zero greenhouse gas emissions by 2050 [EB/OL]. (2021-10-30) [2021-11-11]. https://unfccc.int/documents/307878.

[27] GB/T 44723—2024 氢燃料内燃机 通用技术条件 [S]. 北京：中国标准出版社, 2025.

[28] Lai F Y, Sun B G, Wang X, et al. Research on the inducing factors and characteristics of knock combustion in a DI hydrogen internal combustion engine in the process of improving performance and thermal efficiency [J]. International Journal of Hydrogen Energy, 2023, 48 (20): 7488-7498.

[29] Mahdisoozani H, Mohsenizadeh M, Bahiraei M, et al. Performance Enhancement of Internal Combustion Engines through Vibration Control: State of the Art and Challenges [J]. Applied Sciences, 2019, 9 (3).

[30] 帅石金, 马骁, 李雁飞, 等. 氢内燃机产业化关键技术研究现状及展望 [J]. 内燃机工程, 2025, 46 (4): 108-120.

3 氢发动机政策与标准

3.1 国际氢能产业政策

氢能作为低碳替代能源，受到了各国的高度重视，未来将成为全球能源系统的重要组成部分。大力发展氢能这一高效清洁的能源形式，同时也是绿色新兴产业的核心驱动力，已成为各国政府实现能源自主与经济可持续发展的普遍共识。为此，各国纷纷从国家战略顶层设计层面着手，制定发布各自的氢能战略规划，加速推进氢能产业全面布局与发展。本节将简要介绍国际不同国家（或地区）的氢能政策。

3.1.1 欧洲氢能政策

欧洲是全球应对气候变化、减少温室气体排放最为积极的地区之一。21世纪以来，欧盟陆续提出多项推进氢能发展的支持性政策，发展氢能已经成为欧洲各国为促进经济恢复、加速产业结构优化升级、增强发展动力的关键举措。

2008年，欧盟发布《战略能源技术计划》，将氢能和燃料电池列为关键能源技术之一。2014年，欧盟发布《替代燃料基础设施指令》，为氢能基础设施发展提供法律框架，同时要求成员国制定相关政策框架。2015年，欧盟发布建立欧盟能源联盟的战略，将氢能作为实现能源安全、可持续性和竞争力目标的潜在解决方案之一。2018年11月，欧盟发布《2050气候中立欧洲》战略，旨在应对气候变化、实现碳中立，并为推动可持续发展制定的一个远景规划。2019年12月，欧盟发布《欧洲绿色协议》，旨在应对气候变化、推动绿色可持续发展与生态保护，并最终实现碳中和。这项协议为欧盟设定了到2050年实现气候中立的目标：①到2030年，在1990年基础上将温室气体排放量减少至少55%；②到2050年，使欧盟成为全球首个净零排放的大型经济体。2025年6月，欧盟取消了零排放重型车辆的道路通行费。

2020年7月，欧盟发布《欧盟氢能战略》。这一战略旨在通过全面推动氢能技术开发和应用，促进能源系统脱碳，为工业、交通和能源存储等领域提供清洁能源解决方案。该战略强调绿氢在未来能源体系中的核心地位，同时明确了氢能发展路线。欧盟提出了"三步走"的氢能战略，分阶段推动氢能基础设施和产业应用的全面布局，具体为：2020—2024 年，加大绿氢在新终端应用领域中的使用，使可再生能源制氢产量达到 100 万 t/年；2025—2030 年，使可再生能源制氢年产量扩大到 1000 万 t，改造现有的天然气基础设施，建设泛欧洲供气网基础设施，实现绿氢运输。2030—2050 年为绿氢产业成熟期，力争在难以实现减排的行业中推动氢燃料商业化应用。

3.1.2　美国氢能政策

美国是全球最早将氢能作为能源战略的国家之一。早在 1974 年，美国就成立了国际氢能协会，这标志着美国在氢能发展上展开系统性布局。1990 年以后，美国政府颁布了多项推动氢能发展的政策和行动计划，主要包括《氢能研发和示范法案》（1990）、《能源政策法》（1992）、《氢能源计划》（1994）、《氢能前景法案》（1996）等。进入 21 世纪，美国政府更加重视氢能产业的发展，制定了更加具体的战略规划，主要包括《国家氢能路线图》（2002）、《氢能经济制造业研发路线图》（2006）、《燃料电池项目计划》（2011）等。

美国能源部 2021 年启动《氢能冲刺》，目标是将清洁氢能的生产成本从 5 美元/kg（2020 年水平）在 10 年内降低至 1 美元/kg，旨在推动氢能技术的创新和规模化发展，通过激励私营企业投资，促进整个氢能供应链的完善，从而显著降低清洁氢能的成本。2023 年 6 月，美国发布《美国国家清洁氢能战略路线图》，为氢能产业的发展提供了更加明确的方向和目标。该路线图提出目标：到 2030 年，美国清洁氢产量将从当前几乎为零增至 1000 万 t/年，清洁氢成本降至 1 美元/kg；到 2040 年、2050 年分别增至 2000 万 t/年和 5000 万 t/年。同时，路线图提出，"确立清洁氢能的战略核心及其关键应用领域""降低清洁氢能成本""聚焦区域氢能网络"等 3 个关键优先战略以确保清洁氢能开发和应用。

美国持续对氢能产业给予财政支持，主要以专项资金支持和税收抵免手段为主，支持方向涵盖氢能技术研发、基础设施建设、推广应用等。在地方层面，美国加利福尼亚州发布了促进清洁燃料汽车发展的相关法案，提出州政府每年出资 2000 万美元用于加氢站建设，20 亿美元用于激励清洁燃料汽车推广。截至 2024 年，美国能源部已累计投入约 40 亿美元支持氢能相关技术研发应用。

3.1.3　日本氢能政策

日本是全球最早研究开发氢能技术的国家之一。20 世纪 90 年代以来，氢能逐渐成为日本能源政策的重要组成部分。日本发展氢能的主要目的是提高能源自给率和拓展进口能源的来源和形式。氢能在日本被应用于交通、住宅和工业生产等多个领域，其中车用氢能是日本氢能发展的主要方向之一。日本政府通过一系列政策推动氢能技术的研发和应用，并通过财政支持、法规制定和国际合作促进氢能产业发展。目前，日本的氢能技术和产业水平已位居世界前列。2014年4月，日本出台《第四次能源基本计划》，将氢能定位为与电力和热能并列的核心二次能源，同年6月日本修订《日本再复兴战略》，提出了建设"氢社会"的愿景。2017年，日本政府制定了世界第一个国家层面的氢能战略——《氢能基本战略》，提出到2030年，实现建设900座加氢站；达到氢燃料电池汽车、氢燃料电池公交车分别达到80万辆和1200万辆的目标。

2020年日本政府发布了《绿色增长战略》，明确提出到2050年实现碳中和的目标，并将氢能产业确定为碳中和时代推动日本经济增长的十四个重点产业之一。2021年10月，日本发布《第六次能源基本计划》，提出建立国际氢能供应链，推动氢能在制造业中的应用和生产方式转型，以提升社会对氢能的需求。2023年6月，日本经济产业省发布了《氢能基本战略（修订版）》，提出全面推进氢能汽车、氢能轨道交通网络和氢能发电、氢能海空动力、家庭用氢能综合能源系统的战略规划，并提出到2030年，达到日本国内普及约80万辆乘用车当量，建成1000座加氢站的目标。

日本的氢能政策发展经历了从初步研究到战略规划，再到技术创新和商业化推广的过程。日本政府通过一系列政策推动氢能技术的研发和应用，并通过财政支持、法规制定和国际合作促进氢能产业的健康发展。随着全球对氢能关注度的提高，日本预计将在氢能技术创新、绿色氢气生产、氢能基础设施建设等方面持续投入。

3.1.4 国际氢能政策启示

综合来看，各国氢能政策侧重点不同，美国的政策更倾向于推动氢能产业成本的整体降低，通过规模化降本的方式形成可推广的商业模式；日本在燃料电池汽车的技术研发和推广应用中抢占了先机；欧盟整体采取投资拉动的方式鼓励燃料电池汽车产业发展。国际氢能战略及政策对我国的启示主要有以下方面。

1. 强化政策支持与顶层设计

全球主要国家（或经济体）普遍将氢能纳入其能源战略，通过立法、专项规划及财政补贴等方式明确支持氢能产业发展。例如，欧盟通过《欧洲氢能战略》提出绿氢产能目标；日本将氢能定位为"脱碳王牌"；美国则通过《基础设施投资与就业法案》推动氢能基础设施建设。这些政策多覆盖制氢、储运、应用全链条，并注重区域协同发展。我国需进一步强化顶层设计的系统性，完善各项政策法规及配套细则，推动绿氢全产业链规划落地；同时，借鉴国际经验，细化地方政策与国家战略的衔接机制，避免区域割裂，如通过跨省"氢走廊"建设（如川渝、长三角）促进资源整合。

2. 加快技术创新与核心技术攻关

各国聚焦绿氢制备、储运技术及燃料电池等关键领域的研发突破。例如，德国投入数十亿欧元支持电解槽技术研发，韩国则主导燃料电池专利布局。此外，国际社会普遍重视氢能与其他能源（如氨、甲醇）的耦合技术，以拓展应用场景。我国需加大核心技术攻关力度，推动产学研合作。当前我国在储运环节仍依赖高压气态技术，可参考日本液氢储运经验，加速低温液氢技术产业化试点。

3. 推进应用场景多元化及商业化示范

国际氢能政策多注重从交通向工业、储能等领域延伸。例如，欧盟推动氢冶金和化工领域替代化石能源，澳大利亚探索绿氢出口。同时，各国通过示范项目降低商业化风险，如美国加州氢能重卡试点。我国应继续扩大氢能交通（如重卡、公交）示范规模，并加速向工业领域渗透；利用风光资源发展"绿氢—绿氨"一体化项目，从而推动钢铁、化工行业脱碳。此外，可借鉴德国分布式氢能发电相关经验，探索氢储能在新型电力系统中的调峰作用。

4. 完善市场机制与成本优化

国际政策普遍通过补贴、税收优惠及优化碳定价机制的方式降低绿氢成本。例如，欧盟利用碳边境调节机制间接提升灰氢成本，倒逼绿氢发展；美国通过税收抵免（最高 3 美元/kg）激励绿氢生产。我国需完善绿氢市场化机制，例如建立全国性绿氢交易平台，探索"制氢＋消纳"一体化商业模式；同时，优化阶梯式补贴政策（如加氢站运营补贴），并推动峰谷电价与绿氢生产联动，提升经济性。

5. 加强国际合作与标准协同

各国积极主导氢能国际标准制定，并通过跨国合作抢占市场。例如，日澳联合推进液氢供应链，欧盟推动"氢能伙伴关系"计划。国际氢能委员会等组织在技术标准统一方面发挥关键作用。我国应深化国际技术合作，如参与国际氢能标准制定，并在"一带一路"倡议框架下推广氢能设备出口；同时，借助国际展会搭建技术交流平台，吸引外资参与国内项目。

3.2　中国氢发动机政策动态

3.2.1　氢能产业政策

1. 氢能产业政策规划

在全球加速推进能源转型、可持续发展的大背景下，中国将氢能产业视为实现能源结构优化、达成"双碳"目标的关键一环，从国家到地方层面，纷纷出台一系列多元且具针对性的支持政策,全力助推产业前行。随着国际氢能的发展以及我国自身能源需求和减污降碳的现实需求,在政策的引导和推动下,我国氢能产业正迎来快速发展新时期。

2020年,国家发展改革委、财政部、商务部、中国人民银行、中国证监会五部门联合启动燃料电池汽车示范应用工作,相继批复京津冀、上海、广东、郑州、河北五大城市群通过"以奖代补"机制加速燃料电池汽车商业化,形成五大示范集群联动格局。2021年《"十四五"工业绿色发展规划》首次明确氢能技术创新与基建提速的双重目标。2022年3月,国家发展改革委、国家能源局联合印发的《氢能产业发展中长期规划(2021—2035年)》,明确了氢的能源属性,是未来国家能源体系的组成部分,要充分发挥氢能清洁低碳特点,推动交通、工业等用能终端和高耗能、高排放行业绿色低碳转型。同时,明确氢能是战略性新兴产业的重点发展方向,是构建绿色低碳产业体系、打造产业转型升级的新增长点。2023年8月,国家标准委、国家发展改革委、工业和信息化部、生态环境部、应急管理部、国家能源局六部门联合发布《氢能产业标准体系建设指南(2023版)》,首次将氢内燃机与燃料电池并列纳入技术路线,强调有序推进氢能在交通领域的示范应用。此外,2024年8月,国务院新闻办公室发布《中国的能源转型》白皮书,提出完善加氢、加气站点布局及服务实施,完善清洁能源相关标准体系。2024年11月,《中华人民共和国能源法》将氢能正式纳入能源管理体系,这为氢能产业规模化发展奠定了法律基础。

2. 氢能高速示范线路

近年来,我国各地发展氢能产业积极性较高,截至目前已有30多个省市发布了氢能产业相关政策和规划,提出了氢能产业的发展目标。以示范城市群为主,各地针对氢能管理、加氢站建设审批、安全管理、燃料电池汽车推广等发布了系列政策,政策体系正在逐步完善。2021年4月,山东省"氢进万家"示范工程正式启动,提出建设济青氢能高速,如图3-1所示。2022年9月,河南省提出以郑州、开封、洛阳、新乡、濮阳为节点,重点打造"郑汴洛濮氢走廊"。2023年12月,中国燃料电池汽车大会上发布了《共建中国氢能高速行动倡议》。2024年4月,广东省发布了《广东省广湛氢能高速示范项目实施方案》,如图3-2所示。该项目涵盖广州、佛山、东莞、江门、阳江、湛江、茂名等地,辐射珠三角地区。此区域由沈海高速、汕湛高速、207国道、228国道和325国道组成交通大网络,加氢站布局合理,氢能保障潜力较大。

目前我国至少规划了六个"氢走廊"项目,分别是长三角"氢走廊"、广东粤湾"氢走廊"、长江"氢走廊"、山东半岛"氢走廊"、成渝"氢走廊"和浙江"氢走廊"。这些"氢走廊"项目覆盖地区的GDP占全国近50%,不仅在地理上覆盖了我国的主要经济区域,还在经济发展和环境保护方面发挥了重要作用。通过氢能技术的应用,这些地区旨在实现绿色、低碳的发展目标，推动经济的可持续发展。2025年以来，长江经济带"氢走廊"、成渝"氢走廊"、西部陆海新通道"氢走廊"、沈大"氢高速"等开始加快建设。

图3-1 山东省"氢进万家"示范工程示意图

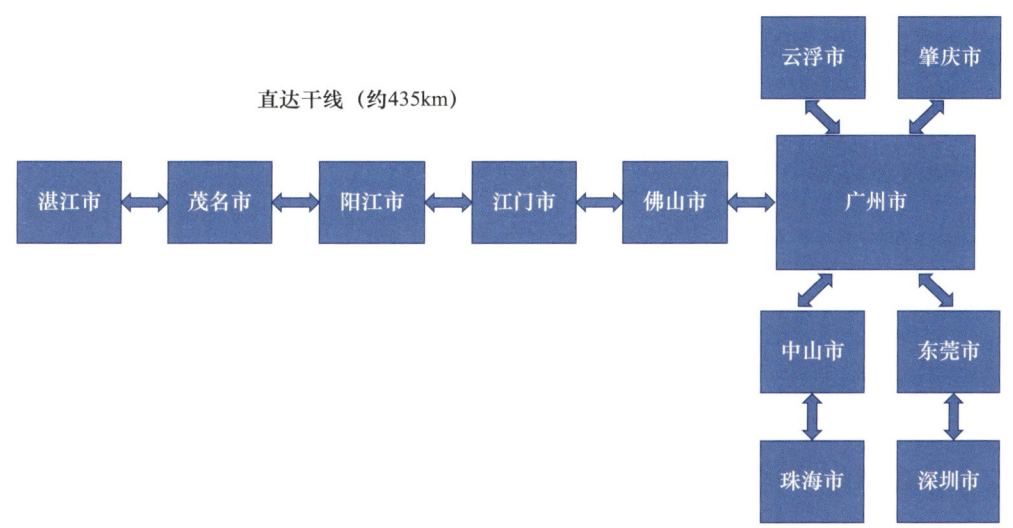

图3-2 广东省广湛氢能高速示范项目示意图

截至2025年5月，我国已有山东、吉林、陕西、湖南、湖北、四川、河南、辽宁、山西、内蒙古（鄂尔多斯、包头）等10多个省、自治区、市先后发布燃料电池汽车高速费减免政策，加快推动氢能高速示范的落地实施，对于氢能汽车的推广应用起到了重要推动作用。我国各地氢能高速通行费减免政策汇总情况见表3-1。

表 3-1　我国各地市氢能高速通行费减免政策

地区	发布时间	政策名称	具体措施
山东省	2024.2.29	关于对氢能车辆暂免收取高速公路通行费的通知	自3月1日起，对行驶山东省高速公路安装电子不停车收费（ETC）套装设备的氢能车辆暂免收取高速公路通行费，试行期2年
吉林省	2024.8.12	关于对氢能车辆行驶吉林省高速公路实施优惠的通知	2024年9月1日0时至2026年8月31日24时，安装ETC套装设备的吉林省籍氢能车辆，在吉林省各高速公路收费站间点对点免费通行，相应的高速公路通行费由省财政统一支付
陕西省	2024.8.15	关于支持开展高速公路分布式光伏、加氢站建设及氢能汽车通行有关事项的通知	全额免除氢能车辆通行费。自2024年9月1日起，对安装使用ETC装备的氢能车辆，在我省全额免除高速公路通行费，至2027年9月1日结束
湖南省	2024.9.24	关于支持氢能产业发展的若干政策措施	对示范工程中的试点氢能车辆高速公路通行费给予补贴，相应费用由财政解决
湖北省	2024.10.29	湖北省加快发展氢能产业行动方案（2024—2027年）	对省内高速公路行驶的安装使用楚道ETC装备的氢能车辆，省级财政给予为期3年的高速公路通行费全返补贴支持
四川省	2024.11.6	四川省进一步推动氢能全产业链发展及推广应用行动方案（2024—2027年）	对行驶我省高速公路且安装使用ETC设备的氢能车辆免收高速公路通行费，专项优惠部分资金由省级财政承担
河南省	2025.1.5	推动2025年第一季度经济"开门红"若干政策措施	2025年1月25日至2025年12月31日，对通行我省收费公路的氢能货车免收通行费，对通行我省收费公路的电动货车实行7折通行费优惠
辽宁省	2025.1.26	辽宁省经济社会若干领域稳增长惠民生政策举措	对氢燃料电池货车行驶"沈大高速公路"免收车辆通行费
山西省	2025.3.20	山西省氢能产业链2025年行动方案	研究出台氢能车辆全省高速通行费补贴政策
内蒙古自治区鄂尔多斯市	2024.5.28	市交通运输局关于印发氢能源车辆奖补通行费实施方案的通知	2024年6月1日起至2026年6月1日止，对在鄂尔多斯市境内行驶通过收费站的氢能车辆，在收取收费金额后，次月审核后返还全部通行费
山西省吕梁市	2024.7.14	关于印发吕梁市推动氢能产业发展若干政策措施（试行）的通知	对氢能车辆吕梁市范围内高速及收费公路通行费用通过补贴方式予以减免
内蒙古自治区包头市	2024.12.16	包头市支持氢能产业高质量发展若干措施（试行）	通过政府补贴方式，减免氢能车辆市内过路费；积极争取自治区对通过辖区内的高速公路、国省干线收费站的氢能车辆减免过路费

3. 清洁低碳氢应用激励

清洁低碳氢作为氢能产业的重要发展方向，对推动能源转型和实现碳达峰、碳中和目标具有重要意义。近几年，我国正在持续完善有关政策和标准体系，鼓励清洁低碳氢的应用。

2023年7月，发布了国家发展改革委 财政部 国家能源局《关于做好可再生能源绿色电力证书全覆盖工作 促进可再生能源电力消费的通知》。2023年9月，发布了《国家能源局关于组织开展可再生能源发展试点示范的通知》。以上文件明确提出：允许符合条件的可再生能源制氢项目（需满足离网、并网，但电量单独计量等条件）不承担输配电价和政府性基金及附加（即只支付裸电价或享受优惠）的过网费。部分项目甚至可与风光项目直接交易获得更低电价。部分政策明确绿氢生产用电免收工商业用户通常需承担的政策性交叉补贴。这是降低绿氢生产成本（电力成本占大头）的最关键举措之一，有效提升了绿氢制备的经济竞争力，鼓励大型风光制氢项目（尤其是"沙戈荒"大基地配套项目）的建设。

2024年12月，工业和信息化部、国家发展改革委、国家能源局联合印发了《加快工业领域清洁低碳氢应用实施方案》，提出以拓展清洁低碳氢在工业领域应用场景为着力点，加快技术装备产品升级，打造产业转型升级新增长点；聚焦清洁低碳氢替代，氢冶金，氢碳耦合制备绿色甲醇，氢氮耦合制备绿色合成氨，氢燃料电池汽车，氢动力船舶、航空、轨道交通装备，氢电融合工业绿色微电网等应用场景；并从技术创新、产业化示范、模式探索、清洁低碳氢源、其他关键原料来源等方向明确了30项具体任务；从优化行业管理、加快技术攻关、培育重点企业、完善标准规范等方面提出保障举措。在政策的有序引导下，工业领域清洁低碳氢应用场景建设和市场培育将加快进行，成为氢能规模化发展的重要突破口，有力拓展氢能产业发展空间，激发绿色低碳发展新动能。

3.2.2 燃料电池汽车产业政策

1. 国家示范应用政策

当前，我国氢能应用奖励政策措施主要围绕燃料电池汽车示范应用展开。2020年，财政部、工业和信息化部、科技部、发展改革委、国家能源局五部门（以下简称"五部门"）发布《关于开展燃料电池汽车示范应用的通知》，提出将对燃料电池汽车的购置补贴政策，调整为燃料电池汽车示范应用支持政策，设定了为期4年的示范期，明确"以奖代补"的政策体系，推动氢能技术创新与产业化发展。2021年8月起，五部门分两批批复了京津冀、上海、广东、河南、河北五大氢燃料电池示范城市群，共41个城市开始启动示范。

在五部门联合发布的《关于开展燃料电池汽车示范应用》通知中,对燃料电池汽车推广应用和氢能供应领域采取"以奖代补"的方式,对入围示范的城市群按目标完成情况奖励,奖励资金通过积分核算给予,积分标准逐年退坡。财政部下达专项奖励资金,用于支持燃料电池汽车示范应用。数据显示,2025年财政部提前下达的燃料电池汽车示范应用奖励资金累计约达16.25亿元,相比第一年度的11.42亿元有显著增长。这些资金将专用于支持燃料电池汽车的推广和氢能供给体系建设,推动氢能产业链的快速发展。

2. 国家奖励准入门槛

氢燃料电池系统作为车辆的动力源,其性能直接决定了车辆的动力表现、环境适应性和能源利用效率。为推动氢燃料电池汽车的示范应用,政策明确设定了一系列奖励准入门槛,旨在确保参与示范项目的车辆具备高技术水平和可靠性,为氢燃料电池汽车产业的健康发展筑牢根基。氢燃料电池系统性能要求见表3-2,氢燃料电池汽车续驶里程及与质保要求见表3-3。

表3-2 氢燃料电池系统性能要求

指标	乘用车	商用车	政策目的
额定功率	>50kW(且与驱动电机的额定功率比值≥50%)	>50kW(且与驱动电机的额定功率比值≥50%)	保障动力性能
低温冷启动温度	≥-30℃	≥-30℃	适应北方地区寒冷气候
电堆功率密度	≥3.0kW/L	≥2.5kW/L	提升紧凑性与效率
系统功率密度	≥400W/kg	≥300W/kg	

表3-3 氢燃料电池车辆续驶里程及与质保要求

指标	要求
续驶里程	为满足大多数日常出行和运输场景的需求,燃料电池汽车的纯氢续驶里程不得低于300km;对于特定类型的货运车辆和场内运输车辆,经认定后可放宽至不低于200km
质保期限	燃料电池乘用车应提供不低于8年或12万km的质保,商用车应提供不低于5年或20万km的质保,以保障消费者在使用过程中的权益和车辆的可靠性
累计里程	平均单车累计用氢运行里程需超过3万km,以确保燃料电池汽车在实际使用中得到充分的验证和应用。通过大量的实际运行数据,及时发现和解决潜在问题,提高车辆的成熟度和可靠性

以上准入门槛从多个维度对燃料电池汽车提出了较高要求,旨在筛选出技术先进、性能可靠的产品参与示范应用。通过示范项目的引领和带动作用,推动燃料电池汽车技术的不断创新和产业的快速发展,同时确保燃料电池汽车在实际使用中能够发挥良好性能和环保效益。

3. 地方支持政策

在国家氢燃料电池汽车示范应用政策引导下,各省市围绕"车—站—链"协同发展目标,构建差异化激励措施和补贴政策。北京市以大型商用车场景为核心,首创"中央1∶1配套+3万km里程考核"机制,对未达标企业全额追回奖励,并通过示范应用联合体强制数据接入,2025年示范城市群补贴达2.43亿元,推动高排放车淘汰超300万辆。上海市聚焦全产业链标杆建设,实施"积分制"整车奖励(20万元/分)与氢气价格动态调控,建成27座加氢站(含8座70MPa高压站),实现膜电极国产化率超60%,并规划2025年中心城区公交新能源化率达50%。广东省突出制造业优势,对满足要求的前1万辆车,按燃料系统功率50~110kW补贴(3000元/kW)实施央地1∶1资金配比,同步加码关键部件研发(5万元/国家积分),推动电堆成本下降40%,日加氢能力提升至800kg/站。江浙地区基于江浙跨区域实施物流补贴、加氢站网络互联。川渝地区鼓励建设绿氢制备基地,实施可再生能源制氢项目补贴。

各地方氢燃料电池汽车鼓励政策呈现三大共性特征:一是技术导向明确,70MPa加氢站、电堆功率密度≥4.0kW/L等指标成补贴重点;二是建立动态退坡机制,加氢站建设补贴逐年递减10%~20%;三是强化数据监管,京沪粤均要求车辆数据接入政府监测平台。区域协同效应显著,长三角地区通过"15分钟加氢圈"与跨城高速网络联动,大湾区依托2000万元创新联合体补助加速国产零部件工程化验证,川渝地区则侧重绿氢制备与安全监管。同时,还有多个省份如山东省、河南省、河北省也出台了相关政策,旨在通过财政补贴、税收优惠、项目支持等多种手段,促进燃料电池车的市场推广和氢能产业链的发展。

3.2.3 氢发动机政策进展

在2021年以前,我国相关的政策和规划文件中均将氢能在道路交通领域的应用主要聚焦在氢燃料电池技术方面,较少提及氢发动机。但是,作为实现"双碳"目标的重要解决方案之一,氢发动机受到了汽车行业的重点关注,头部企业已纷纷投入大量资源开发氢发动机技术及产品。"十四五"期间,随着国内外氢发动机技术的快速发展,国家部委和地方政府已经关注到氢发动机这一氢能重要应用,并逐步将其纳入氢能发展规划体系,陆续出台了一系列政策措施。

2021年8月,工业和信息化部公布《对十三届全国人大四次会议第5736号建议的答复》,对"关于鼓励发展零碳排放氢气发动机的建议"表示赞同,并支持技术路线多元化发展。工业和信息化部指出,氢气汽车是替代燃料汽车的一种,属于清洁能源汽车。氢发动机是氢能在汽车应用上的重要技术路线之一,燃烧产物以水为主,具有较高的环境友好性。同时,氢发动机可充分利用现有内燃机产业基础,虽然目前已经有部分国内企业和高校在该领域取得一些研究成果，但总体上相关技术还处于研发阶段。下一步相关部门将制定氢能发展战略，研究推动将氢气内燃机纳入其中予以支持。工业和信息化部将根据氢发动机技术进步和应用推广情况，进一步评估现行标准体系的适应性和差异性，提前布局相关标准预研，适时推动标准制定，支撑氢气汽车科学合理发展。在2022年、2023年全国两会和各类政府座谈会、行业研讨会上，有多位人大代表、政协委员和行业人士发声建议将氢燃料内燃机、氢燃料内燃机汽车纳入新能源汽车产业发展规划。

2023年8月，国家标准委等六部门联合印发《氢能产业标准体系建设指南（2023版）》。这是我国首个氢能全产业链标准体系建设指南，系统构建了氢能制、储、输、用全产业链标准体系，涵盖基础与安全、氢制备、氢储存和输运、氢加注、氢能应用五个子体系。该文件明确将氢内燃机与燃料电池并列归为氢能重要应用领域，这标志着氢燃料发动机已开始被政府纳入相关产业发展规划体系。2023年12月，国家发展改革委发布了《产业结构调整指导目录（2024年本）》，其中明确将"氢燃料发动机"列入"第一类 鼓励类"—"十六、汽车"—"1.汽车关键零部件"中，鼓励氢发动机产业发展。

2024年2月，工业和信息化部正式发布《工业领域碳达峰碳中和标准体系建设指南》，并提出重点制定氢燃料内燃机、甲醇内燃机、通用汽油机、动力蓄电池、氢燃料电池、驱动电机、道路车辆等装备领域重点产品的低碳评价标准。2024年8月，《工业和信息化部关于发布国家重点研发计划"高性能制造技术与重大装备"等16个重点专项2024年度项目申报指南的通知》，在"新能源汽车"专项中明确列入："2.3重型商用车混合动力专用氢内燃机关键技术（共性关键技术）"。这是氢发动机首次获得国家级科技项目资助。2024年12月，工业和信息化部发布《加快工业领域清洁低碳氢应用实施方案》，明确提出：推进氢燃料电池与氢内燃机等动力装置理论研究与技术验证。

在地方政策方面，2023年12月，吉林省发布《抢先布局氢能产业新赛道实施方案》，提出推动燃料电池发动机、氢燃料内燃机项目落地。2024年1月，安徽省发布《安徽省新能源汽车产业集群发展条例》，提出鼓励新技术路线发展，支持开展氢内燃机等新技术研发应用。

近几年，氢发动机行业上下游相关单位正在加快构建氢发动机汽车相关标准体系。2025年3月，生态环境部发布的《重型柴油车污染物排放限值及测量方法（中国第六阶段）》（GB 17691—2018）修改单（征求意见稿）中将"重型氢燃料发动机及整车"纳入了排放法规。截至2025年5月，我国现行政策法规中尚未对氢发动机及整车进行明确分类，暂未出台产品准入及监管政策。目前，氢能、内燃机、汽车等行业的"十五五"规划研究已纳入氢燃料发动机，工业和信息化部等相关主管部门正在研究氢发动机及整车产品准入及管理政策。

3.3　中国氢发动机标准法规建设

3.3.1　国内外氢能标准化组织

1. 国内氢能标准化组织

我国氢能领域的标准化组织主要有全国氢能标准化技术委员会（SAC/TC 309）、全国燃料电池及液流电池标准化技术委员会（SAC/TC 342）、全国气瓶标准化技术委员会车用高压燃料气瓶分技术委员会（SAC/TC 31/SC 8）、全国汽车标准化技术委员会电动车辆分技术委员会（SAC/TC 114/SC 27）和全国内燃机标准化技术委员会（SAC/TC 177）。

全国氢能标准化技术委员会（SAC/TC 309）由中国标准化研究院筹建、国家标准化管理委员会进行业务指导，秘书处设在中国标准化研究院，同时是 ISO/TC 197 的国内对口单位，主要负责氢能领域制、储、输、运、加氢站、安全、检测等国家标准、行业标准、团体标准的研究与制定。全国燃料电池及液流电池标准化技术委员会（SAC/TC 342）由中国机械工业联合会筹建、中国电器工业协会进行业务指导，秘书处设在机械工业北京电工技术经济研究所，同时是 IEC/TC 105 的国内对口单位，主要负责燃料电池及液流电池的术语、性能、通用要求及试验方法等领域的标准研究制定工作。全国气瓶标准化技术委员会（SAC/TC 31）由国家标准化管理委员会筹建并进行业务指导，秘书处设在北京天海工业有限公司，同时是 ISO/TC 58 的国内对口单位。该委员会下设无缝气瓶、焊接气瓶、气瓶附件、气瓶检验、气瓶充装、车用高压燃料气瓶、低温绝热气瓶 7 个分技术委员会，分别负责各领域内气瓶标准的制修订。

全国汽车标准化技术委员会（SAC/TC 114）由工业和信息化部筹建并进行业务指导，秘书处设在中国汽车技术研究中心有限公司，同时是 ISO/TC 22、IEC/TC 69 的国内对口单位。该委员会下设 29 个分技术委员会，其中电动车辆分技术委员会（TC 114/SC 27）负责组织制定燃料电池电动汽车整车和关键系统的标准。截至目前，SAC/TC 114 已发布及在研燃料电池汽车相关国家标准 20 余项，正在研制氢发动机相关国家标准《车用氢燃料发动机用喷氢器》《氢燃料发动机汽车 技术规范》2 项。

全国内燃机标准化技术委员会（SAC/TC 177）主要负责各类内燃机领域标准化工作，秘书处挂靠单位为上海机动车检测认证技术研究有限公司，同时是 ISO/TC 70 的国内技术对口单位。SAC/TC 177 已发布氢发动机首个国家标准《氢燃料内燃机 通用技术条件》（GB/T 44723—2024），正在研制《氢燃料内燃机供氢系统技术规范》行业标准。

2. 国际氢能标准化组织

在国际上，ISO 和 IEC 发布了一系列氢能发展相关的国际标准，极大地推动了氢能产业的规范有序发展。ISO/TC 197 Hydrogen Technologies（氢能技术委员会）负责氢能技术领域标准制定，秘书处设在加拿大标准委员会（SCC），目前共有 34 个正式成员国和 18 个观察员国，下设 23 个工作组，主要负责制氢、氢储运、氢相关检测、氢能应用等方面的国际标准制修订工作。中国是 ISO/TC 197 的正式成员国，中国标准化研究院资源环境研究分院为该委员会的国内技术对口单位。此外，ISO/TC 22 Road Vehicles（道路车辆技术委员会）、ISO/TC 58 Gas Cylinders（高压气瓶技术委员会）等标准化技术委员会也主导或参与制定氢能相关国际标准。IEC/TC 105 Fuel Cell Technologies（燃料电池技术委员会）负责氢能技术领域标准制定，秘书处设在德国，目前共有 20 个正式成员国和 11 个观察员国，下设 32 个工作组，聚焦于所有类型的燃料电池及其术语、安全、安装、应用与检测问题。中国是 IEC/TC 105 的正式成员国，机械工业北京电工技术经济研究所为该委员会国际对口单位。

截至目前，ISO/IEC 已制定了 50 项氢能相关的国际标准。总体来看，ISO/TC 197 主要专注于氢的基础与安全、氢制备、氢储存和运输、氢加注的氢能标准制定，且对储存、运输和加注等领域标准的丰富有较大贡献。IEC/TC 105 聚焦于所有类型的燃料电池及其术语、安全、安装、应用与检测问题，制定的 IEC 燃料电池标准囊括基础与管理、安全、技术要求和相关测试等技术类别。ISO 与 IEC 协作制定的氢能技术标准全面覆盖了基础与安全、氢制备、氢储存和运输、氢加注、氢能应用五大产业领域。其中，氢制备领域的标准数量较少，氢储存和运输、氢加注和氢能应用领域的标准数量较为充分。IEC 氢能标准更注重保障燃料电池技术的商业化应用与安全，其余技术类别则主要由 ISO 负责补充确立，从而保证 ISO/IEC 氢能标准在各个产业领域的完备性。

3.3.2 氢能基础类标准体系现状

1. 基础与安全

氢能基础与安全类标准主要对氢能基础共性和安全通用要求进行规定，包括术语标准、图形符号标准、氢能综合评价标准、氢品质标准、通用件标准、氢安全通用要求标准。我国现行的氢能基础与安全类国家标准见表 3-4。

表 3-4 氢能基础及安全国家标准

标准号	标准名称	标准状态
GB 4962—2008	氢气使用安全技术规程	现行
GB/T 24499—2009	氢气、氢能与氢系统术语	现行
GB/T 28816—2020	燃料电池 术语	现行
GB/T 29729—2022	氢系统安全的基本要求	现行

2022年12月30日,国家市场监督管理总局、国家标准化管理委员会正式发布了国家标准《氢系统安全的基本要求》(GB/T 29729—2022),该标准适用于氢的制取、储存、输送和应用系统的设计和使用,由SAC/TC 309(全国氢能标准化技术委员会)归口,主管部门为国家标准化管理委员会。标准详细介绍了氢的物理和热物理性质、燃烧特性等,包含可再生能源制氢系统、液氢和氢浆储存系统、氢气输送系统等内容。该项标准针对氢系统中的危险因素,分类介绍了泄漏和渗漏,与燃烧、压力、温度有关的危险因素,与固态储氢有关的危险因素,生理危害等。同时,从基本原则、设计风险控制、氢设施要求、检测要求、火灾和爆炸风险控制、操作要求、突发事件等方面规定氢系统风险控制的相关要求。

2. 氢气品质

氢气既可用作化工原料和工业气体,又可用作能量载体。不同的应用场合,氢气纯度和允许的杂质限定值差异显著,不同应用领域的氢标准如下。

(1) 工业氢:《氢气 第1部分:工业氢》(GB/T 3634.1—2006)。该标准规定了工业氢的要求、试验方法、包装标志、贮存及安全要求,适用于化学裂解、电解、吸附、膜分离以及氢化物等方法制取的氢气,主要用于石油、食品、精细化工、玻璃和人造宝石的制造、金属冶炼、切割以及焊接等行业。

(2) 纯氢、高纯氢和超纯氢:《氢气 第2部分:纯氢、高纯氢和超纯氢》(GB/T 3634.2—2011)。该标准规定了纯氢、高纯氢和超纯氢的技术要求、试验方法、包装标志、贮运及安全要求,适用于经吸附法、扩散法等制取的氢气,主要用于电子工业、石油化工、金属冶炼和科学研究等领域。

(3) 电子工业用气体氢:《电子工业用气体 氢》(GB/T 16942—2009)。该标准规定了电子工业用氢的技术要求、试验方法以及包装、标志、贮存及安全,适用于以氢气为原料经净化制取的氢气,主要用于提供还原气氛、作为外延工艺的载气以及等离子体蚀刻剂配气原料。

(4) 质子交换膜燃料电池汽车用燃料氢:《质子交换膜燃料电池汽车用燃料 氢气》(GB/T 37244—2018)。该标准规定了质子交换膜燃料电池(Proton Exchange Membrane Fuel Cell,PEMFC)汽车用燃料氢气的术语和定义、氢气纯度、氢气中杂质含量要求及其分析试验方法等,适用于聚全氟磺酸类质子交换膜燃料电池汽车用燃料氢。该标准对氢气的纯度要求低于工业用纯氢、高纯氢、超纯氢的纯度要求,但其对杂质含量的要求远比对工业用高纯氢、超纯氢更为严格,不仅对常规烃类、CO、CO_2、N_2、Ar、水蒸气等杂质含量进行了限定,而且对总硫、总卤化物、甲醛、甲酸、氨等杂质的含量进行了严格限定。

我国现行国家标准中氢气品质相关标准见表3-5。

表 3-5 氢品质类国家标准

标准号	标准名称	标准状态
GB/T 44238—2024	质子交换膜燃料电池汽车用氢气 氦、氩、氮和烃类的测定 气相色谱法	现行
GB/T 44242—2024	质子交换膜燃料电池汽车用氢气 无机卤化物、甲酸的测定 离子色谱法	现行
GB/T 44243—2024	质子交换膜燃料电池汽车用氢气 含硫化合物、甲醛和有机卤化物的测定 气相色谱法	现行
GB/T 44244—2024	质子交换膜燃料电池汽车用氢气 一氧化碳、二氧化碳的测定 气相色谱法	现行
GB/T 44262—2024	质子交换膜燃料电池汽车用氢气采样技术要求	现行
GB/T 37244—2018	质子交换膜燃料电池汽车用燃料 氢气	现行
GB/T 34537—2017	车用压缩氢气天然气混合燃气	现行
GB/T 3634.1—2006	氢气 第1部分：工业氢	现行
GB/T 3634.2—2011	氢气 第2部分：纯氢、高纯氢和超纯氢	现行
GB/T 42857—2023	变压吸附提纯氢气系统安全要求	现行
GB/T 43361—2023	气体分析 道路车辆用质子交换膜燃料电池氢燃料分析方法的确认	现行
GB/T 31886.1—2015	反应气中杂质对质子交换膜燃料电池性能影响的测试方法 第1部分：空气中杂质	现行
GB/T 31886.2—2015	反应气中杂质对质子交换膜燃料电池性能影响的测试方法 第2部分：氢气中杂质	现行
GB/T 40045—2021	氢能汽车用燃料 液氢	现行
GB/T 40061—2021	液氢生产系统技术规范	现行

3. 制储运加

氢能"制储运加"标准主要包括氢制备、氢储存和输运、氢加注等标准。氢制备标准主要对不同制氢技术进行规范，包括氢分离与提纯标准、水电解制氢标准、光解水制氢标准、氢储存和输运标准。氢储存和输运标准主要对高压气氢储存和输运、液氢储存和输运、固态储运氢、有机液体储运氢等进行规范，包括氢储运基本要求标准、氢储运设备标准、氢储运系统标准。氢加注标准主要对加氢站设备、技术、系统、运营管理、安全管理等进行规范，包括加氢站设备标准、加氢站系统标准、加氢站管理标准。我国现行的氢气制取类国家标准见表 3-6。

表 3-6 氢气制取类国家标准

标准号	标准名称
GB/T 37562—2019	压力型水电解制氢系统技术条件
GB/T 37563—2019	压力型水电解制氢系统安全要求

续表

标准号	标准名称
GB 32311—2015	水电解制氢系统能效限定值及能效等级
GB/T 29411—2012	水电解氢氧发生器技术要求
GB/T 39359—2020	积分球法测量悬浮式液固光催化制氢反应
GB/T 34540—2017	甲醇转化变压吸附制氢系统技术要求
GB/T 26915—2011	太阳能光催化分解水制氢体系的能量转化效率与量子产率计算

液氢作为一种高效储氢方式，应用前景十分广阔。目前主要的液氢国家标准包括：①《氢能汽车用燃料 液氢》（GB/T 40045—2021）；主要起草单位包括北京航天试验技术研究所、中国标准化研究院等，该标准为氢能汽车用液氢燃料提供了技术要求和质量标准；②《液氢贮存和运输技术要求》（GB/T 40060—2021）；主要起草单位包括北京航天试验技术研究所、浙江大学等，该标准规定了液氢的贮存和运输技术要求，确保液氢安全和高效管理；③《液氢生产系统技术规范》（GB/T 40061—2021）；主要起草单位包括北京航天试验技术研究所、中国电子工程设计院有限公司等，该标准为液氢生产系统的设计和运行提供了技术规范和指导。这些标准填补了我国民用领域液氢标准空白，为液氢生产、贮存和运输提供了重要技术支撑，有助于推动我国氢能产业链快速发展。我国现行氢气运输、存储、加注国家标准见表3-7。

表3-7 氢气运输、存储、加注国家标准

标准号	标准名称
GB/T 34425—2023	燃料电池电动汽车加氢枪
GB/T 26779—2021	燃料电池电动汽车加氢口
GB/T 30718—2014	压缩氢气车辆加注连接装置
GB/T 34872—2017	质子交换膜燃料电池供氢系统技术要求
GB/T 33292—2016	燃料电池备用电源用金属氢化物储氢系统
GB/T 42536—2023	车用高压储氢气瓶组合阀门
GB/T 42610—2023	高压氢气瓶塑料内胆和氢气相容性试验方法
GB/T 42612—2023	车用压缩氢气塑料内胆碳纤维全缠绕气瓶
GB/T 42626—2023	车用压缩氢气纤维全缠绕气瓶定期检验与评定
GB/T 42177—2022	加氢站氢气阀门技术要求及试验方法
GB/T 34542.1—2017	氢气储存输送系统 第1部分：通用要求
GB/T 34542.2—2018	氢气储存输送系统 第2部分：金属材料与氢环境相容性试验方法
GB/T 34542.3—2018	氢气储存输送系统 第3部分：金属材料氢脆敏感度试验方法
GB/T 35544—2017	车用压缩氢气铝内胆碳纤维全缠绕气瓶
GB/T 40060—2021	液氢贮存和运输技术要求
GB/T 40061—2021	液氢生产系统技术规范
GB/T 30719—2014	液氢车辆燃料加注系统接口

续表

标准号	标准名称
GB/T 44457—2024	加氢站用储氢压力容器
GB/T 43674—2024	加氢站通用要求
GB/T 42177—2022	加氢站氢气阀门技术要求及试验方法
GB/T 34583—2017	加氢站用储氢装置安全技术要求
GB/T 34584—2017	加氢站安全技术规范
GB/T 44754—2024	固态储氢用稀土系储氢合金
GB/T 31138—2022	加氢机
GB/T 30719—2014	液氢车辆燃料加注系统接口
GB/T 44007—2024	纳米技术 纳米多孔材料储氢量测定气 体吸附法

3.3.3 氢燃料电池标准体系建设及启示

氢发动机与氢燃料电池作为氢能应用的两大技术路线，其标准体系建设对产业生态构建至关重要。本节聚焦于中国氢燃料电池标准现状，总结其对氢发动机标准建设的借鉴意义。

1. 氢燃料电池电堆及系统

氢燃料电池系统包含氢燃料电池发动机、氢气供应系统、空气供应系统、车载氢系统等。目前，我国氢燃料电池电堆及系统标准体系已逐步完善，见表 3-8。

表 3-8 氢燃料电池及系统国家标准

标准号	标准名称
GB/T 33978—2017	道路车辆用质子交换膜燃料电池模块
GB/T 34872—2017	质子交换膜燃料电池供氢系统技术要求
GB/T 38914—2020	车用质子交换膜燃料电池堆使用寿命测试评价方法
GB/T 36544—2018	变电站用质子交换膜燃料电池供电系统
GB/T 33979—2017	质子交换膜燃料电池发电系统低温特性测试方法
GB/T 31035—2014	质子交换膜燃料电池电堆低温特性试验方法
GB/T 31036—2025	质子交换膜燃料电池备用电源系统安全（2025 年 9 月 1 日实施）
GB/Z 27753—2011	质子交换膜燃料电池膜电极工况适应性测试方法
GB/Z 21742—2008	便携式质子交换膜燃料电池发电系统
GB/T 30084—2013	便携式燃料电池发电系统 安全
GB/T 20042.1—2017	质子交换膜燃料电池 第 1 部分：术语
GB/T 20042.2—2023	质子交换膜燃料电池 第 2 部分：电池堆通用技术条件
GB/T 20042.3—2022	质子交换膜燃料电池 第 3 部分：质子交换膜测试方法

续表

标准号	标准名称
GB/T 20042.4—2009	质子交换膜燃料电池 第4部分：电催化剂测试方法
GB/T 20042.5—2009	质子交换膜燃料电池 第5部分：膜电极测试方法
GB/T 20042.6—2024	质子交换膜燃料电池 第6部分：双极板特性测试方法
GB/T 20042.7—2024	质子交换膜燃料电池 第7部分：炭纸特性测试方法
GB/T 43691.1—2024	燃料电池模块 第1部分：安全
GB/T 23751.1—2009	微型燃料电池发电系统 第1部分：安全
GB/T 23751.2—2017	微型燃料电池发电系统 第2部分：性能试验方法
GB/T 23751.3—2024	微型燃料电池发电系统 第3部分：燃料容器互换性
GB/Z 44116—2024	燃料电池发动机及关键部件耐久性试验方法
GB/T 42847.2—2023	储能系统用可逆模式燃料电池模块 第2部分：可逆模式质子交换膜电池与电堆性能测试方法
GB/T 42847.3—2023	储能系统用可逆模式燃料电池模块 第3部分：电能储存系统性能测试方法
GB/T 24554—2022	燃料电池发动机性能试验方法
GB/T 28817—2022	聚合物电解质燃料电池单电池测试方法
GB/T 27748.2—2022	固定式燃料电池发电系统 第2部分：性能试验方法
GB/T 41134.1—2021	电驱动工业车辆用燃料电池发电系统 第1部分：安全
GB/T 34593—2017	燃料电池发动机氢气排放测试方法
GB/T 38954—2020	无人机用氢燃料电池发电系统
GB/T 31037.1—2014	工业起升车辆用燃料电池发电系统 第1部分：安全
GB/T 31037.2—2014	工业起升车辆用燃料电池发电系统 第2部分：技术条件
GB/T 34544—2017	小型燃料电池车用低压储氢装置安全试验方法
GB/T 28183—2011	客车用燃料电池发电系统测试方法
GB/Z 27753—2011	质子交换膜燃料电池膜电极工况适应性测试方法
GB/T 25319—2010	汽车用燃料电池发电系统 技术条件
GB/T 24548—2009	燃料电池电动汽车 术语
GB/T 23645—2009	乘用车用燃料电池发电系统测试方法
GB/T 42536—2023	车用高压储氢气瓶组合阀门

2. 氢燃料电池整车及接口标准

我国氢燃料电池电动汽车标准由全国汽车标准化技术委员会电动车辆分技术委员会归口管理。自2009年以来，在工业和信息化部、国家标准化管理委员会的支持和指导下，已先后发布了近20项氢燃料电池汽车国家标准和行业标准，覆盖基础通用、整车、关键系统和零部件、接口等多个领域，现已形成了相对完善的标准体系，见表3-9。

表 3-9　氢燃料电池汽车国家标准

标准号	标准名称
GB/T 24548—2009	燃料电池电动汽车 术语
GB/T 44131—2024	燃料电池电动汽车碰撞后安全要求
GB/T 26991—2023	燃料电池电动汽车动力性能试验方法
GB/T 43252—2023	燃料电池电动汽车能量消耗量及续驶里程试验方法
GB/T 43255—2023	燃料电池电动汽车低温冷起动性能试验方法
GB/T 26990—2023	燃料电池电动汽车车载氢系统技术条件
GB/T 36288—2018	燃料电池电动汽车 燃料电池堆安全要求
GB/T 26779—2021	燃料电池电动汽车加氢口
GB/T 39132—2020	燃料电池电动汽车定型试验规程
GB/T 24549—2020	燃料电池电动汽车 安全要求
GB/T 37154—2018	燃料电池电动汽车 整车氢气排放测试方法
GB/T 42855—2023	氢燃料电池车辆加注协议技术要求
GB/T 35178—2017	燃料电池电动汽车 氢气消耗量 测量方法
GB/T 29124—2012	氢燃料电池电动汽车示范运行配套设施规范
GB/T 29123—2012	示范运行氢燃料电池电动汽车技术规范

3. 氢燃料电池标准体系借鉴

当前，我国已经建立了较为完善的氢燃料电池电动汽车标准体系，为氢发动机汽车标准的制订提供了重要借鉴和参考。氢发动机汽车在整车安全、供氢系统、能耗续航等方面的要求及试验方法可参考氢燃料电池汽车相关标准，见表 3-10。

表 3-10　氢燃料电池汽车标准体系对氢发动机汽车的借鉴

分类	具体项目	借鉴标准
整车安全	整车氢电安全	《燃料电池电动汽车 安全要求》（GB/T 24549—2020）
	碰撞后安全要求	《燃料电池电动汽车碰撞后安全要求》（GB/T 44131—2024）
	其他安全要求	《机动车运行安全技术条件》（GB 7258—2017）
供氢系统	加氢口	《燃料电池电动汽车加氢口》（GB/T 26779—2021）
	车载氢系统	《燃料电池电动汽车 车载氢系统技术条件》（GB/T 26990—2023）
能耗续航	能量消耗量	《燃料电池电动汽车能量消耗量及续驶里程试验方法》（GB/T 43252—2023）
	续驶里程	《燃料电池电动汽车能量消耗量及续驶里程试验方法》（GB/T 43252—2023）

3.3.4　氢发动机标准法规进展及展望

1. 国际标准法规经验借鉴

1）欧洲经验

在全球范围内，欧盟在应对气候变化和推动清洁能源发展方面处于领先地位。2024 年 6 月，欧盟委员会正式通过 EU 2024/1610《重型车辆 CO_2 排放标准》。该法规规定：CO_2 排放量不超过 3g/（t·km）的卡车以及 CO_2 排放量不超过 1g/（p·km）的公共汽车和长途客车均被定义为"零排放车辆"。在当前技术水平下，装配氢发动机的车辆的 CO_2 排放均可达到以上限值要求。因此，在欧盟，重型氢发动机车辆被认定为零排放车辆，并在政策上享有与电动汽车同等的优惠待遇。

UN/ECE R49 是欧洲经济委员会制定的一系列汽车标准法规之一，主要用于规范汽车及其部件的技术要求和测试方法。该标准涵盖了从轻型车辆到重型商用车辆的多个方面，包括排放、性能、安全等。2024 年 6 月，欧洲议会和理事会通过了 EU 2024/1610 法规，确定了"零排放车辆"的范围、定义及碳减排目标。UN R49 标准中增加了氢发动机型式认证的相关要求，包括范围、测试系统、测量组分、燃料、车载自动诊断系统（OBD）等。该标准具体条款修改内容如下。

（1）3.5.1 氢发动机的型式认证的适用范围。如果申请氢发动机的型式认证，氢气应作为发动机运行的主要燃料；双燃料氢发动机不适用本法规。

（2）4.12 氢发动机的型式认证标志。对于氢发动机的型式认证，为区分燃料类型和工作原理，应当在国家符号后面增加如下字母：T——气态氢点燃式；TD——气态氢压燃式；U——液态氢点燃式；UD——液态氢压燃式。

（3）5.1.6 型式认证对排放测量系统的要求。排放测量系统应满足测量期间尾气最高含水量要求，特别应确保所有排放采样气体温度至少比其对应位置露点温度高 10K（样品干燥器除外）。

（4）附件 2A/2B 测试程序。对于零碳燃料，WHSC（世界统一瞬态循环）、WHTC（全球统一瞬态循环）测试均不需要测量 CO_2 和 CH_4，可选择测量 THC 代替 NMHC（非甲烷总烃），限值不变。

（5）附件 4 排放计算。定义了氢气燃料的排气 U 值，以及各污染物组分的密度，增加一种燃料类型"氢气"，氢气体积分数≥99.97%。

（6）附件 9A/B/C OBD 系统。对于零碳燃料发动机，不需要满足 CO 的 OBD 限值。

（7）附件 12 CO_2 排放的计算。对于零碳燃料，通过燃料消耗量计算 CO_2 排放，应当基于公式，其结果为零（因为其燃料含碳系数 β 为零）。

UN R49 标准修正案为我国的氢发动机排放认证提供了良好的借鉴和参考。我国相关标准制定机构，应加强与欧盟、联合体等标准法规的协调工作，为我国氢发动机标准的制定提供参考，同时要加快开展氢发动机标准国际化工作，助力未来氢发动机汽车的国际化布局。

2）美国经验

美国作为能源消耗和科技研发的大国，在推动氢发动机发展方面也采取了一系列积极且具有影响力的政策措施。美国国家公路交通安全管理局发布条例，确立了两项新的联邦机动车安全标准。其中，联邦机动车安全标准第307号"氢能源汽车的燃料系统完整性"，规定了对氢能源汽车在正常行驶过程中以及发生碰撞后其燃料系统完整性的要求，保障了氢发动机车辆在日常使用与特殊情况下燃料系统的安全性，防止氢气泄漏引发安全事故。联邦机动车安全标准第308号"压缩氢气存储系统完整性"，规定了对压缩氢气存储系统的要求，确保氢气在车辆上的安全存储，从存储环节保障了氢发动机车辆的安全运行。这两项标准的制定，提高了氢发动机车辆的安全保障，增强了消费者对氢发动机汽车产品的信心，有利于氢发动机汽车的市场化推广。

2024年4月，美国环境保护署（EPA）发布的重型车辆温室气体排放标准，允许不对使用纯氢燃料的氢发动机汽车进行CO_2排放测试，但是需要进行NO_x和PM排放测试。这种政策体现了EPA对氢发动机汽车减少CO_2排放能力的认可，预计氢发动机汽车在美国汽车市场将会获得鼓励发展。

2. 中国氢发动机标准法规进展

近几年，在生态环境部、全国内燃机标准化技术委员会、全国汽车标准化技术委员会等部门的组织下，我国已制定并发布了1项国家标准（含修改单）、10余项团体标准，另有多项标准在研，具体见表3-11。

表3-11 氢发动机已发布及在研标准

标准编号	标准名称	标准类型	状态
GB/T 44723—2024	氢燃料内燃机 通用技术条件	国家标准	已发布
GB 17691—2018	重型柴油车污染物排放限值及测量方法（中国第六阶段）修改单	国家标准	征求意见
GB/T ×××××—202×	氢燃料发动机汽车 技术规范	国家标准	预研
GB/T ×××××—202×	车用氢燃料发动机用喷氢器	国家标准	在研
JB/T ×××××—202×	氢燃料内燃机供氢系统 技术规范	行业标准	征求意见
QC/T ×××××—202×	车用氢气发动机 曲轴箱通风系统	行业标准	预研
T/CICEIA/CAMS 71—2023	氢燃料内燃机试验台架 技术规范	团体标准	已发布
T/CICEIA/CAMS 72—2023	氢燃料汽车用氢气传感器	团体标准	已发布
T/CICEIA/CAMS 86—2024	重型汽车用氢燃料内燃机 污染物排放测量方法	团体标准	已发布
T/CICEIA/CAMS 87—2024	车用氢燃料内燃机 定型试验方法	团体标准	已发布
T/CICEIA/CAMS 88—2024	车用氢燃料内燃机 冷启动试验及评定方法	团体标准	已发布
T/CICEIA/CAMS 89—2024	重型氢燃料内燃机汽车 污染物排放测量方法	团体标准	已发布
T/CICEIA/CAMS 90—2024	氢燃料内燃机汽车 燃料消耗量试验方法	团体标准	已发布
T/CICEIA/CAMS 91—2024	重型氢燃料内燃机汽车 续驶里程试验方法	团体标准	已发布
T/CSAE ××—202×	车用氢燃料内燃机 可靠性试验及评定方法	团体标准	在研
T/CICEIA/CAMS××—202×	低碳产品评价技术规范 氢燃料内燃机	团体标准	在研

2024年9月，国家市场监督管理总局发布了《氢燃料内燃机 通用技术条件》（GB/T 44723—2024）国家标准。该标准规定了氢燃料内燃机的技术要求、试验方法、安全要求与防护措施、检验规则及标志、包装、运输和贮存，适用于使用氢气作为燃料的功率小于或等于560kW的往复式内燃机。这是氢发动机领域发布的首个国家标准，标志着氢发动机标准化工作迈出了关键一步。

2025年3月，生态环境部发布了关于公开征求国家标准《重型柴油车污染物排放限值及测量方法（中国第六阶段）》（GB 17691—2018）修改单（征求意见稿）意见的通知（以下简称《通知》）。《通知》的修改单增加了"以氢燃料作为燃料的点燃式发动机汽车及其发动机所排放的气态污染物的排放限值及测量方法"，即增加了使用氢气为燃料的点燃式发动机的排放标准及相关测量方式，这意味着氢发动机将被纳入排放认证管理，这是氢发动机产业化进程的重要里程碑。

2025年4月，由中国汽车技术研究中心有限公司牵头制定的国家标准《氢燃料发动机汽车 技术规范》通过全国汽车技术标准化委员会电动车辆分技术委员会立项审议，目前正在进行立项报批程序。该标准规定了氢发动机汽车的术语和定义、一般要求、外廓尺寸、轴荷及质量限值、整车安全、加氢口、车载氢系统、动力性能、能量消耗量和续驶里程、排放、整车行驶可靠性等要求及试验方法，适用于M类、N类氢发动机汽车，主要参考最新发布的燃料电池电动汽车标准以及燃气汽车标准等进行制定。该标准对于规范产品研发、检测及监管，保障运行安全，引导产业健康可持续发展具有重要意义。2025年5月，工业和信息化部发布的"2025年汽车标准化工作要点"明确提出，"开展氢（氨）发动机汽车技术规范等标准预研"。

3. 中国氢发动机标准建设展望

在标准建设方面，下一步应优先加快氢发动机汽车准入相关标准的制修订工作，为产品准入及行业监管提供依据和支撑。同时，不同标准化委员会应做好协调工作，在氢能基础与安全、氢品质、制储运加等标准制修订项目中充分考虑氢发动机应用需求。建议按照"急用先行，成熟先上"的原则，有序推进氢发动机汽车安全、排放、关键零部件（含润滑油）、能耗续航、碳管理等标准制修订。

在国际标准法规协调方面，建议深度参与联合国全球技术法规GTR和国际标准化组织ISO中氢发动机相关标准法规研究工作。加大与UN R49和ISO 8178法规制修订组织的交流和协调力度。结合我国氢发动机产业实际情况、应用场景及标准制修订经验，推动氢发动机汽车国际标准法规的制定和协调。

参考文献

[1] 财政部，工业和信息化部，科技部，等. 关于开展燃料电池汽车示范应用的通知[EB/OL].

（2020-09-16）［2025-06-01］. https：//www. gov. cn/zhengce/zhengceku/2020-10/22/content_5553246. htm.

［2］中华人民共和国工业和信息化部. "十四五"工业绿色发展规划［EB/OL］.（2021-11-15）［2025-06-01］. https：//www. gov. cn/zhengce/zhengceku/2021-12/03/content_5655701. htm.

［3］国家发展改革委，国家能源局. 氢能产业发展中长期规划（2021—2035年）［EB/OL］.（2022-03-24）［2025-06-01］. https：//www. gov. cn/xinwen/2022-03/24/content_5680973. htm.

［4］国家标准委，国家发展改革委，工业和信息化部，等. 氢能产业标准体系建设指南（2023版）［EB/OL］.（2023-08-08）［2025-06-01］. https：//www. gov. cn/zhengce/zhengceku/202308/content_6897986. htm.

［5］国务院新闻办公室. 中国的能源转型［R/OL］.（2024-08-29）［2025-06-01］. https：//www. nea. gov. cn/2024-08/29/c_1310785406. htm.

［6］全国人民代表大会常务委员会. 中华人民共和国能源法［D/OL］.（2024-11-09）［2025-06-01］. https：//www. gov. cn/yaowen/liebiao/202411/content_6985761. htm.

［7］国家发展改革委，财政部，国家能源局. 关于做好可再生能源绿色电力证书全覆盖工作 促进可再生能源电力消费的通知［Z］. 2023-7-25.

［8］国家能源局. 关于组织开展可再生能源发展试点示范的通知［EB/OL］.（2023-9-27）［2025-06-01］. https：//zfxxgk. nea. gov. cn/2023-09/27/c_1310745991. htm.

［9］工业和信息化部办公厅、国家发展改革委办公厅、国家能源局综合司. 加快工业领域清洁低碳氢应用实施方案［EB/OL］.（2024-12-30）［2025-06-01］. https：//www. gov. cn/zhengce/zhengceku/202412/content_6995692. htm.

［10］工业和信息化部. 对十三届全国人大四次会议第5736号建议的答复［Z］. 2021-6-25.

［11］国家发展和改革委员会. 产业结构调整指导目录（2024年本）［A/OL］.（2023-12-27）［2025-06-01］. https：//www. gov. cn/zhengce/202401/content_6924187. htm. pdf.

［12］工业和信息化部. 关于印发工业领域碳达峰碳中和标准体系建设指南的通知［A/OL］.（2024-2-4）［2025-06-01］. https：//www. gov. cn/zhengce/zhengceku/202402/content_6933519. htm. pdf.

［13］工业和信息化部. 关于发布国家重点研发计划"高性能制造技术与重大装备"等16个重点专项2024年度项目申报指南的通知［EB/OL］.（2024-8-9）［2025-06-01］. https：//www. miit. gov. cn/gyhxxhb/jgsj/gxjss/wjfb/art/2024/art_5073358011a14275befeebf4c6e8236c. html.

［14］生态环境部办公厅. 关于公开征求国家标准《重型柴油车污染物排放限值及测量方法（中国第六阶段）》（GB 17691-2018）修改单（征求意见稿）意见的通知［EB/OL］.（2025-3-21）［2025-06-01］. https：//www. mee. gov. cn/xxgk2018/xxgk/xxgk06/202503/t20250321_1104466. html.

［15］工业和信息化部. 2025年汽车标准化工作要点［EB/OL］.（2025-4-28）［2025-06-01］. https：//www. gov. cn/lianbo/bumen/202504/content_7021759. htm.

4 氢能产业链关键技术

4.1 氢的来源及制备技术

4.1.1 氢气来源分析

按照制氢消耗的一次能源划分,氢气来源包括化石燃料制氢、可再生能源制氢以及其他清洁能源制氢等。化石燃料制氢包括煤制氢、轻烃蒸汽转化制氢、石脑油或渣油转化制氢、甲醇转化制氢等,属于"灰氢"范畴。如果在"灰氢"基础上加上有效的碳捕获封存则可变成"蓝氢"。可再生能源制氢包括风电制氢、水电制氢、太阳能制氢等,属于"绿氢"范畴。其他清洁能源制氢包括核能制氢、生物质制氢等,图 4-1 列出了氢气主要生产方式及利用途径。我国煤炭资源相对丰富,水电、风电及太阳能光伏发电等可再生能源装机容量位居世界前列,同时生物质资源丰富,因此氢气制备可选择多种技术路线。截至 2024 年年底,全国氢气产能超 5000 万吨/年,同比增长约 1.6%;2024 年全国氢气产量超 3650 万吨,同比增长约 3.5%。目前我国氢气来源以煤、天然气及石油等化石燃料制氢为主,约占 78%,工业产氢约占 21%,水电解制氢占比不到 1%。

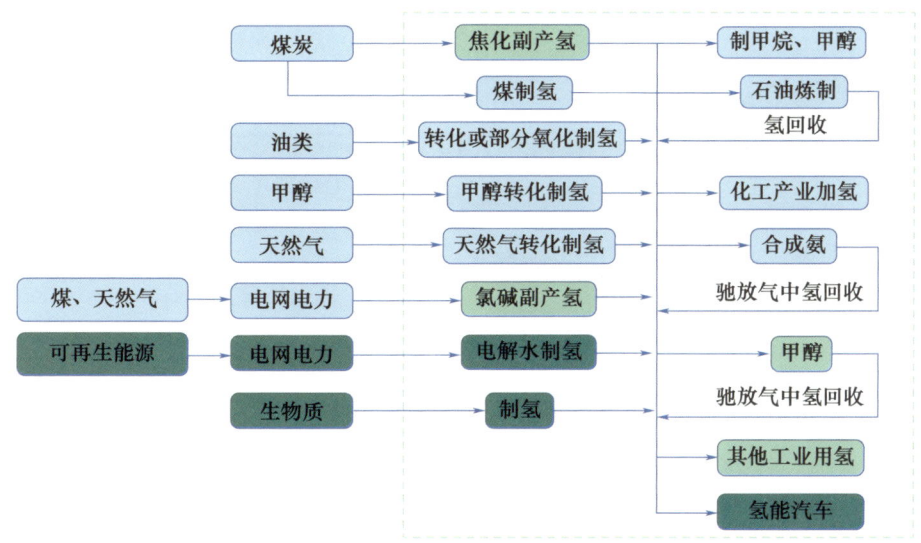

图 4-1 氢气主要生产方式及利用途径示意图

天然氢又称"白氢",主要通过地球内部的蛇纹石化作用、水的辐射分解、岩浆脱气作用及微生物活动等地质化学反应自然生成。有研究认为,天然氢具有与油气系统类似的"生储盖圈运保"特征,即其深部因蛇纹石化及水的辐射分解等作用生成氢气的源岩,有利于含氢气体或流体运移的断层裂隙通道、圈闭构造,且盖层下有利氢气聚集成藏的储集岩(图4-2)。与传统工业制氢相比,天然氢的生产成本与碳足迹相对较低。目前,多个国家已陆续出台关于天然氢商业化开发利用的政策法规,通过积极的资金支持与政策扶持,促进天然氢产业发展。法国洛林矿区天然氢储量介于 $0.06 \times 10^8 \sim 2.50 \times 10^8$ t 之间,是目前全球最大的天然氢矿藏地之一。在巴西圣弗朗西斯科盆地,有研究人员发现勘探井和天然气渗漏井口的混合气中氢气体积分数高达20%,这是首批天然氢矿藏的案例之一。美国地质调查机构估计,全球天然氢储量约 5×10^{12} t,开发潜力巨大。Gold Hydrogen 公司在南澳大利亚州拉姆齐项目试井期间检测到浓度为 95% 的纯氢,已获得日本丰田、三菱瓦斯化学和引能仕1450万澳元投资。Scott-1井口于1982年钻探至680m,位于 HyTerra 公司在堪萨斯州莫里斯县的租地上,从井中回收的气体样本显示该处氢气含量高达56%。哥伦比亚发现科迪勒拉东部和西努—圣哈辛托盆地存在天然氢,Macanal-1X井位在183m深的地方,氢气的最大浓度为 36110×10^{-6},即氢气占体积的3.61%;同一盆地的 Fómeque-1X 井检测到氢气与高度热成熟

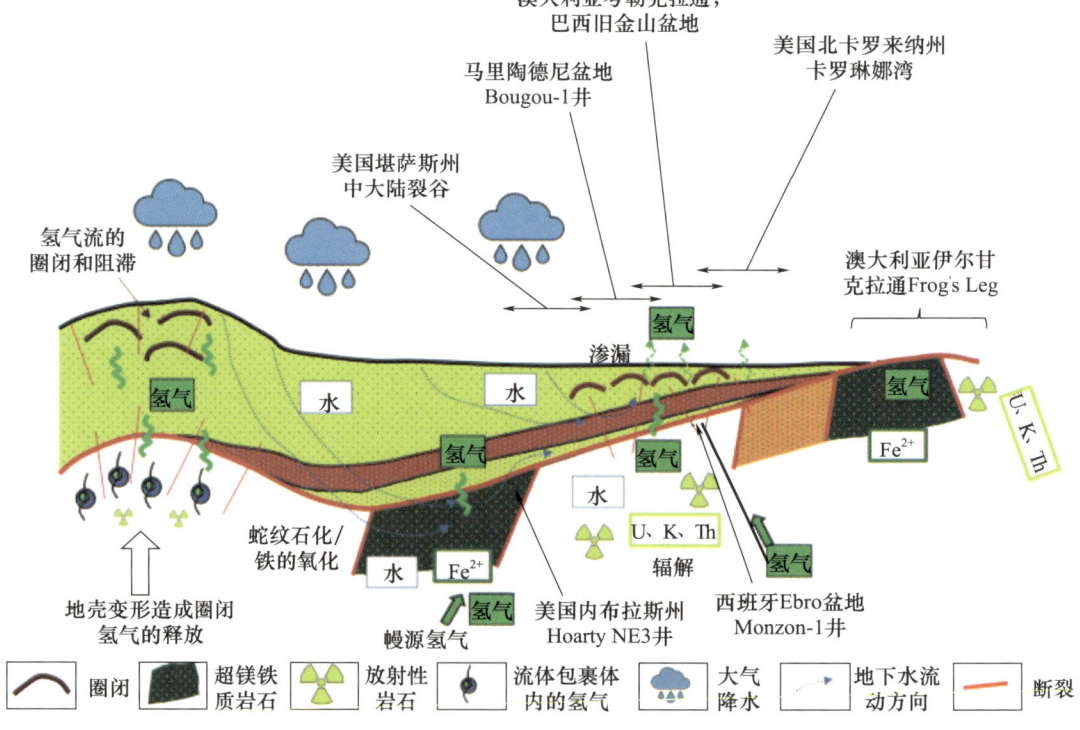

图4-2 天然氢系统概念图

的碳质页岩接触，这表明在特定的压力、温度和矿物学条件下，氢气具有天然生成潜力。俄罗斯在 2005—2011 年监测到约 562 个近圆形表面氢气泄漏凹陷，2023 年将天然氢作为独立的矿产资源纳入矿产资源与地下水分类。中国柴达木盆地三湖地区 2 口井的岩屑罐顶气中，发现氢气体积分数达到 99%。松辽盆地多地区的深部气发现含有少量氢气，并且个别钻井中发现氢气体积分数高达 85.54%。天然氢成本潜力巨大，预估开采成本远低于"绿氢"和"蓝氢"。但目前阶段，相关研究人员对地质认识不足，成藏机制、分布规律尚不清晰，缺乏高效探测手段。

4.1.2 氢气制备技术

根据原材料的不同，氢气制备主要分为煤制氢、天然气重整制氢、电解水制氢以及其他制氢方式。

1. 煤制氢

煤制氢是工业大规模制氢的首选方式之一。煤制氢技术具有原料丰富、产能大、成本低等优点，但同时也存在着能源转化效率低、污染环境和温室气体排放等问题。煤制氢成本较低，按煤价 560 元/t 测算，煤制氢的成本仅为 0.83 元/m^3，远低于天然气制氢 1.32~1.55 元/m^3、甲醇制氢 1.37~1.61 元/m^3 的成本。煤制氢的潜力巨大，目前我国煤制氢主要用于合成氨、甲醇、二甲醚、烯烃、煤制油以及加氢裂化。其中，神华集团煤制氢能力已经达到 450 亿 m^3/年，全国的煤炭资源制氢能力，煤制氢可为氢能发展提供氢源保障。

传统的煤制氢技术存在污染环境和低效的问题，研究人员正在探索新型、清洁高效的煤制氢技术。例如，采用化学反应和物理分离相结合的方法，或利用高温气化技术等。另外，煤制氢技术会产生大量的二氧化碳，需要开发和改进碳捕集技术，以降低煤制氢过程对环境的影响。随着新能源技术的发展，煤制氢技术也将与新能源技术进行深度融合，例如利用太阳能、风能等新能源来提供煤制氢过程中所需的能量，从而降低煤制氢的成本和环境影响。

2. 天然气重整制氢

天然气重整制氢是将天然气作为原料，并经过一系列的反应步骤将其转化为氢气的过程。这个过程中，天然气通过重整反应生成一氧化碳和氢气的混合物，然后再经过水气转移反应将一氧化碳和水反应生成二氧化碳和更多的氢气。该方法是目前最常用的氢气制备方法之一。其优点是操作简单、氢气纯度高、产量大、成本低等，但缺点是其反应产生的二氧化碳会造成温室效应。

天然气重整制氢过程需要使用催化剂来促进反应，镍基催化剂是最常用的一种，具有较高的催化活性和良好的稳定性，价格相对较低，在大规模工业生产中得到了广泛应用。钯基催化剂是一种较新的催化剂,相比镍基催化剂具有更高的催化活性和选择性,但价格较高。钯基催化剂通常由氧化钯、硝酸钯等物质制备而成,可以在较低温度下实现高效的天然气重整制氢反应,且对碳氧化物和硫化物等污染物的抗性较强。

3. 电解水制氢

电解水制氢是利用水资源制取氢气,是目前被广泛使用的将可再生资源(太阳能、风能)转换为氢气的技术,其基本原理是在电解槽中将水分解成氢气和氧气。电解水制氢技术具有原料来源广泛、氢气纯度高、操作简单方便等优点,但也存在着能耗高、设备成本高、用水量大等问题。

电解水制氢的核心设备是电解槽,目前主要的电解槽技术主要有碱性电解槽、质子交换膜(PEM)电解槽、固体氧化物电解槽和阴离子交换膜电解槽(表4-1)。碱性电解槽是最早应用的水电解制氢技术之一,其电解质通常采用氢氧化钾或氢氧化钠等碱性溶液,碱性电解槽具有制氢效率高、电解液成本低等优点,但其缺点是制氢产物中存在氢氧化钠或氢氧化钾,需要进行后续的处理。PEM电解槽是利用具有质子传导功能的固态聚合物膜作为电解质,其制氢过程比碱性电解槽更加快速和高效;同时,PEM电解槽能够在较低的温度下进行操作,可避免高温环境下的氢气扩散问题,因此具有更高的安全性。固体氧化物电解槽是一种在高温下运行的电解槽,其电解质为固体氧化物陶瓷材料,该材料在高温下能够高效地分解水,产生高纯度的氢气和氧气。碱性电解槽和PEM电解槽的技术发展相对成熟,投资成本低且寿命较长。固体氧化物电解槽能效较高,为85%~90%,但寿命短,还处于实验室研发阶段。阴离子交换膜电解水以阴离子交换膜为电解质,允许氢氧根离子通过,避免PEM的贵金属依赖问题。不过目前仍处于实验室研发阶段,部分企业进入中试。同时,可使用非贵金属催化剂(如镍、铁),成本有望低于PEM,且耐碱性强,适合低成本绿氢制备,不足是膜稳定性待提升,离子传导率较低。

表4-1 电解槽技术对比

技术类型	碱性电解槽	质子交换膜电解槽	固体氧化物电解槽	阴离子交换膜电解槽
电解质	碱性溶液	质子交换膜	固体氧化物	阴离子交换膜
工作温度	50~80℃	50~80℃	600~1000℃	50~80℃
制氢效率	60%~80%	70%~85%	85%~95%	65%~75%(预测)
成本(元/kW)	1000~2000	5000~8000	8000~12000	3000~5000(预测)
商业化阶段	成熟	快速推广	示范应用	中试
典型企业	隆基氢能、天津大陆、考克利尔竞立等	康明斯、亿华通、派瑞氢能等	西门子、潮州三环、上海电气等	杜邦、稳石氢能、中科院大连化物所等

4. 其他制氢方式

生物质气化制氢是利用生物质原料进行气化反应生成氢气的技术。通过生物质气化制氢，可以利用农作物秸秆、木屑、废弃纸张、厨余垃圾等生物质资源，制备出高纯度的氢气。相比于传统的化石燃料气化制氢，生物质气化制氢具有原料来源广泛、资源可持续等优点，但也存在能量密度低、气化过程中的残渣不好处理等问题。

核能制氢是利用核反应产生的热能实现水分解生产氢气的技术，具有零碳排放、大规模稳定供氢的核心优势，是未来绿氢产业的重要支柱。在核能制氢方面，清华大学与中核集团合作，利用高温气冷堆提供850~1000℃的高温，驱动碘硫循环分解水。2025年，实验室规模系统已实现连续运行86h，产氢率60nL/h，技术成熟度达系统原型验证。日本、韩国计划2030年后将制氢商业化，目标成本低于2美元/kg。固体氧化物电解池在800~1000℃下电解水蒸气，效率比传统电解高30%。中核集团已建成100nL/h中试装置，连续运行86h，计划2030年实现与600MW高温堆耦合，年产绿氢4万t。

4.2 氢气储存和输送技术

4.2.1 氢气储存技术

1. 氢气储存方式

氢气的密度小，只有汽油的1/10，天然气的1/6，这导致其运输存储非常困难。国际能源署提出车用氢气存储系统的目标是，质量储氢密度大于5%，体积储氢密度大于50kg/m³，放氢温度低于423K，循环寿命超过1000次；而美国能源部提出的目标是，质量储氢密度不低于6.5%，体积储氢密度不低于62kg/m³。目前常用的储氢方式有高压气态储氢、低温液态储氢、金属氢化物储氢、有机溶液储氢等。

高压气态储氢是现阶段主要的储氢方式，它通过将氢气压缩到高压状态，存储在特殊的压力容器中。高压气态储氢简便易行，成本低，充放气速度快，常温下可进行作业。目前国外主要以70MPa高压气态储氢方式为主，我国也已研制出70MPa高压储氢气瓶，采用铝内胆或树脂内胆碳纤维缠绕方式。气态储氢质量分数较低，即便是丰田MIRAI车载70MPa储氢系统的储氢质量分数也只有5.3%左右。搭载小规模低温系统，可以实现更高的储氢密度。当前主流管束集装箱以20MPa的Ⅱ型瓶产品为市场主流销售型号，中集安瑞科、浙江蓝能等已具备30MPa管束集装箱产品生产能力。车载高压储氢瓶以35MPa的Ⅲ型瓶产品为市场主流产品，70MPa的Ⅳ型瓶已经开启商业化进程。2024年11月14日在中国天津中汽研汽车检验中心（天津）有限公司发布的黄河氢燃料牵引车使用的70MPaⅣ型瓶。

低温液态储氢是将氢气在极低温度下液化，存储在特殊的储罐中的一种氢气储存方式。低温液态储氢比气态储氢质量密度高,液氢储氢密度约为 $71kg/m^3$,需维持在 $-253℃$。低温液态储氢要求储氢容器和管道具备严格的绝热或隔热措施,而且该储氢系统的设计、结构以及工艺都比较复杂。液态氢储罐通常是双层结构,其内部涂有反射层,可减少液化氢气时的能量损失。为了保持液态氢的低温状态,储罐通常使用特殊的绝热材料,如聚苯乙烯泡沫和真空层,以减少热量传输和蒸发。但液态储氢有 2 个不利方面:大约 1.25% 的液态氢因汽化而损失,经过正仲氢转化后可降低蒸发率;氢气液化、保持低温还需要消耗相当于液氢质量能量 25% 的能量,其中每千克氢气液化大约需要消耗 9~15kWh,故该储氢方式一般只用于航空航天领域。德国 BMW 曾采用液态储氢技术作为车载储氢系统,但其储氢装置体积和储氢密度仍低于国际能源署、美国能源部所提出的储氢密度目标。2024 年我国液氢领域取得了重大突破,江苏国富氢能、中集、中科富海等厂家开发了车载液氢储氢系统或液化厂储氢罐系统。

固态材料储氢技术(如金属氢化物、化学储氢材料、多孔吸附储氢材料),是依靠固体材料与氢气之间的物理或化学作用,将氢气以原子或分子形式储存在材料内部的新型储运氢方式,潜力巨大,但目前仍面临成本高、储氢容量低等问题。目前,最具产业化发展前景的固态储氢材料是储氢合金,将其装填在特定的储氢罐中,即可实现合金的充放氢。根据应用场景不同,可选择不同体系的储氢合金:①室温型储氢合金,工作温度在室温附近,如 $LaNi_5$ 系、TiFe 系、$TiMn_2$ 系、V 基等,尽管合金质量储氢密度相对较低(1%~2.5%),但由于其在室温即可释放氢气,更适合加氢站、固定式储能、乘用车、叉车、三轮和两轮车等应用场景的氢气存储。研究人员通过分析热损失和温度等级分布,发现一些镧基氢化物(如 $LaNi_5$)在中低温热系统中备受青睐,特别适用于低温 PEMFC 及其组成的分布式供能系统。$LaNi_5$ 氢化物解吸氢气所需的能量仅为氢气高热值的 10%~20%,且其工作温度低于 100℃,因此这部分能量完全可以由电堆的余热提供。②高温型储氢合金,工作温度较高,如 Mg 系,放氢温度在 300~350℃,质量储氢密度较高(4%~7.6%),可在常压下进行氢气的规模化储存运输。大多数氢化物材料适用于质子交换膜燃料电池(PEMFC)系统。此外,镁基固态材料储运氢技术是基于镁基储氢材料的一种高效安全的储运氢方式,不仅具有质量和体积储氢密度高、可常温低压长期储存与大规模运输,我国的镁资源丰富,镁合金大规模制备成本相对低廉,因此其被认为是具有我国特色的高效、安全、经济的大规模固态储运氢路线,可应用于氢交通、氢储能、氢化工、氢冶金等领域。但是,镁基固态储氢技术的规模化和工业化应用仍有许多难题需要攻克,如合金的微结构调控、材料的精细化低成本批量生产、复杂储氢罐易用性设计、余热回收及耦合集成等技术。氢发动机的排气温度约为 500℃,是与镁基固态储氢比较好的联用方式,可大幅降低镁基储氢材料供氢时的能耗,但是仍需解决镁基储氢装置供氢压力低、氢发动机高温余热高效利用的难题。不同金属固态储氢参数汇总列于表 4-2。

表 4-2　不同金属固态储氢参数汇总表

类型	室温型储氢合金			高温型储氢合金
合金	AB_5 型	AB_2 型	AB 型	Mg 基
典型代表	$LaNi_5$	ZrM_2、TiM_2	$TiFe$、$TiNi$	Mg、Mg-Ni
质量储氢密度	1～1.5	1.8～2.4	1.5～1.9	5.5～7.6
体积储氢密度（g/L）	>100	>100	>100	>110
活化性能	易活化	初期活化困难	活化困难	易活化
吸放氢性能	室温吸放氢快	室温可吸放氢	室温吸放氢	高温吸放氢
吸放氢压力（MPa）	吸氢 0.1～0.5；放氢 0.01～0.1	吸氢 1～3；放氢 0.1～0.5	吸氢 1～3；放氢 0.1～1	吸氢 1～1.5；放氢 0.1～0.6
循环稳定性	好	一般	差	一般
抗毒化性能	不易中毒	一般	差	较强
原料成本（元/kg）	较高 400～2200	价格便宜 80～120	价格便宜 60～120	价格便宜 40～120

有机液态储氢技术（liquid organic hydrogen carriers，LOHC）利用某些不饱和芳香烃、烯炔烃等作为储氢载体，通过催化反应将氢气加到液态储氢载体中，形成可在常温常压条件下稳定存储的有机溶液。该技术可以用于普通油罐车进行长距离运输，使用时需要在一定温度条件下发生催化脱氢反应，反应产物经气液分离后，将氢气输送至用氢装置。氢气加入时发生放热反应，氢气释放时需要吸热。LOHC 最大的优势是储氢密度高、安全性高。有机液储氢量可达 7.2%，相对于 70MPa Ⅳ 型瓶储氢的 5.7% 高了 26%。加氢站或储氢终端存储的是常规的有机液体，不直接存储氢气，安全性高。但是有机液储氢中存在加注氢气和释放氢，其温度高，如乙基咔唑，加氢温度在 250℃ 左右，而脱氢需要在 220℃ 左右，需要足够的热能来支撑脱氢过程，对于车载、船用等用氢终端有较大的挑战。有机液储运氢的原理如图 4-3 所示，主要包括三个过程：①加氢过程，甲苯通过催化器吸收氢气转化成甲基苯乙烷；②使用车辆、管道或其他方式把甲基苯乙烷运输到使用地存储或加注到使用有机液储氢的终端设备上；③在使用地（如加氢站）使用催化器、吸收热能释放出氢气加注到车辆或供终端设备使用。

碳纳米纤维储氢是利用吸附理论的碳基储氢材料，主要有表面活性碳、石墨纳米纤维、碳纳米纤维和碳纳米管。目前技术条件下，超级活性炭在超低温（77K，2～4MPa）条件下，质量储氢量可达 5.3%～7.4%。但由于活性炭的吸附温度低，其应用范围有限。经过预处理的石墨纳米纤维，在室温和 7MPa 压力下，质量储氢量可达 3.8%。碳纳米纤维具有很大的表面积，经过表面处理的碳纳米纤维，在室温和 12MPa 压力条件下，质量储氢量可达 10%。氢气在碳纳米管中的吸附储氢机理比较复杂，实

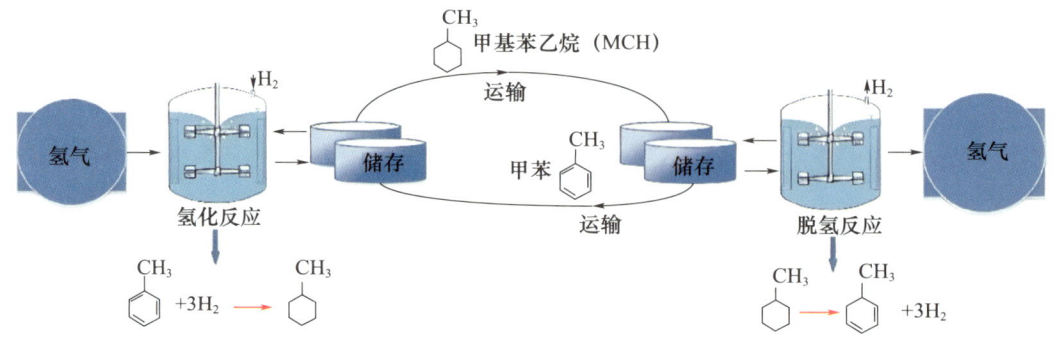

图 4-3 有机液储运氢原理图

验结果的重复性较低,目前在超低温实验条件下,质量储氢量可大于 6%。

有些学者也对玻璃微球、微管储氢技术进行了研究。微球、微管储氢是一种新型储氢技术,其技术难点在于制备高强度的空心微球和微管。采用玻璃微球的储氢设备填充和释放氢气温度在 200~400℃ 之间,主要有镁、铝、硅、石英(SiO_2)、聚酰胺、聚乙烯三酚盐酸等,质量储氢量为 15%~42%。相关储氢企业见表 4-3。

表 4-3 相关储氢企业

企业	储氢方式	主营业务
京城股份	高压气态储氢	车用储氢
中材科技		车用储氢
中国中氢		车用储氢
安瑞科		运输站及站用储氢罐
浙江巨化		储氢罐
国富氢能	低温液态储氢	低温槽车、液氢生产
中国航天科技集团 101 所		液氢生产
华镁时代	固态储氢	氢化镁储氢材料
中科轩达		稀土镁镍系储氢电极材料、储氢合金
镁源动力		镁基固态储氢材料
厦门钨业		储氢合金
科力远		稀土储氢合金材料、镍-氢气电池材料
安泰科技		以稀土镍基、钛锰基为主的固态金属材料
武汉氢阳	有机液态储氢	有机物储氢
杭州聚力氢能		有机物储氢

2. 车载储氢方式比较

不同储氢方式在氢发动机应用中的适应性对比见表 4-4,其中高压气体储氢技术相对成熟,但距离未来储氢系统的 6.5% 要求还有一定距离。金属氢化物储氢和 LOHC 安全性高,储氢密度高,但放氢时需要吸收热量。氢发动机排气温度超过 400℃,冷却液温度在100℃左右，故可以利用上述热源给储氢系统提供热量。

表 4-4 不同车载储氢方式

储氢方式	质量储氢密度	成本	对氢发动机的适应性	存在的问题
高压气态储氢	相对较低，为3%~7%	成本相对较低	技术成熟，应用较为广泛，能满足快速加注的需求，适用于对续航里程要求不是特别高的场景，且车辆改造相对容易	储氢密度较低，占据较大的车辆空间，影响车辆的有效载荷和续航里程；高压容器的质量较大，增加了车辆的整体能耗
低温液态储氢	较高，约为16%	成本较高	储氢密度高，适合长续航的氢发动机车辆应用，能有效减少储氢设备的体积和质量，提高车辆的有效载荷和续航能力	氢气液化过程能耗高，成本增加；低温容器的绝热要求高，维护成本大；存在蒸发损失，长期储存较为困难
金属氢化物储氢	较高，可达1.5%~7.5%	成本较高	储氢安全性好，适合对安全性要求较高的场景，如城市公交、物流配送等；储氢材料可以起到过滤和净化氢气的作用，有利于提高氢发动机的燃烧效率和寿命	储氢材料的吸放氢动力学性能较差，需要一定的温度和压力条件才能实现快速吸放氢，影响车辆的动态响应；储氢材料的质量较大，增加了车辆的整体质量占用
LOHC	较高，可达8%	成本较高	储氢密度较高，适合长续航的氢发动机车辆应用；有机储氢材料便于运输和储存，可利用现有的液体燃料基础设施进行加注和配送	脱氢反应需要较高的温度和压力，以及合适的催化剂，增加了系统的复杂性和成本；有机储氢材料的循环使用寿命和稳定性有待进一步提高

3. 车载气态高压储氢技术

对于气态氢气而言，当氢气压力在30~40MPa范围内时，其质量密度增长较快。然而，一旦压力超过70MPa，氢气的质量密度变化就不再明显。因此，大多数储氢瓶的工作压力选择在35~70MPa。经过行业的不断发展，综合权衡储氢密度、储氢容量和安全性等因素，最终确定车载储氢的压力为35MPa和70MPa。35MPa和70MPa高压氢气参数对比见表4-5。

表 4-5 35MPa 和 70MPa 高压氢气参数对比

系统类型	加氢能耗 (kW·h/kg)	储氢密度 (g/L)	体积能量密度 (kW·h/L)	质量储氢密度 (%)
35 MPa 高压氢气	3~4	25	0.5	3.5~4.5
70 MPa 高压氢气	6~8	40	0.8	4~5

储氢瓶作为保存氢的关键方式之一，高压气态储氢技术借助其作为容器实现对氢气的存储和释放。依据临氢材料的不同选择及外部包裹情况，可将储氢瓶分为纯钢制金属瓶（Ⅰ型）、钢制内胆纤维缠绕瓶（Ⅱ型）、铝内胆纤维缠绕瓶（Ⅲ型）及塑料内胆纤维缠绕瓶（Ⅳ型）。这些气瓶由内至外分别由内胆、中间层、表层组成。其中，内胆

作为阻隔氢气的主力军，是储氢瓶最关键的部分。由于氢气与金属接触会产生氢脆、氢腐蚀等现象，Ⅰ、Ⅱ、Ⅲ型储氢瓶内胆需要选择与氢气相容性好的材料。而Ⅳ型储氢瓶内胆由高分子等复合材料制成，具有良好的耐氢气渗透性和高低温耐受性。中间层主要承担承压、耐压的作用，考虑到该层需要具备高拉伸强度和轻量化的特点，碳纤维脱颖而出，广泛用于Ⅱ、Ⅲ、Ⅳ型瓶中的中间层，而作为最外层的表层，主要作用是防护，一般使用玻璃纤维等材料进行包裹。

储氢瓶型式参数对比见表 4-6。其中，Ⅰ、Ⅱ型瓶体材料密度大、储氢密度不高，不符合车载气瓶的需求，主要用在加氢站等固定储氢领域。Ⅲ、Ⅳ型瓶因为配置轻质，是高强度的纤维，既具备很强的耐压性，又提升了气瓶的轻量化，压力为 35MPa 或 70MPa，因此成为车载储氢首选。

表 4-6 储氢瓶型式参数对比

项目	Ⅰ型气瓶	Ⅱ型瓶	Ⅲ型气瓶	Ⅳ型气瓶
有无内胆	—	有	有	有
内胆材料	—	钢类	铝/铝合金	塑料
有无瓶身包裹物	无	有部分包裹物	瓶身全包裹	瓶身全包裹
包裹缠绕方式	—	环向缠绕	全缠绕	全缠绕
工作压力（MPa）	17.5～20	26～30	30～70	30～70
使用寿命（年）	15	15	10～15	15～20
质量储氢密度（％）	≈1	≈1.5	≈2.4	≈4.1
成本	低	中等	最高	高
储氢密度（g/L）	14～17	14～17	24～40	24～40
质量体积比（kg/L）	0.9～1.3	0.6～0.95	0.35～1	0.3～0.8
应用场景	加氢站等固定场景		国内车载	国际车载

当前车载储氢系统降本缓慢，主要瓶颈在于碳纤维和高压阀门等核心材料与部件的进口依赖。2024 年车载储氢瓶出货量约 4.3 万支，其中以Ⅲ型瓶为主，Ⅳ型瓶市占率约 2％。氢能重卡通常配 8 支 210L-35MPa 的Ⅲ型储氢瓶，储氢量约 40kg，储氢系统价格 18 万～19 万元，4500～4750 元/kg 氢气。410L 的 6 瓶组车载供氢系统 2024 年降至 17 万元左右，单个 410L 储氢瓶价格约 2.83 万元。氢能重卡Ⅳ型储氢系统大概在 20 万元以内，预计到 2027 年，100kW 燃料系统配置的Ⅳ型储氢瓶价格将降至约 2000 元/kg 氢气。

车载储氢瓶参数对比见表 4-7。相较于Ⅲ型瓶，Ⅳ型瓶抗腐蚀能力强，更加安全，更加轻量化，成本低，寿命长。然而，目前国内由于在技术方面存在一些难题，主要包括储氢瓶制作工艺、瓶体材料成分、瓶体与瓶口的结合方式等，限制了Ⅳ型瓶的发展。不过，值得欣慰的是，目前Ⅳ型瓶国家标准已发布，随着规模化生产的推进，

Ⅳ型瓶的可靠性将得到进一步验证，同时成本也会逐渐下降。

表 4-7　车载储氢瓶参数对比

项目	Ⅳ型瓶 70MPa	Ⅲ型瓶 70MPa	Ⅳ型瓶 35MPa	Ⅲ型瓶 35MPa
容积（L）	63	59	115	110
质量（kg）	45	59	49	61
质量储氢密度（%）	5.6	4.0	5.6	4.3
压力循环次数（次）	22000	7500	11000	11000
使用寿命（年）	15	10	15	15
理论成本（万元）	3X	2X	0.8X	X

尽管Ⅳ型瓶有很多技术瓶颈，且目前在国内的需求量较低，发展较慢，研发和批量生产成本高。但是，鉴于Ⅳ型瓶具有轻量化、高可靠性、高压力、高质量储氢密度和长寿命等优势，一旦成熟批量化生产后，理论成本比Ⅲ型瓶低。因此，从长远发展的角度考虑，应优先选择Ⅳ型瓶。储氢压力可以从 35MPa 提升至 70MPa，储氢密度从 25g/L 提升至 40g/L，成本提升一倍，因此应根据实际使用场景来选取相应储氢瓶。表 4-8 给出了国内车载储氢系统代表企业Ⅳ型瓶进展情况，Ⅳ型瓶商业化节奏初显。

表 4-8　国内车载储氢系统代表企业Ⅳ型瓶进展情况

企业	Ⅳ型瓶进展
天海氢能	Ⅳ型瓶形成 20MPa、35MPa、70MPa 全系列产品覆盖，北京产线实现 3 期扩建，产能达 8 万只 20MPa：主要应用于 CNG 公交、CNG 重卡 35MPa：主要产品是 390L，开始批量装车；450L 产品完成认证上公告车型 70MPa：已完成开发，尚未装车应用
中材科技	70MPa Ⅳ型储瓶三个规格完成取证，包括适用于乘用车型的 63L 储氢瓶、小中车型的 173L 储氢瓶及重卡、大型车的 210L 储氢瓶，同时部分产品已经装车 20MPa：目前推出的 260L-20MPa Ⅳ型车载天然气瓶订单销量近千只
弗吉亚斯林达	70MPa Ⅳ型瓶已完成取证，成功推出 35MPa-196L、70MPa-201L、70MPa-421L、70MPa-400L 等Ⅳ型瓶产品
国富氢能	实现 70MPa-621L、70MPa-120L Ⅳ型瓶量产，预计 2026 年二季度取证
中集安瑞科	已成功推出 35MPa-312L、35MPa-192L、70MPa-244L、70MPa-364L、70MPa-457L 等系列产品
未势能源	工作压力覆盖 35MPa 和 70MPa，包括 35MPa-210L、70MPa-23L、70MPa-57L 等不同规格型号的产品序列，产品还处于测试阶段
彼欧蓝能	与中车智行签署合同，将为中车智行供应高压Ⅳ型瓶储氢系统，应用于智能氢轨车辆
龙蟠科技	具备提供 9L、12L、60L 规格的Ⅳ型瓶样品能力，210L 样品在测试阶段，产品以提供给客户进行科研及小批量测试为主

4.2.2 氢气输送技术

1. 氢气输送方式

氢能产业的发展离不开氢运输的有力保障,氢能运输环节是氢气从生产到储存过程中的桥梁。通过建立完善的氢气运输网络,可以促进氢能的生产、存储和使用的可持续性,推动氢能产业的高质量发展。此外,通过建立氢气运输网络,还可以促进氢气的质量控制和安全管理,提高氢气的使用安全性和可靠性。因此,因地制宜地选择合适的运输工具至关重要。目前氢气的运输工具主要是罐车、长管拖车和管道等。

罐车主要运输液氢,液氢罐车运输系统主要由动力车头、整车托盘和液氢储罐三部分构成。罐车运输是将氢气深度冷冻至21K液化,再将液氢装在压力为0.6MPa的圆筒形专用低温绝热槽罐内进行运输。由于液氢的体积能量密度达到8.5MJ/L,液氢槽罐车的容量大约为65m³,罐车每次运输氢气的量可达4000kg,提高了氢气的运输效率。罐车适合大批量、远距离运输,但缺点是液氢制取的能耗较大,并且液氢储存、输送过程均有一定的蒸发损耗。液氢输送是指将氢气冷却至-253℃液化,通过低温槽车、船舶或管道运输,配套液化装置和低温存储设备的运输方式。该运输方式液氢的能量密度为84.2GJ/m³,是高压气氢的4.5倍;长距离运输费用约0.15~0.2元/(t·km);传统储罐日蒸发率1%~3%,新型绝热技术可将日蒸发率降至0.1%以下(德国液氢管道项目);同时,超高能量密度,适合大规模、长距离运输(跨洲海运),其管道输送连续性强,德国规划9700km液氢管网,日本开展液氢船示范(Suiso Frontier号)。液氢输送的缺点是,液化能耗约占30%总能量,绿氢液化成本达15~20元/kg;设备投资大,需使用特殊的低温材料。日本液氢进口量占全球90%,川崎重工建成了全球首条商用液氢运输船;而我国首条内蒙古自治区至北京市的液氢管道进入了可研阶段。

长管拖车是一种常见的氢气运输方式,由动力车头、整车托盘和管状储存容器三部分组成。储存容器是多只大容积无缝高压钢瓶,通过瓶身两端的支撑板固定在框架中而构成,用于存放高压氢气。净化后的产品氢气被压缩机压缩至20MPa,然后通过装气柱装入长管拖车。到达目的地后,装有氢气的管束将与车头分离,然后通过卸气柱和调压站,将管束内的氢气分级储存到加氢站的高压、中压和低压储氢罐中。相比其他运输方式,长管拖车的优点在于储存容器的数量较多,能够承载更多的氢气,同时也具备相对较高的安全性和稳定性。这种运输方式的技术已经相对成熟,但是由于氢气密度小、而储氢容器自重大,所运输氢气的质量只占总运输质量的1%~2%,这导致氢气运输效率相对较低。长管拖车一般适用于运输距离较近(通常不超过200km)和输送量较低的场景,例如从氢气生产厂家到加氢站的运输。

管道运输氢气是指将氢气通过专门建造的氢气管道从生产地点输送到各个消费地点的过程，也是氢气运输的主要方式之一。管道运输氢气包括天然气管道掺氢运输以及纯氢管路运氢。相比其他氢气运输方式，如氢气储运罐和长管拖车等，管道运输氢气具有输氢量大、能耗低、运输效率高、运输成本低等优点，特别适用于大规模、长距离氢气输送。管道运输氢气可以减少氢气运输中涉及的货物装卸和中转等环节，节省时间和能源，并且不会产生有害物质的排放，减少碳排放和其他污染物的排放，更加环保。但是，建造氢气管道需要巨大的一次性投资和维护成本，其单位成本比天然气管道高50%～80%，同时，管道的布局和设计需要考虑多种因素，如氢气的压力、温度、流量等，以确保运输的安全性和可靠性。目前，全球已经建成了多个氢气管道，其中以欧洲、日本、韩国等地区和国家的氢气管道建设最为活跃。2024年5月16日，总长1145km，横跨内蒙古自治区、山西省、河北省、北京市和天津市5个自治区、省、直辖市的全国首个长距离纯氢管道工程——内蒙古自治区乌兰察布市至京津冀地区氢气输送管道工程完成项目安全评价招标。

镁基固态储运氢指利用镁基储氢材料来运输氢气，该方法可实现氢气的常温常压储存与运输，是新兴的氢气运输方式。相较于传统20MPa高压长管拖车运输280kg左右氢气的方式，镁基固态储运氢的单车储运氢量可达1000～1200kg，且运输过程中处于常温常压状态，具有极高的安全性。2023年，上海交通大学联合上海氢枫能源技术有限公司开发了全球首台管束式吨级镁基固态储运氢车，该车装载的镁基储运氢装置为40尺（约13.33m）集装箱大小，箱体总重32.5t，其中装填镁合金材料14.4t，最大运氢量1.03t，12h内可吸氢900kg以上，放氢860kg。同年，又发布了第二代槽罐式的吨级镁基固态储氢装置。该装置采用一体槽罐式的设计，总体积减小为20尺（约6.67m）标准集装箱大小，总重30t，装填15.6t镁基储氢合金，可逆储氢量1005 kg，放氢纯度99.9994%，售价约为300万元。2024年11月，基于该槽罐式的全球首例大型固态储氢设备在上海顺利"出海"，通过海运发往马来西亚砂拉越州，此举标志着我国在氢能储运技术领域的商业化应用取得了重大进展，并为全球氢能产业的蓬勃发展注入强劲新动能。该技术为氢气的高效、安全、大规模储存与运输提供了新技术途径。

氢电同运是先利用可再生电力通过电解水制氢，再运输制成的氢气；或直接输电，结合本地制氢。电→氢→电效率达30%～40%，低于直接输电。1000km输电成本约0.05元/kWh，氢运输等效成本约0.3元/kWh。灵活匹配可再生能源波动，实现"电—氢—电/热/燃料"多能互补，适合电网薄弱地区，如海岛、偏远工业区等。氢电同运的缺点是能量转换损耗高，仅适用于如氢能储能调峰等特定场景，需配套电解槽、储氢罐等设备，系统复杂度高，适用可再生能源基地制氢外送（例如我国新疆、内蒙古自治区风光制氢项目)。分布式能源系统,即欧洲家庭型电转气装置,德国 E.ON(意昂集团)建成了 10MW 电转气项目,年产绿氢 350t。我国甘肃酒泉的"氢电耦合"示范项目,年制氢 500t。

天然气掺氢(hydrogen compressed natural gas,HCNG)是将氢气掺入天然气管网,利用现有天然气基础设施输送。低碳钢管道通常掺氢≤10%,不锈钢管道可达 20%。如利用现有管网,改造成本仅为新建氢气管网的 10%～20%。采用快速低成本过渡的方式,欧洲已有超 5000km 掺氢管网。降低天然气碳排放,掺氢 20%可减排 15%～20%。缺点是受管材氢脆风险的影响,需升级压缩机、阀门等设备,且热值波动影响下游应用。该方式适用城市燃气管网改造(中国雄安新区试点掺氢 5%),以及工业燃料替换。英国 Cadent 管网已完成掺氢 20%试验,计划 2030 年供应 100 万户家庭。中国国家管网集团也在河北开展了掺氢 15%示范。

有机液态储氢(LOHC)采用常温常压运输,需催化脱氢释放氢气,优点是质量储氢密度为 5%～10%,甲基环己烷质量储氢密度为 5.5%,加氢/脱氢总效率约 70%～80%,安全性高,适合海运和长期储存;储运成本低,日本 ENE-FARM 计划采用 LOHC 家庭储氢。其缺点是需配套加氢/脱氢装置,系统投资大(10 万 t 级 LOHC 船成本超 5 亿元);催化剂寿命和效率待提升。LOHC 适用国际氢能贸易(中东→新加坡 LOHC 海运)、分布式储氢网络。

甲醇(CH_3OH)作为氢载体,可通过重整制氢,绿甲醇实现低碳;优点是液体易储运,可直接作为燃料;缺点是重整产生碳排放,绿甲醇成本高。基于尾气余热利用的重整制氢技术可实现氢气即产即用,为甲醇发动机掺氢燃烧提供一种有效的解决方案。甲醇重整制氢反应器表现出良好的性能。另外,甲醇水溶液制氢过程中,不仅会转化甲醇中的氢,也会释放水中的氢,使甲醇水溶液的制氢率达到 18%以上,其催化需要的热量全部来自发动机尾气余热,可显著提升系统综合能量利用率。该方法适用于化工园区供氢(中国陕西榆林煤制绿甲醇项目)、maritime 氢能(甲醇燃料船)。丹麦 Mærsk 集团甲醇动力集装箱船于 2025 年首航。中国内蒙古自治区也启动了百万吨级绿甲醇项目。Yin 等人探究了利用柴油机为甲醇水溶液汽化和重整制氢反应提供热量的船用余热回收利用系统,将甲醇重整制氢系统产生的富氢产物气经过冷凝干燥后储存在气罐中,并采用控制阀和进气管,调节进入柴油机气缸参与燃烧的氢气量,来改善排放特性。通过将氢气与柴油混合燃烧,不仅使尾气中 NO 质量分数减少了 2.95%～18.25%,还使系统燃油成本降低了 6%～10%。北京海得利兹新技术有限公司将小型化的甲醇制氢机应用到车用柴油发动机的混合燃烧上,制氢机可以实时在线调整制氢量,产生富氢可燃气体含量达到 95%,试验结果表明在高转速下减排达到 72.43%,低转速下减排达到 91.19%,节油量达到 15.7%。因此,以甲醇为氢载体,利用废气余热从甲醇水溶液中制氢,开发醇-氢一体化的高效动力系统是重要选择,开发的难点主要来源于两个方面:一方面是氢发动机技术目前还处于样机开发阶段,关键零部件的开发、系统的集成、整机的可靠性都有待进一步研发和验证;另一方面,甲醇水溶液裂解制氢所需的能量需要从排气中获取,这对醇-氢发动机的整机热管理提出了更高的要求,需要进行详细设计与研发。

氨(NH_3)作为氢能的良好载体,绿氨零碳,常压-33℃液化或加压储运,高温分解需铂、铑催化剂,分解产物无碳;适用于国际氢能贸易(澳大利亚→日本氨运输)、重工业燃料替换。日本 Kawasaki 重工氨燃料船计划于 2030 年商用。中国浙江石化建成万吨级绿氨示范项目。氨气可以通过高温催化裂解的方法在线生产氢气,在小流量工况下,可以实现氨气的 100% 转化。氨裂解所需的温度和能量是最大的难点,高效分解氨气制取氢气通常需要 400℃以上高温,这为氨裂解制氢带来了极大的困难;同时,氨裂解是吸热反应,在裂解过程中所需的能量较大,氢发动机的排气能量很难满足氨裂解所需的条件。因此,开发氨-氢发动机的难点在于氨裂解以及所需的氢流量之间的平衡。通过使用车载催化装置,氨-氢发动机系统可将一部分氨催化分解以实现氢的供应,利用这部分氢促进其余氨燃料的燃烧,从而实现仅储存单一氨燃料,而同时使用氨氢两种燃料。RYU 等利用 2%钌基催化剂来分解氨气制氢,利用尾气余热加热催化剂,如图 4-4 所示。分解氨气可以改善发动机性能,更适用于较小氨流量需求的工况,显著提高氨发动机功率,降低油耗,减少排放。Comotti 等使用商用钌基催化剂,并引入了电加热器,可在提供 1.4 Nm^3/h 的氢气供应,以及大流量氢气供应下使循环变动系数低于 3%,且达到与纯汽油工况相当的热效率。考虑到氨的分解是吸热反应,因此使用电加热维持催化剂温度需要大量耗能,且升温速度慢。

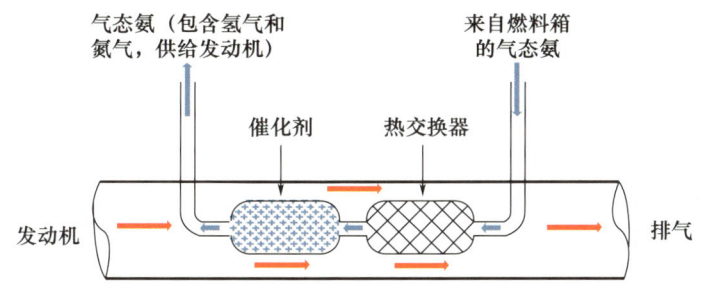

图 4-4 氨催化分解反应装置安装示意图

2. 车载供氢系统

氢发动机的供氢系统连接储罐与发动机喷射系统,向喷射器输送高压氢气,如图 4-5 所示。搭建车载氢发动机的供氢系统时,需要注意氢气的特殊性质,正确设计供氢系统可以显著增加整体安全性;同时供氢系统负责调节各个氢气喷射器的喷射压力,使氢发动机工作时各缸的氢气喷射量均匀；此外，供氢系统会降低由工作过程中产生的压力波动，保证氢气喷射系统的压力稳定，提升氢发动机工作稳定性。

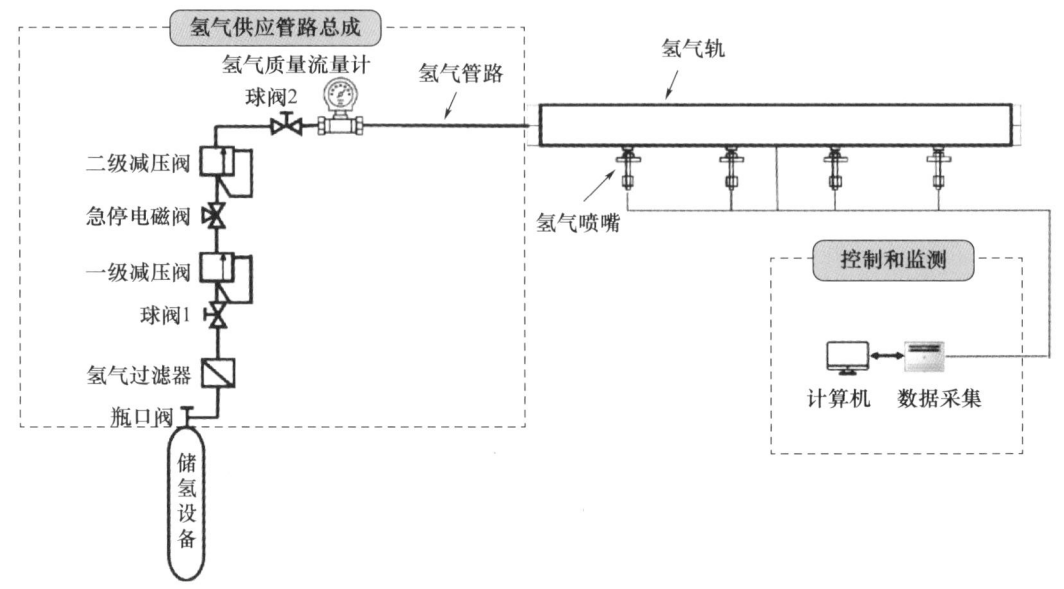

图 4-5　供氢系统示意图

氢发动机的供氢系统按照供氢压力的高低可分为两种供氢轨道。

（1）高压供氢轨道，即供氢的压力大于 5MPa 的供氢系统。氢发动机的高压供氢系统包括下列单体设备或装置：储氢容器、氢气管路、截止阀、一级减压阀、二级减压阀、氢轨、压力释放装置、监测装置和其他附属装置等。虽然目前部分质子膜燃料电池供氢系统中有采用内含产氢物质的制氢装置来作为燃料电池的储氢装置，但对于氢发动机而言，储氢容器一般还是选用储氢罐，储氢压力一般为 30~35MPa。两级减压管件总成主要包括两级减压阀、截止阀、压力释放装置和氢轨等。氢气通过两级减压阀，大幅降低压力后，经氢气管路输送至安装在发动机上的氢轨，最终使氢轨当中氢气积累到预设的压力并保持，为氢气喷嘴提供预设喷射压力的氢气。当监测装置检测到氢气管路中的氢气压力过高时，压力释放装置打开，以免大量氢气积累供氢管路中，造成安全隐患。高压供氢轨道系统适用于对喷射压力要求高的 DI 氢发动机和少数高喷射压力 PFI 氢发动机。

（2）低压供氢轨道，即供氢压力低于 5MPa 的供氢系统。氢发动机的低压供氢系统包括下列单体设备或装置：储氢容器、氢气管路、截止阀、一级减压阀、压力释放装置、监测装置和其他附属装置等。当储氢罐内气体压力相对较低时，为保证供氢系统为氢发动机提供足够的氢气流量，可以选用一级减压的方式来降低压力。由于采用低压供氢系统时，氢气喷嘴所需的喷射压力较低，因此低压供氢系统可在储氢容器剩余压力较低时,持续为氢发动机供氢轨道提供氢气,保证储氢容器内的氢气能被充分利用。该系统适用于对喷射压力要求较低的 PFI 氢发动机。

4.3 加氢站建设

加氢站在氢发动机产业中具有承上启下的作用,将上游制备、储运来的氢气通过压缩机增压储存在站内的高压容器中,再通过加氢机为氢发动机汽车加注氢气。因此,加氢站是氢发动机汽车产业化、商业化的重要基础设施。

4.3.1 加氢站类型

图 4-6 给出了加氢站分类方式,从不同的角度来看,加氢站有多种分类方法。

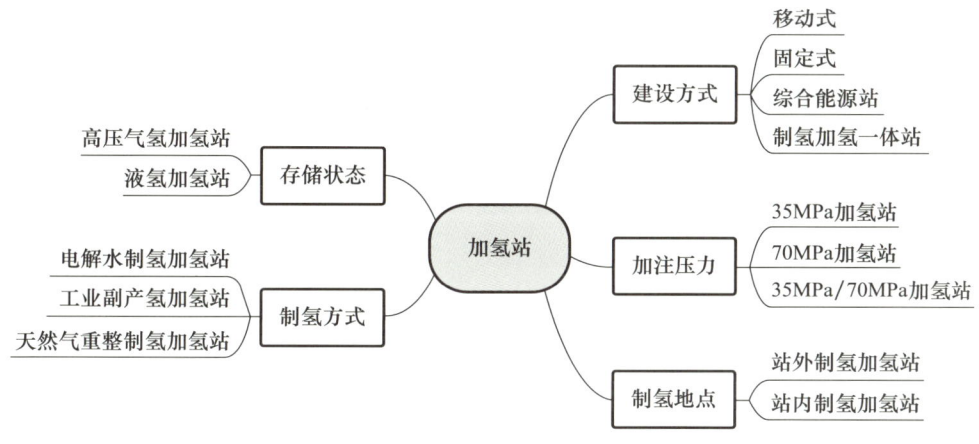

图 4-6 加氢站分类方式

根据氢气存储状态的不同,加氢站可以分为高压气氢加氢站和液氢加氢站。为适应规模化氢气加注,液氢加氢站具有储氢容量高等优势,发展也较为成熟。日本、美国等国家在液氢加氢站建设方面也处于领先地位,已实现商业化运营。由于液氢加氢站存在一定的技术难度,成本较高,国内已建成的加氢站还是以高压气氢加氢站为主。不过,国内液氢加氢站的探索已取得实质性进展:浙江石油虹光(樱花)综合供能服务站是全国首座投入商用的液氢加氢站,位于嘉兴平湖,配备 $14m^3$ 液氢储罐和 90MPa 高压储氢系统,每日加氢能力超 1000kg,已为当地氢能公交等商用车提供稳定服务;北京市首座商用液氢加氢站已于 2024 年 6 月开工建设,计划配备大容量液氢储罐及双加氢机,建成后可满足 300 辆氢燃料电池客车的日均加注需求,预计 2025 年投入运营;安徽阜阳市的液氢储运型气氢加注示范项目也在推进中,该项目聚焦液氢储运与气态加注的衔接,将探索液氢在区域氢能供应中的规模化应用路径。这些项目的落地与建设，标志着国内液氢加氢站从技术研发向商业化运营的逐步迈进。

高压气氢加氢站的主要技术装备包括氢气压缩机、储氢容器、加氢机、冷冻机、液氢泵与工艺控制系统等，如图 4-7 所示。

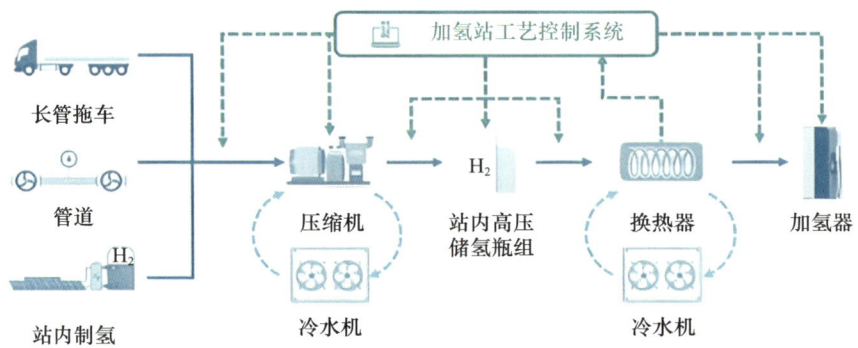

图 4-7　高压气态加氢站工艺配置图

根据加注压力的不同，加氢站可以分为 35MPa 加氢站、70MPa 加氢站和 35MPa/70MPa 加氢站。我国已建成的加氢站以 35MPa 加氢站居多，主要服务于目前主流的商用车和一些早期乘用车，设备成本相对较低。国外以 70MPa 为主，是国际乘用车的主流标准，续航里程更长，也适用于部分追求长续航的重型卡车，对压缩机、储氢瓶、加氢机、管路阀门等设备的耐压要求更高，成本也更高。35MPa/70MPa 双压力加氢站，同时具备 35MPa 和 70MPa 加注能力，可服务多种车型。

目前，加注压力以 35MPa 为主，向 70MPa 发展的趋势并不明显。表 4-9 给出了我国建成的 70MPa 加氢站，由于我国氢能示范应用以商用车为主，70MPa 加氢站建设较少，仅有 6 座且主要是服务乘用车加氢使用，还有不少加氢站预留了 70MPa 建设空间，因此，具备 70MPa 加注能力加氢站共约 45 座，占总数量的 10.2%。从已建成的 70MPa 加氢站来看，其加注量普遍较小，类型上撬装式占据了一半，建成时间也普遍偏早，只有为冬奥会投入使用的北京中石化公交玉泉营加氢站规模较大。这也反映了我国发展氢能汽车以商用车为主的现状，从趋势看，推广乘用车方向并不明显。

表 4-9　我国建成的 70MPa 加氢站

加氢站名称	建成时间	省/直辖市	类型	日加注量(kg)	加注压力(MPa)
同济—新源大连加氢站	2016.09	辽宁	固定式	200	70
上汽内部加氢站	2018.09	上海	撬装式	200	70
广州广汽丰田内部加氢站	2019	广东	撬装式	260	70

续表

加氢站名称	建成时间	省/直辖市	类型	日加注量（kg）	加注压力（MPa）
成都一汽丰田加氢站	2020.10	四川	固定式	500	70
北京中石化公交玉泉营加氢站	2021.9	北京	固定式	1500	70
琼海银丰70MPa撬装式加氢站	2023.03	海南	撬装式	500	70

站外制氢加氢站是氢气在站外集中生产，通过长管拖车、液氢槽车或管道运输等方式运到加氢站存储、加注。其技术成熟度高，是目前主流形式；站内工艺流程相对简单，可利用规模化生产的低成本氢气；缺点是依赖运输环节（运输成本和能耗），运输过程存在安全风险，需要较大的站内储氢容量以缓冲运输间隔。气氢外供站通过高压长管拖车运输气态氢。液氢外供站通过液氢槽车运输液态氢，站内需配备液氢储罐和汽化器。此种方式效率更高，更适用于大规模加注需求，但对储运设备要求极高。管道供氢站通过专用管道输送到站，成本最低，供应最稳定，但需要完善区域的氢气管网基础设施。

站内制氢加氢站是在加氢站现场利用外部输入的能源和原料直接生产氢气，经过纯化、压缩后存储和加注，省去了氢气运输环节，降低了运输成本和风险，可结合可再生能源实现绿氢制取，站内氢气供应更灵活、连续性好；缺点是站内工艺流程更复杂，占地面积可能更大，初始投资成本较高，制氢设备的可靠性、维护成本和安全性是挑战，需要考虑原料的稳定供应。

根据建设方式的不同，加氢站可以分为固定式加氢站、撬装式加氢站、综合能源站和制加氢一体站等。固定式加氢站是永久性建设的标准加氢站，功能最全，具有加注时间快速的特点，适合大规模加注。撬装式加氢站将整个加氢系统集成在集装箱式的撬块上，适合产业发展初期，加注量少、灵活性高，主要用于应急供氢、为偏远地区或特定活动提供临时服务。综合能源站是在现有加油站基础上增建加氢设施，可以提供油、LNG、氢、充电其中的两种及以上的加能服务，节约人力及土地资源成本。制加氢一体站是指制氢、储运氢、加氢在同一地点完成，可以规避高昂的运氢成本。

我国已建成的加注量1t/d以上（含）的加氢站共180座，占比40.7%。2024年加注量1t/d以上（含）的加氢站数量占比增至71.4%，2t/d以上（含）的加氢站占比提速。加氢站自2019年因氢能首次写入政府工作报告，大加注量加氢站占比增加明显，尽管近两年建成加氢站的增速减缓，但大加注量加氢站比例增加，基本形成了加注量在1t/d甚至更高加注量的趋势，满足中重卡等商用车加注需求。

4.3.2 全球加氢站基本情况

全球加氢站以高压气氢加氢站为主，液氢加氢站主要分布在美国和日本。截至

2024年年底，全球加氢站总数达1369座（含在建及规划项目超1680座），主要集中在亚太、欧洲和北美地区，其中亚太地区占比最高，达到64%，欧洲和北美分别占28%和8%。中、韩、日、德、法五国占全球总量79%，其中中国以36.1%的保有量居首。

中国、日本和韩国是亚太地区加氢站建设的主要推动者。图4-8给出了中国各省建成加氢站的情况。近两年加氢站建站增长趋势回落明显，一方面由于目前国家还没有出台统一的加氢站建设批复管理办法，各地差异较大，批建困难，审批手续繁琐，即使建成也需要较长时间审批才能对外运营；另一方面是车辆加氢未成规模效应，加氢站运营成本高、盈利难，导致建站热情回落。截至2024年，我国共建成加氢站442座，其中2024年建成的加氢站35座。

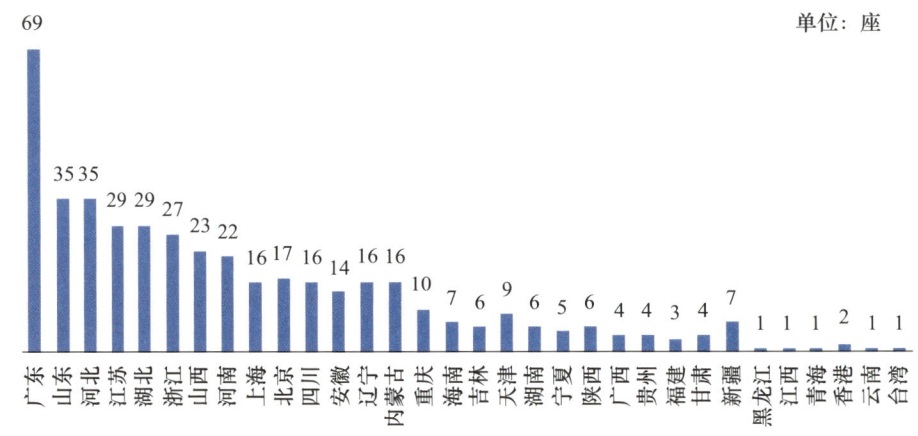

图4-8 我国建成加氢站情况

从各省份看，中国加氢站建设呈现多点开花的发展态势，在省级行政单位中仅西藏自治区没有建成加氢站，广东省以69座高居第一名，山东、河北、江苏、湖北、浙江、山西、河南等7个省在20座以上，上海、北京、四川、安徽、辽宁、内蒙古、重庆等7个省、直辖市、自治区在10～20座，其余省市在10座以下。

日本加氢站数量为180座，但近年来部分加氢站关停，关停的主要是移动式加氢站。韩国加氢站数量为180座，主要集中在客车领域。澳大利亚和新西兰共有11座加氢站投运。

德国是欧洲加氢站建设的领头羊，加氢站数量占欧洲总量的35%。法国近年来加速布局加氢站，特别是在巴黎奥运会等大型活动的推动下。英国、荷兰、瑞士等国家也在积极推进加氢站建设，但数量相对较少。德国、法国、波兰、挪威等国家规划及在建的加氢站超过10座。

美国加氢站主要集中在加利福尼亚州，占美国的75%以上，该州加氢站建设正在加速，特别是在中重型货车加氢设施方面。加拿大加氢站新增至18座，支持氢能应用的推广。

中东和非洲地区的加氢站部署相对有限，主要集中在以色列、阿联酋和沙特等国家。保加利亚、阿曼、新加坡等 7 个国家于 2024 年建成了首座加氢站，至此全球加氢站部署国家增至 41 个。

4.3.3 关键技术

1. 压缩机

压缩机作为加氢站内的核心装备，承担了氢气增压的作用，提高加氢站储氢效率，主要分为隔膜压缩机、液驱压缩机、离子压缩机、往复活塞压缩机和金属氢化物压缩机。

隔膜压缩机是靠隔膜在气缸中做往复运动来压缩和输送气体的往复压缩机，是一种特殊结构的容积式压缩机，是气体压缩领域中级别较好的压缩方式，这种压缩方式没有二次污染，对被压缩气体有非常好的保护作用，适用于 70MPa 高纯度场景，核心是膜片百万次级疲劳寿命和冷却设计。

液驱压缩机是由液压油作为驱动介质，通过驱动侧活塞带动气体加压活塞运动实现气体的吸入和推出。在气体侧缸筒上安装了单向阀，当活塞回程时因气体压力打开吸入侧单向阀，输出侧单向阀则处于关闭状态，实现吸气；当活塞推程时，吸入侧单向阀关闭，输出侧单向阀打开实现气体输出。其适合 35MPa 加氢站，缺点是效率较低。

离子压缩机的构造简单，相比普通压缩机的零件大大减少，因此维护方便，该产品目前仅在林德气体生产。目前在国外已用于部分天然气加气站和氢能供应站，最高排气压力可达到 90MPa 以上。压缩机是加氢站主要的能耗设备，在 12.5MPa 压力下，氢气流量为 530Nm^3/h 时增压至 45MPa，压缩机电机功率为 55kW。表 4-10 给出了隔膜压缩机、液驱压缩机和离子压缩机比较。

表 4-10 隔膜压缩机、液驱压缩机和离子压缩机比较

类型	隔膜压缩机	液驱压缩机	离子压缩机
优点	散热良好	频繁启停不受影响； 单机排气量较大	构造简单、维护方便； 能耗低
缺点	频繁启停会影响寿命； 单机排气量较小； 金属隔膜易发生氢脆问题	能耗大、工作温度高	价格较高

往复活塞压缩机是最为常见的压缩机类型，由于其适应性强，使用压力范围广、排量大等优点，被广泛用于各种工业领域，用于加氢站氢气压缩也同样能发挥其工况适应能力强的优势。传统往复活塞压缩机因为摩擦副耗损、泄漏，特别是氢气含油等

问题一直无法得到有效解决,导致其无法在加氢站直接应用。美国 Ariel 公司于 2022 年发布了应用于加氢站的立式往复活塞压缩机,其排气压力最高为 50MPa,在 2.5MPa 的进气工况下,流量可高达 2700Nm³/h。该压缩机通过采用氮气隔离腔方式,避免运动部件润滑油污染氢气。目前,国内往复活塞压缩机在加氢站中通常用在不高于 5MPa 的压缩工况下。类似高压产品正在研究中,但进度落后于国外,需要加大投入,避免在新型氢气高压增压设备领域与国外出现技术代差。

金属氢化物压缩机是利用金属氢化物材料的吸放氢特性进行氢气的压缩和储存,具有无运动部件、操作简便等优点,在反应体系中仅仅通过简单的传热和传质来吸收和解吸氢。目前,金属氢化物压缩机尚处于实验阶段,技术成熟度和成本效益尚需进一步提升。国外仅美国、日本、德国等极少数发达国家掌握这项技术,尚未实现商业化应用,国内该压缩机技术也在开发阶段。在 21 世纪初,浙江大学和北京有色金属研究院等单位利用某些合金的吸放氢特性,研究了 40MPa 级的氢压缩机样机。该压缩机的充氢压力在 100kg 以下,当升温到 45℃时,可以得到 45MPa 的氢压。

目前,国内加氢站采用隔膜压缩机居多,占比超 70%;日本 70% 左右的加氢站都采用液驱压缩机;欧美地区两者市场份额差不多。国产压缩机具有价格优势,且技术日益成熟,产品性能、寿命正逐步追赶进口产品,因此,国内新建加氢站以采用国产压缩机居多,但无论是隔膜压缩机还是液驱压缩机,部分核心零部件,例如内部的各种阀门、压力传感器等还需依赖进口。

2. 高压储氢系统

由于当前车载储氢系统还是以气态储氢为主,因此,无论是液氢加氢站还是气氢加氢站,都需配备高压储氢容器,一般采用低级(20~30MPa)、中级(30~40MPa)、高级(40~90MPa)三级压力进行存储。当需要加注氢气时,加氢机首先从低级储氢容器取氢,待低级储氢容器压力与车载高压气态储氢瓶压力达到平衡时,转由中级储氢容器供氢,之后以此类推。加注完成后,压缩机按照高、中、低级的顺序为三级储氢容器补充氢气,以待下一次的加注。该种分级存储方式有利于减少压缩机的功耗。国内 35MPa 级别加氢站常用长管拖车作为低压储气装置,其压力为 10~20MPa,站内使用储气罐组压力等级一般为 35~45MPa,加氢站会随使用时长降低使用压力以保证用气安全。

目前国内加氢站采用高压储氢瓶组居多。高压储氢容器分为两种,如图 4-9 所示。一种是高压气态储氢瓶组,采用一体化无缝钢瓶技术,最高压力可至 45MPa;单瓶的常用规格为 1000L 和 1500L,长度 8~11m,并视加注能力组成 6 瓶组或 9 瓶组。另一种是高压气态储氢罐,采用钢带错绕技术,最高压力为 98MPa,规格由 1000~7000L 不等。

(a) 高压气态储氢瓶组　　　　(b) 高压气态储氢罐

图 4-9　高压储氢容器

目前国内加氢站以日加注量 500kg 和 1000kg 两种为主，一般来说日加注量 500kg 的加氢站配置 9m³ 的储氢容器，1000kg 的加氢站配置 12m³ 或 15m³ 的储氢容器。

3. 加注和预冷系统

该系统同样是加氢站关键系统，其可靠性和性能决定了加氢站的加注可靠性和加注成功率。加氢机的主要功能是为氢发动机汽车的车载储氢瓶进行加注。加氢机原理与天然气加注装备原理类似，但由于氢气的加注压力达到 35MPa，高于天然气 25MPa 的加注压力，因此，加氢机的承压能力、防泄漏等安全性能需达到更高要求。对应车载储氢瓶 35MPa 和 70MPa，加氢机也有 35MPa 和 70MPa 两种规格。

加氢机的核心零部件是加氢枪、流量计、单向阀、控制阀和拉断阀等，其中，加氢枪因需要控制质量和体积，且结构复杂、密封性要求高、结构强度要求高等存在技术难点，主要依赖进口产品，尤其是德国 WEH。国内厚普股份虽具备加氢枪生产能力，但出于安全考虑，实际应用得并不多。朗安科技目前拥有 LA-HF16/25 型加氢枪，分别适用于多种车型，已处于量产阶段，供应给了国内多个加氢站。

高压快充过程会导致车载瓶内的氢气温度快速升高，为了避免快速加氢后车载储氢瓶内的氢气温度升至 85℃，在加注过程中需对氢气进行预冷。根据国际标准 ISO 11439 的规定，钢质或复合材料制成的储氢罐最高工作温度为 85℃，而铝合金制成的储氢罐最高工作温度为 65℃。如果超过这些温度，可能会导致储氢罐的性能下降或损坏。国际标准《轻型车高压气态氢气加注协议》（ISO J2601）对在不同预冷温度和环境温度下，氢气加注的升压率、终充压力等指标有严格的限定。根据美国能源部的要求，加注 5kg 或 6kg 压力为 70MPa 的氢气应该在 3～5min 内完成。在这种情况下，为了保证储罐内部温度不超过 85℃，需要将进入储罐的氢气预冷到 −40℃ 左右。目前，国内加氢站大部分都配置有快速加氢预冷系统，35MPa 加氢站预冷温度为 0～5℃。在多次加注数据统计中发现，在最大加氢流量达到 3kg/min，平均加氢流量达到 2kg/min 的情况下，车载储氢瓶内氢气温度在 45℃ 左右。

液氢系统在预冷环节具有天然优势，液氢汽化过程中可释放大量冷能（−253℃），通过冷能回收装置可将高压气态氢预冷至 −40℃ 以下，甚至低至 −70℃，能更高效地抑制 70MPa 高压快充时的温升问题，单枪加注流量可提升至 5kg/min 以上，且无需额外消耗大量能源用于预冷。部分液氢加氢站已实现"汽化—预冷—加注"一体化流程，将液氢冷能直接用于加注前的氢气降温，显著提升了高压加注的效率和稳定性。

4.4 氢能应用

4.4.1 氢燃料电池

燃料电池具有效率高、零排放的优点，引起国际社会和产业界的广泛关注。但其技术难度大、成本高、对基础设施依赖强，致使其在开发推广过程中进展缓慢。PEMFC 因为采用氢气作为燃料，相当于水电解逆装置。氢气在阳极发生氧化反应失去电子成为质子之后，通过质子交换膜到达阴极，电子由集流板流向外电路形成电流为负载供电。阴极端氧气通过气体扩散层后到达催化层，在催化剂的作用下分裂成两个单独的氧原子，得到从阳极传输来的电子成为带两个负电荷的氧离子，每个单独的氧离子与两个质子结合生成水，其中一部分从氧气的通道出口离开，另一部分被传输到了阳极端。质子交换膜燃料电池工作原理如图 4-10 所示。

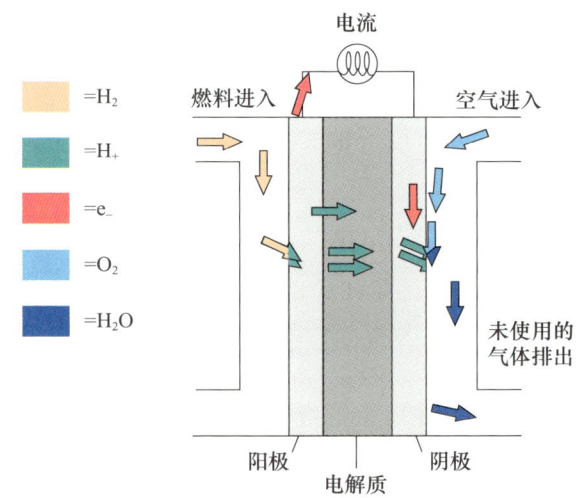

图 4-10 质子交换膜燃料电池工作原理示意图

质子交换膜燃料电池的两极反应及总反应方程式如式（4-1）～式（4-3）所示。

阳极反应：

$$H_2 \longrightarrow 2H^+ + 2e^- \tag{4-1}$$

阴极反应：

$$\frac{1}{2}O_2 + 2H^+ + 2e^- \longrightarrow H_2O \tag{4-2}$$

总反应：

$$H_2 + \frac{1}{2}O_2 \longrightarrow H_2O \tag{4-3}$$

质子交换膜燃料电池的工作过程分为四个步骤。

首先是物质传输，燃料电池在运行过程中需要不断地给其供给氢气和氧气，也就是反应物，反应物气体通过刻在双极板上的气体流道进行传输并均布在燃料电池气体扩散层的表面。反应物气体穿过气体扩散层到达催化层最后发生电化学反应。因为反应物在气体流道的对流传输中速度很快，而气体扩散层的扩散作用速度相对较慢，会使得在高电流密度时出现燃料耗尽不能及时供给的情况。而且，温度对反应物的活性、扩散作用速率会有影响，因此如何确定合适的温度使燃料电池能高效运行至关重要。

其次，反应物进行电化学反应。当反应物气体传输到电极层，此时电化学反应发生。燃料电池的电流密度与其反应速率成正相关，反应速率越快，电流就越大。为了得到高电流就需要提高电化学反应速率，因此需要更高效的催化剂以及更精准的温度控制。温度越高，电化学反应速率也就越快，合适的温度对高效的电化学反应过程起着非常大的促进作用。

随后，离子、电子进行转移。在反应物发生电化学反应时会有离子的产生与消耗，为了保证电荷的平衡，离子、电子需要进行传输。H^+通过质子交换膜从阳极传输到阴极，这一传输过程的阻抗较高，会有明显的电阻损耗从而使得燃料电池性能降低，而电子直接通过外电路传输，损失较小。因此，通过改变质子交换膜的厚度来提高其电导率能够有效地改善燃料电池的性能。

最后，生成物被排出。燃料电池的生成物为水（液态或气态），一部分生成的水用于补充膜的水含量，另一部分多余的水通过流场内的对流以及流道的输送被带走。

4.4.2 氢内燃机

氢内燃机是往复活塞式内燃机，是一种通过燃料在气缸内燃烧产生高温高压气体，推动活塞往复运动，最终将化学能转化为机械能的动力装置。四冲程内燃机通过活塞的四次运动（两次上行、两次下行）完成一个工作循环。四冲程内燃机广泛应用于汽车、船舶、发电机等领域。四冲程工作原理如图4-11所示，从左到右依次为进气、压缩、做功及排气冲程。

进气冲程：活塞下行从上止点向下止点运动，进气门开启，排气门关闭；气缸内形成负压，吸入空气（自然吸气）或增压后的混合气。压缩冲程：活塞上行从下止点返回上止点，进、排气门均关闭；混合气被压缩，温度和压力升高，为点火、燃烧做

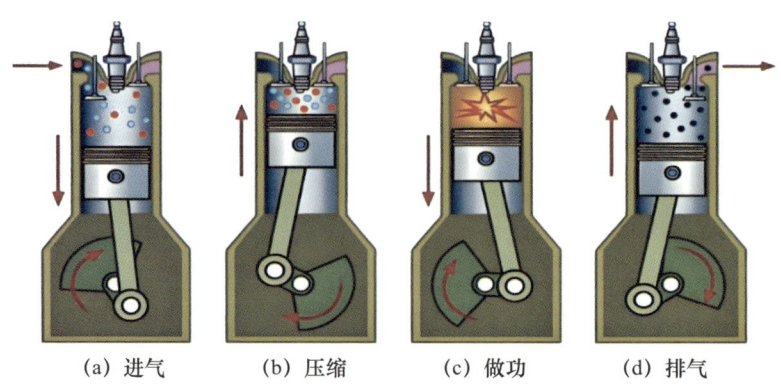

(a) 进气　　(b) 压缩　　(c) 做功　　(d) 排气

图 4-11　四冲程工作原理图

准备。做功冲程：活塞接近上止点时，火花塞点燃或压燃混合气；燃料剧烈燃烧，缸内温度快速升高，高温、高压气体推动活塞下行，通过连杆驱动曲轴旋转，输出动力。排气冲程：活塞上行从下止点返回上止点，排气门开启，进气门关闭；活塞将燃烧后的废气推出气缸，完成一个工作循环。

由于氢气物化性质的特殊性，在缸内的燃烧、传热特性都与点燃式的汽油、天然气等传统燃料有所不同。目前随着对氢内燃机性能研究的不断深入，提升氢内燃机的热效率、输出功率和排放性成为重要课题。氢内燃机在动力性方面丝毫不逊于传统的汽油机与柴油机，在近零排放条件下，只要能达到50%以上的有效热效率，就会成为氢能源有竞争力的动力装置。氢内燃机会成为现阶段迈向氢能源经济的现实途径。

氢内燃机与传统的内燃机工业之间，有一个天生纽带的联系关系。它不需要把传统内燃机的工业体系废掉，便可以实现氢的应用。这可能是内燃机工业界一个得天独厚的优势。另外，我们已经拥有很强大的工业基础和完备的零部件供应体系。所以，氢内燃机在这方面应该说还是有优势的。

参考文献

[1] 潘伟滔, 张玉, 周阳, 等. 氢气制备技术发展现状分析及展望 [J]. 煤气与热力, 2022, 42 (6): 67-74.

[2] 曹军文, 张文强, 李一枫, 等. 中国制氢技术的发展现状 [J]. 化学进展, 2021, 33 (12): 2215-2244.

[3] 张轩, 樊昕晔, 吴振宇, 等. 氢能供应链成本分析及建议 [J]. 化工进展, 2022, 41 (5): 2364-2371.

[4] 杜嘉利, 牛爱军, 赵苗苗, 等. 氢的储存与运输技术现状及可靠性分析 [J]. 焊管, 2022, 45 (9): 55-63+68.

[5] 王璐, 金之钧, 苏宇通. 新型固体储氢材料的研究进展 [J]. 石油学报（石油加工）, 2023, 39

(1)：229-239.

[6] 姚占辉，丁振森，王佳. 我国车用氢能产业发展现状分析及对策建议 [J]．汽车工业研究，2021 (4)：23-26.

[7] 熊亚林，许壮，王雪颖，等．我国加氢基础设施关键技术及发展趋势分析 [J]．储能科学与技术，2022.11（10）：3391-3400.

[8] 贾晓晗，任省栋. 加氢站压缩机发展现状与展望 [J]．压缩机技术，2023（4）：1-5.

[9] Zheng T，Hong L，Wei Z，et al. Review on equipment conf iguration and operation process optimization of hyd rogen refueling station [J]．International Journal of Hydrogen Energy，2022，47 (s)：3033-3053.

[10] Halder P，Stevanovic S，Zare A，et al. Advancements in hydrogen production, storage, distribution and refuelling for a sustainable transport sector: Hydrogen fuel cell vehicles [J]．International Journal of Hydrogen Energy，2024，52：973-1004.

[11] Maurer W，Justl M，Keuschnigg R. Improving hydrogen refueling stations to achieve minimum refueling costs for small bus fleets [J]．International Journal of Hydrogen Energy，2023，48（77）：29821-29834.

[12] Tian Z，Lv H，Zhou W，et al. Review on equipment configuration and operation process optimization of hydrogen refueling station [J]．International Journal of Hydrogen Energy，2022，47（5）：3033-3053.

[13] Caponi R，Ferrario AM，Zotto LD，et al. Hydrogen refueling stations and fuel cell buses four year operational analysis under real-world conditions [J]．International Journal of Hydrogen Energy，2023，48（54）：20957-20970.

[14] Chen LY，Wang ST，Zhu WX. Location and capacity planning of hydrogen refueling station in highway network based on hydrogen life cycle cost: Modeling, optimization and case verification [J]．International Journal of Hydrogen Energy，2025，139：606-620.

[15] Zhou J，Du PH，Liang GC，et al. Highway hydrogen refueling station siting considering hydrogen sources, transportation and station type [J]．Renewable Energy，2025，247.

[16] 张炜，王海华，房大任. 天然氢产业发展分析与展望 [J]．中国地质调查，2025，12（2）：20-29.

[17] 香橙会研究院. 中国燃料电池汽车产业发展白皮书（2025年）[R]．上海：上海氢多大数据科技有限公司，2025.

[18] 国家能源局. 中国氢能发展报告（2025）[R]．北京：国家能源局，2025.

5 氢发动机使用安全与评价

5.1 氢发动机使用安全

5.1.1 氢气安全特性

在常温常压下,氢气是一种无色无味无毒的气体。从氢安全的角度考虑,其具有以下四大特点。

(1) 易泄漏:氢分子直径小,与其他气体或液体燃料相比更容易从缝隙或孔隙中泄漏。

(2) 易扩散:氢气具有更大的浮力和更快的扩散性,氢的扩散系数是天然气的3.8倍,是汽油的12倍,泄漏的氢气会很快上升并向各个方向快速扩散,迅速降低浓度,有利于安全。

(3) 易燃、易爆性:氢气点火能量低,可燃范围(体积浓度在4%~75%)宽泛,燃烧速度快,很容易点燃并产生爆炸,故需将氢气浓度控制在4%以下。

(4) 氢脆影响:氢气与金属材料长期接触,使金属材料发生氢渗透现象,导致材料的机械性能发生退化,进而发生脆断;选择合适的材料,可以避免因氢脆产生的安全风险。

5.1.2 氢储运加安全

1. 高压气态储氢安全

高压气态储氢安全核心在于解决氢气高压存储中材料耐受性和泄漏防控等问题。目前,国际通行的解决方案主要围绕储氢容器材料选择、结构设计和智能监控体系开展研究来保障储氢安全。

储氢瓶的材料选择与结构设计是影响安全的重要因素。车载Ⅲ型和Ⅳ型储氢瓶通过复合材料结构突破传统钢瓶的氢脆限制。以Ⅳ型瓶为例,其内胆采用高密度聚乙烯材料,氢渗透率低,外壁由T800级碳纤维缠绕成型,抗拉强度高,可承受70MPa的工作压力。结构设计上优化应力分布,减少应力集中区域,并集成多层安全冗余设计,包括过压保护阀、热熔栓（温度超限时熔断泄压）及冗余传感器网络，进一步提高储氢瓶安全性能。

智能安全监测系统构成第二道防线。储氢装置需集成多参数传感器网络，实时监测压力、温度和氢气浓度。当压力骤升超过设定阈值时，电磁泄压阀可在短时间内响应释放；泄漏场景下，红外光谱探测器联动通风系统，监测空间氢气浓度是否始终低于爆炸下限 4%。

2. 低温液态储氢安全

低温液态储氢安全核心也需要解决材料选择和泄漏防控问题，不同点是低温液态储氢内胆材料需要较好的低温性能且能防止低温氢脆。目前低温液态储氢常用被动绝热技术，此技术存在夹层真空度丧失等失效风险，但可以通过规范化容器制作工艺、严格控制铁素体等从根源避免事故。设计上外罐采用较多层数的绝热材料和结构，既保证强度还可有效降低漏热量和比热流。储氢罐需要设置超压泄放装置，即安全阀或爆破片。针对罐体、低温阀门、管路、安全附件可能会出现泄漏或失效，实施定期检查和在线温度、压力和泄漏实时监测，来保障安全。

3. 长管拖车运氢安全

《氢气长管拖车安全使用技术规范》（T/CCGA 40003—2021）明确了充装、运输及卸气的技术和安全要求。长管拖车在设计与技术上采用了多重保障机制：核心储氢装置采用大容积钢质无缝气瓶，工作压力普遍为 20MPa，通过喷丸处理消除内外表面裂纹，并利用磁粉检测、内窥摄像等技术确保气瓶质量，并且没有任何裂纹状缺陷存在；安全附件方面，爆破片装置可快速泄放超压风险，防震型压力表与温度计实时监控运行参数，而装卸环节的联锁装置和导静电设计能有效防止管路拉断与静电引燃。长管拖车安装实时泄漏监测系统实现动态预警是必要的安全措施。车辆日常维护中，阀门密封性检查、管路泄漏测试及气瓶压力监控构成标准化流程。以上这些措施都确保了长管拖车运氢安全。

4. 加氢安全

在高压氢气加注过程中，车载氢瓶内氢气容易快速升温，存在安全隐患。为了实现氢气的安全快速加注，常采用氢气预冷、温升控制和分级优化加注策略相结合的方法，同时车载氢管理系统与加氢站通过红外信号实时通信，时刻监测加注过程中的各项参数。

氢气预冷：氢气加注会带来气瓶快速升温，自然冷却无法达到快速加注的目的，所以要先通过对氢气进行制冷，使气源温度达到 -40℃，再进行加注。

温升控制加注：即使进行氢气预冷，也不能保证大流量加注气瓶温度始终在安全限值以下，需要通过控制气瓶内的压力上升速度和氢气加注流量的方式控制气瓶温度。

分级加注：加氢机将按照控制程序，以从低压到高压的顺序依次供应氢气。

5.1.3 氢发动机安全

本节针对氢发动机的氢泄漏防控系统、曲轴箱通风系统、供氢系统安全要求等进行介绍。

1. 氢泄漏防控系统安全要求

相较于燃料电池，氢发动机运行环境更为恶劣，高温、高压和高速旋转往复活塞运动带来的振动，使氢气泄漏风险加大，尤其是在发动机曲轴箱内、油气分离口、氢气喷射系统、喷嘴与进气歧管或缸盖安装孔位置附近，因此氢泄漏防控是保障氢发动机安全最关键的系统。借鉴氢燃料电池近年来成熟可靠运行的安全经验，氢发动机也需要采用多传感器协同方法监测氢浓度、压力、温度；并设置多层监控防止氢气泄漏。因此要在氢发动机和气瓶仓上方、氢气喷射系统、喷嘴与发动机安装孔部位、曲轴箱内、油气分离口以及供氢阀门和管路上合理选取传感器布置点，并设置氢气监控报警系统和联动装置，设置分级报警和响应，必要时，可自动关闭电磁阀，切断供氢系统。在《氢燃料内燃机 通用技术条件》（GB/T 44723—2024）中要求控制系统应和应用端的氢泄漏报警装置联动控制：

（1）当氢发动机的应用空间上方氢气体积分数≥1%，并发出报警提示时，控制系统应采取保护策略以降低氢气的聚积，同时根据整车氢安全控制策略，触发内燃机车载自动诊断系统故障信号，采取限制转速及限制扭矩等安全措施。

（2）当氢发动机的应用空间上方氢气体积分数≥2%，并发出报警提示时，控制系统应根据整车氢安全控制策略关闭燃料供给，氢发动机停止燃料喷射并采取保护策略降低氢气的聚积。

2. 曲轴箱通风系统安全要求

曲轴箱通风系统在氢发动机中尤为重要。由于氢气分子小，在燃烧室的高温高压环境下，仅靠活塞环很难密封住氢气，容易窜入曲轴箱；而且氢的点火能量低，一旦进入曲轴箱容易引发燃烧爆炸，因此需要设计高效的曲轴箱通风系统，应带有主动强制闭式通风功能，防止氢气在曲轴箱内聚积，同时安装在发动机运转时能实时监测曲轴箱或其管路内是否发生氢泄漏和泄漏程度功能的氢浓度传感器，在气门盖上安装压力安全阀，当曲轴箱内压力突然升高时能够及时泄压，当泄压不及时使氢气浓度超过制造厂规定的限值时应及时采取报警或保护措施。

3. 供氢系统安全要求

供氢系统安全主要从预防与监控两方面着手。一方面通过优化布置设计和完整的安全辅助装置实施良好的预防；另一方面通过合理的布置各类传感器形成完善的监控，通力合作维护供氢系统的安全性。

氢发动机供氢系统与氢燃料电池几乎相同，主要区别在于供氢压力不同，二者主要由高压储氢瓶、加注口、单向阀、安全阀、溢流阀、减压阀、电磁阀、热溶栓、压力和温度传感器以及氢管路等零部件组成。从安全角度考虑，其不仅具备过温保护、低压报警、过压保护、过流保护等功能，还考虑到了氢气泄漏的控制等；其安全性也得到了氢燃料电池商用车近些年批量应用的验证。

但是不同于氢燃料电池的低温反应，氢发动机属于高温热机，因此供氢系统及管路布置设计，应与排气管保持足够距离，防止氢泄漏接触高温排气管从而引发着火燃烧；管路上可能泄漏氢气的出口应避开可能产生火花或电弧的零部件，避开温度高于氢气着火温度的高温表面；供氢管路布置应尽量远离发动机，应布置在发动机上方以利于氢气的快速扩散。

相比氢燃料电池，氢发动机运行中还存在振动，供氢系统还需要考虑振动对阀门和管路的安全影响。

5.2 氢泄漏检测与应急响应技术

5.2.1 氢气泄漏特性及风险分析

车载氢气储运和使用过程中的高压状态，会使氢气一旦泄漏，具有更强的扩散特性和更快的泄漏速度。在层流状态下，氢气的泄漏速率约为甲烷的 1.26 倍，而在高压下，氢气往往处于湍流状态，此时的泄漏速率约为甲烷的 2.83 倍。在车仓等受限空间内，泄漏的氢气易在局部聚积，快速形成危险的可燃性混合物，有引发火灾或爆炸的风险。阀门、管道等结构区密封件老化松动、制造工艺缺陷、机械磨损等不可抗因素，都可能导致高压氢气泄漏。另外，"氢脆现象"也会进一步增加泄漏的风险。因此，配备高灵敏度的泄漏监测系统并建立完善的应急响应机制，对于氢发动机安全非常重要。

5.2.2 氢气泄漏检测技术与设备

1. 氢发动机泄漏检测要求

由于内燃机的复杂机械结构和运行工况，氢发动机的氢气泄漏检测要求比燃料电池更严格。相较于燃料电池，氢发动机运行过程中涉及高温、高压环境和机械运动部件，这些因素使得氢气泄漏风险加大。氢发动机的泄漏风险主要集中在高压供氢系统与进气歧管、燃烧室动态密封组件、曲轴箱、排气系统连接部位以及供氢管路接口。其中，发动机运动部件（如活塞环、气门）的密封尤为关键，这些组件长期处于高温高压环境下，并且燃烧过程中会产生压力波动，材料的老化和机械磨损也会导致密封性下降，造成氢气泄漏，而移动部件可能改变泄漏点的位置，造成更大的风险。虽然运行环境为氢发动机泄漏带来了安全隐患，不过其不涉及高压直流供电系统，一定程度上降低了泄漏的氢气被高压电弧点燃的风险。另外，也要预防未燃氢气进入排气系统后发生危险。

因此，氢发动机的泄漏检测和应急方案制定十分必要，同时更具挑战性。在氢发动机车辆的安全系统设计中，必须要求泄漏检测系统具有更高的灵敏度、更短的响应时间和更优越的环境耐受性。

2. 氢气泄漏检测技术

内燃机氢气检测传感器需满足高灵敏度、抗干扰、快速响应的基本要求，且须具备快速恢复、抗震动、抗腐蚀的能力，以适应发动机的运行条件。

当前氢气泄漏检测技术按照检测手段，可以分为直接检测和间接检测两类。直接检测基本原理为利用氢气的物理特性进行检测，主要包括电化学传感器、催化传感器、热导传感器、光纤传感器等诸多类型。而间接检测技术则通过监测氢气泄漏引发的压力、温度、声波等物理量变化来判断氢气泄漏，如压电、热电、光敏和半导体材料等类型。

国内外诸多高校和企业对车载氢气传感器开展了广泛的研究，美国在热导率和催化传感器领域领先，日本凭借半导体传感器占据高灵敏度传感器市场，欧洲则在钯膜传感器领域领先其他地区和国家。我国氢气传感器产业近年来发展迅速，在热导率和半导体传感器领域已接近国际水平，但核心材料和精密工艺的缺陷制约着高端传感器的研发，高精度钯膜传感器仍依赖进口。车载氢气泄漏检测，尤其是氢发动机场景，对氢气传感器的要求是具备较宽的浓度检测范围和低浓度下快速响应以及更短的恢复时间，同时保持高精度和对潮湿环境和有毒物质的适应性，但是目前的传感器水平仍需进步。

各类传感器在检测范围、环境适应性、响应速度和成本等方面各具特点。热导率传感器根据不同浓度气体对应热导率不同的特性进行氢气检测，具有较好的工业前景。其适宜温度为 0~50℃，压力为 80~120kPa，检测氢气精度较高，响应时间低于 15s，同时具有不易中毒、成本低的优势。美国可再生能源实验室曾选用型号为 HLS-440P 的热导传感器进行燃料电池汽车的氢气泄漏检验。催化传感器依赖氢气与传感器表面氧气反应后释放的热量进行检测，其工作温度为 −20~70℃，压力为 70~130kPa，测量氢气体积分数范围<4%，响应时间低于 20s，具有坚固、耐用性好的优点，但传感

器体积通常较大。半导体传感器依赖氢气吸附在半导体金属氧化物表面，导致电阻率发生变化进行检测。其响应灵敏度较高，测量范围<2%，响应时间低于30s，但其对曝光度要求较高。钯（合金）膜传感器在检测方面具有优越的环境耐受性和检测精度，适用温度为25～500℃，适用压力达700kPa，最低氢气检测浓度可至0.1%，响应时间1～130s，但其易发生催化剂中毒，并且成本高，故适宜高温高压且对氢气检测灵敏度要求高的特殊场景。下面总结了一些氢气检测传感器的典型产品，见表5-1。

表 5-1 氢能源汽车的氢气检测传感器典型产品

产品型号	产品类型	检测范围（$\times 10^{-6}$）	响应时间（s）	工作温度（℃）	使用寿命（年）	价格（¥）
ECSense TB200B-ES1/ES4-H$_2$-1000 氢气传感器	电化学式	0～1000	T50<10 T90<30	−40～55	>3	500～700
RELATION PDM200 车规级氢气传感器	燃烧催化式	0～40000	<10	−40～85	10	>800
氢气浓度传感器 HNC-H$_2$-3C/3P	燃烧催化式	0～40000	<1.0	−40～85	清洁环境中 >2.28	700～1000
氢气传感器 FH$_2$-HY04	燃烧催化式	0～40000	<2	−40～85	—	—
HNB-H$_2$ 热导 氢气浓度传感器	热导式	0～200000	≤1.0	−20～60	>10	700～1000

3. 氢发动机泄漏检测系统设计

氢发动机汽车不同位置对氢气传感器的类型、数量及响应特性要求存在差异，传感器的选择布置需要考虑传感器成本、环境耐受性等因素。如在进气歧管和燃烧室密封处，除需满足检测灵敏度的要求，还要考虑高温高压环境和其他气体干扰等影响。因此，氢气传感器布置需紧密结合车载环境的特点。

（1）高风险区域划分与传感器选型

图 5-1 为典型氢燃料电池汽车氢气浓度传感器布置示意图。图中①为氢气储氢舱；②为乘客舱；③为前机舱；④为燃料电池舱。燃料电池汽车与氢发动机汽车的主要区别在于内燃机设备差异，因此传感器整体布局与燃料电池相似，可以为氢发动机汽车传感器布置策略提供参考。氢气易从管路接头与阀门连接处泄漏，可在接头周围布置电化学传感器或金属氧化物半导体传感器。燃烧室密封附近与曲轴箱空间对传感器种类要求较复杂，可以使用催化燃烧式传感器，通常需做热隔离等设计，密集

布置。储氢罐与高压管路也需密集布置，确保无盲区，沿管路方向可布置热导率传感器。

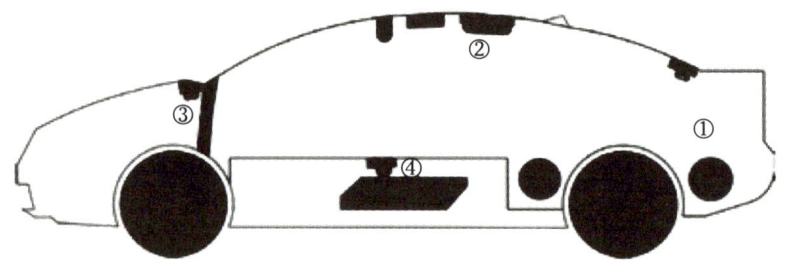

图 5-1　氢燃料电池汽车氢气浓度传感器布置示意图

（2）多传感器协同检测方法

在内燃机场景下，危险位置仅凭借单一的氢气浓度传感器检测，可靠性较低。多种传感器协同检测是危险气体泄漏检测常用的方法，如矿井中检测瓦斯泄漏等场景。

针对氢发动机汽车场景可以考虑以下几种传感器。

① 温度传感器：高压氢气泄漏伴随局部温度变化，可以布置高性能热电偶或红外测温仪辅助监测。

② 压力传感器：通过监测储氢罐压力突变情况，从而监测氢气泄漏并定位泄漏源。

③ 火焰/火花检测传感：布置紫外/红外火焰探测器，用于氢气泄漏后的早期燃烧预警。

5.2.3　氢气泄漏应急响应策略

随着氢燃料汽车的快速发展，提升其在氢气泄漏及火灾等事故场景下的应急响应能力已成为关键的研究方向。目前针对氢燃料电池汽车的泄漏事故应急响应策略已逐步建立，集中在泄漏风险评估、安全距离预测及救援策略等方面。氢发动机系统运行条件更加复杂，然而目前面向氢发动机制定的应急预案仍然十分有限。因此，在借鉴燃料电池汽车应急响应策略的基础上，有必要结合氢发动机特点，提出更具针对性和实用性的应急处置策略。

1. 分级预警应急响应策略

发生氢泄漏后，针对泄漏浓度的梯度变化，汽车系统可以采用分级预警机制以匹配不同风险等级，做出应急处理。

目前燃料电池汽车也采取了相似的应急策略，通过设置多级报警阈值识别氢气泄漏的危险等级，并采取相应的应急控制措施。例如当泄漏氢气体积分数浓度达到 0.4%～1% 时，系统发出一级报警信号，启动声光报警系统，提醒驾驶员和乘客注意氢气泄漏，应立即采取措施，如关闭氢气供应阀门、打开车窗通风，并疏散车内人员；

当氢气浓度超过 1% 时，系统发出二级报警信号，此时车辆会自动关闭部分氢气供应，自动调节发动机负荷，同时，系统发出提示驾驶员进一步检查泄漏源，并采取关闭主截止阀停止供应氢气等紧急处理措施；当氢气浓度达到 2% 时，系统发出三级报警信号，车辆会立即自动关闭所有氢气供应，启动紧急停机程序，并启动紧急通风系统或惰性气体喷射系统以稀释泄漏的氢气，驾驶员需迅速撤离至安全区域，并通知紧急处理人员到场处理。

2. 多系统联动应急响应机制

为实现更高效的安全防护，多系统联动协同响应机制快速应对氢气泄漏是必要的。例如当氢气泄漏检测模块触发报警时，动力系统、空调系统、应急处置系统和储氢管理等系统会协同工作，以保证汽车针对氢气泄漏快速做出响应。

整车控制系统在接收到泄漏信号后，向其他子系统发送指令，如动力系统将立即进行负荷调节或紧急停机；储氢管理系统则会切断相关电磁阀，防止氢气进一步泄漏；车辆通风系统将通过鼓风将氢气迅速排出车外；应急处置系统将根据泄漏情况喷射惰性气体或水雾稀释氢气。同时，电源和发电机在必要时自动切断，防止电火花引发火灾。在多系统联动控制中，同样可采用分级控制策略，当泄漏的氢气被排出后，优先启动关键的子系统，并在氢气泄漏问题解决后逐步开启非关键子系统。

3. 氢泄漏事故的防范预警

在氢发动机设计中，应优先选用能有效抑制氢脆的材料，以保障系统气密性与耐久性。储氢瓶、阀门、管路等关键部件应采用防爆设计，防止因碰撞或冲击引发泄漏。传感器等关键设备应具备冗余机制，确保氢气泄漏能被可靠检测并迅速响应。同时，应定期检查和维护氢系统，及时排除潜在风险，确保系统能长期稳定运行。另外，需要针对氢发动机汽车这一场景制定完备成熟的事故应急预案，对氢发动机车辆乘员与救援人员进行专项培训，以提升其在事故中的应对能力。

相比氢燃料电池汽车，氢发动机汽车对应急响应技术的需求更为迫切，然而目前相关技术发展相对滞后。未来应重点突破以下几个方向：一是研发适应复杂工况的高灵敏度、快速响应的氢气传感器，实现精确泄漏检测与快速定位；二是构建智能应急系统，通过自动预警与响应机制，提高处置效率与可靠性；三是加强车载人员与救援人员的应急处置技能培训。

5.3　氢安全管理体系

5.3.1　氢安全管理体系介绍

现代事故的致因理论表明，管理体系缺失为工业事故发生的根本原因，因此构建完备的氢安全管理体系是防范泄漏、爆炸等风险的核心保障。氢安全管理体系应能够令氢能行业相关从业及组织人员得到政策及高级管理人员的支持，进行危险辨识、风险评估及风险控制规划，按照职责分配、培训、应急准备、响应等客观需求进行有效实施和运作，并得以在安全管理体系内检查、纠正、管理以及持续改进。

在我国的氢安全体系中，由国家发展改革委负责全国氢能的规划、立项和实施，科技部负责氢相关国家重大项目及长远规划项目，住房城乡建设部决定氢能设施的建设，交通运输部负责规划、使用氢能交通工具，工业和信息化部负责相关生产工作，公安部负责消防及消除隐患相关工作，应急管理部负责处理事故，国家市场监督管理总局负责特种设备、氢能标准等认证工作。

5.3.2 氢安全管理体系构建

氢安全管理体系的构建适用于有意向建立、实施、保持和改进安全管理体系，所有类型和规模下从事氢发动机领域产品研发、生产、销售、运行的相关组织。该体系构建的目的是使相关领域内涉及的有关组织能够控制涉氢风险并持续改进。

该体系所提供的并非氢发动机相关领域及单位的特有要求，而是面向全部相关领域所提出的一种适用于氢发动机生产及产品运行的整体和通用方法。该体系同时可供从事氢发动机领域的组织在全部生命周期中使用，可以应用于所有级别的任何活动，并能够全部或部分地用于相关组织改进和优化安全管理。此外，从事氢燃料使用、置换、存储、压缩及充装、排放、氢能车辆运行、紧急情况处理、安全防护等相关组织在服务于涉及氢发动机产品的活动时，需明确安全管理体系的边界和适用性，进而确定适用范围。

面向氢发动机的氢安全管理体系实施，应确定国家、地方政府及相关企业、研究机构等的支持政策，持续关注受到氢发动机产品、产品应用影响的相关单位及民众，及时更新相关因素，进而明确适用相关体系的组织应当对这些因素信息所进行的持续关注和评价。同时，该管理体系确定从事氢发动机产品研发、生产、销售、运行、售后及辅助运行等环节的相关单位及人员、涉氢场地，以及氢运输、氢能车辆运行使用人员及影响人员、受到氢能布局及运用的公共场所及相关人员为该体系的相关方。其中，氢安全管理体系明确相关方的用氢安全需求及涉氢舆论安全需求，其中用氢安全管理内容将为后续的法律法规完善提供基础和借鉴，而用氢安全的评价将基于氢安全管理体系完成。

1. 氢安全管理体系基本要求

氢发动机领域相关组织应按照本节内容的要求建立、实施、保持和持续改进氢安全管理体系。同时，氢安全管理体系应与氢发动机领域相关组织的其他管理体系相融合。

相关组织应明确实施安全管理体系所需的全部过程，并确保该体系在整个组织中的应用。其中，组织应明确氢安全管理体系实施过程中的涉氢风险及安全防范要求，并在具体实施中明确全部过程的实施顺序及相互作用。相关组织需要结合实际研发、生产或运行需要，确定具体准则和方法并应用实施，以确保包括氢发动机及使用氢发动机的产品的研发、生产、静态测试、动态测试以及产品销售、路面运行等过程的有效运行和控制。

同时，相关组织应确定并核对氢安全管理体系实施过程中所需要的资源，并明确过程分配中的职责和权限，按照实际运行策划，确保有效实施体系及相关过程，同时对体系实施的过程及结果进行有效评价，这将利于安全管理体系的修订及变更，完成及时改进，确保氢安全管理体系实施后的预期成果。

同时，有关氢发动机、使用氢发动机的动力系统及用氢产品所涉及的具体安全方针应结合组织内涉氢及氢发动机项目的实际运行规模、运行频率、氢发动机及相关产品的生产及贮存、产品运输、产品使用等，结合该组织所处环境，建立、实施并保持氢安全管理体系安全方针，确保适用于涉氢相关组织的实际运行特性及安全风险特性，为安全目标提供框架支持。氢安全管理体系方针要求相关方进行多方协商参与，应明确将氢安全管理融入相关组织的氢发动机相关业务及活动，提供防止人员伤亡、健康损害、财产损失、环境破坏等安全保障，同时满足法律法规要求和其他要求，达到消除隐患、降低安全风险的实施目标，并进行持续改进。

2. 组织结构、职责和权限

从事氢发动机领域组织的最高管理者应明确氢安全管理体系内相关角色、职责及权限，并分配到组织内各层次，再予以沟通。组织内每一层次的工作人员均应承担其所控制部分的安全管理职责。必要时，最高管理者应确保建立、健全组织内全员安全责任制，并确保将安全职责和权限传递到组织内各层级。

相关组织的最高管理者应对安全管理体系及其安全绩效全面负责并承担责任，确保充分考虑氢发动机及相关产品产业的组织群体、用户群体及所涉及公共场所群体的安全需求和期望，必要时应支持在组织内建立和运行安全管理委员会或工作组。同时，管理者应结合所在场合的实际情况明确建立对应的安全方针及安全目标，内容则应与组织的运营方向及利益诉求一致，并确保安全管理体系要求融入组织业务过程之中。该管理者应充分进行沟通，以确定建立、实施、保持和改进安全管理体系所需的资源；确保氢安全管理体系实现其预期结果；支持和指导能够保持和增强氢安全管理体系的有效行为；促进安全绩效和氢安全管理体系的持续改进；支持和监督其他相关管理者在其职责范围内发挥领导作用；在组织内建立、引导和促进安全文化。最后，管理者及相关委员会、工作组应保护各种有利于安全保障的做法和行动，保护相关方不因报告隐患、违规行为、事件等而遭受报复，强化氢发动机安全领域涉及的重大危险源、重大安全风险、重大事故隐患以及新型风险的关注和控制。

相关组织人员应按照前述内容中的要求来建立、实施、保持和持续改进氢安全管理体系，并将安全体系应用于所有相关人员在开发、策划、实施、绩效评价和改进措施中的协商和参与过程。在全员参与方面，相关组织人员应为氢安全过程的协商、实施和参与提供必要的机制、时间、培训和资源，并及时提供氢安全管理相关信息的沟通渠道，确定并尽可能减少、消除妨碍参与的障碍或壁垒。

对非管理人员而言，相关组织应确定相关方的氢安全需求及实际期望，建立安全方针，分配职责与权限，确定满足法律法规要求及其他要求，制定安全目标并实现具体策划，制定安全相关的管理规定。同时，相关组织应强调非管理人员须参与涉氢安全机制的协商及制定，识别氢相关危险源、用氢隐患以及评价安全风险。此外，组织应确定非管理人员的能力需求及培训需求，参与培训效果评价，并组织安全文化建设，确定氢安全方面的沟通内容、沟通方式、氢发动机及相关产品、使用氢发动机的产品的静态及动态表现，包括氢泄漏、氢燃烧/爆炸、氢压力释放、氢腐蚀/氢脆、生理危害等（包括未提及的涉氢风险）确定控制措施，整理及提出有效的实施方法及应用，确定消除隐患的实际措施。同时，非管理人员应参与安全体系、安全措施的纠正及改进。

3. 风险应对

氢安全管理体系应包含氢发动机研发、生产、销售、产品运输、使用氢发动机的产品销售以及运行时，所涉及的用氢风险识别、分析及评价。

在对氢安全管理体系进行整体策划时，该领域相关组织应考虑所处环境、相关方所提及要求及所制定氢安全管理体系的范围，基于风险管理的原理来识别、分析和评价，并做出应对措施以满足法律法规要求。氢发动机领域的相关组织应保证安全管理体系的预期效果，对紧急情况做出积极的准备和响应，形成安全文化并持续改进。

氢发动机领域组织应结合具体涉氢形式、用氢方式、所处环境及舆论来识别的安全风险并予以评估，组织决策应考虑内外部相关方的实际需求及预期后果并进行相应的记录、传递和验证。其中，组织应考虑但不限于的危险源包括如下。

（1）常态和非常态的状况和活动。例如氢发动机动力系统及相关零部件的产品生产、产品测试，氢能车辆等设备、加氢站等基础设施、储氢及加氢过程、使用氢发动机的产品所处工作场所的物理环境等及其失效模式。应考虑将氢能应用在全生命周期中的活动、产品和服务纳入涉氢风险范围。

（2）组织内部或外部以往发生的相关事件（包括紧急情况）及其原因。其中，氢气在使用过程中的存储、泄漏、由于氢气物化性质引起的输运风险等，以及氢发动机运行中的燃烧异常等应结合具体事件形式和处理方法进行综合考虑。

（3）环境、人、文化以及其他内部或外部因素，包括相关组织控制之外的但能影响组织安全的因素。

（4）相关组织的管理架构与责任体系。

（5）涉氢项目人员的安全意识和能力，包括组织工作人员及可能受到组织影响的其他人员。

（6）从事氢发动机的有关部门及相关行业的运行、过程、活动和安全管理体系中实际的或拟定的变更。

（7）涉及信息、数据、知识的变更。

（8）涉氢企业、团体、用氢用户所面临的安全威胁、隐患及潜在紧急情况，以及新出现的风险征兆。

（9）涉氢相关方之间的相互依赖关系。

氢安全管理体系所覆盖的组织应及时对已识别出的风险进行分析和评价，确定所需应对的风险，同时快速确定合理、精准的风险管控措施。同时，相关组织应确定风险分析评估人员与负责人。必要时，风险事件应由最高管理者组织管理层自行评价或聘请专业第三方安全风险评价机构进行分析评价，而相关决策应策划应对风险的措施，评价这些措施的有效性，持续记录、传递和验证，并在其安全管理体系过程中或其他业务过程中将这些措施有效融入。同时在策划措施时，氢发动机相关组织应考虑可以承受或不可承受的风险数量和类型，并应考虑最佳实践、可选技术方案以及财务、运行和经营等要求。

4. 实际运行及体系评价

氢发动机领域受安全管理体系覆盖和监督的组织应在相关职能和层次上制定安全方针和目标，以保持和持续改进安全管理体系和安全绩效。

组织方面应综合考虑适用性和来自相关方的要求，在被监督、可沟通的环境下持续改进以形成文件化信息。同时，氢发动机领域相关组织应确定具体内容、所需资源及负责人员，明确完成时间与评价标准，制定实现安全目标的措施融入其业务过程的方式方法。

相关组织应通过建立过程准则，以及根据准则实施过程控制的方式对相关策划、实施和控制进行氢安全管理，并实施相关过程及内容融于组织的各项活动中，组织也应适时与其他相关组织协调安全管理体系的相关部分。同时，组织应对外部供应方提供的产品和/或服务过程进行控制,确保其符合组织内氢安全管理体系的要求。

氢发动机领域组织应基于对安全风险的识别、分析和评价结果,及时确定所需应对的涉氢风险,并制定和实施风险管控措施。其中,组织应按照下列控制层级来建立并实施用于降低安全风险的过程,并以文件形式保留和组织学习。

(1) 消除危险源(如氢泄漏、着火、压力释放等)。
(2) 用危险性低的过程、操作、材料或设备进行替代。
(3) 采用技术控制并重新组织活动。
(4) 采用管理控制措施,如涉氢安全培训等。
(5) 增强防护。

同时,相关组织应积极基于风险识别、分析和评价的结果,并对照相关法律法规要求(及其他要求)来识别并评价安全隐患信息。相关组织应及时制定隐患排查治理的方案计划,并实施和长期保持该过程。相关组织也应采取有效的治理措施,结合具体事件、不符合的情况和纠正措施进行执行。所建议的具体条例和参考如下。

(1) 建立响应机制、制定应急预案。
(2) 明确资源需求,并确保其处于随时可用状态。
(3) 提供相应培训。
(4) 定期开展应急预案演练,测试应急响应能力。
(5) 评价绩效,必要时(包括在测试之后,尤其是在紧急情况发生之后)修订应急预案。
(6) 与所有工作人员沟通明确其义务与职责,并提供有关信息。
(7) 与其他相关方沟通相关信息。
(8) 考虑所有涉氢相关方的需求和能力,相互确保具有应急方案,实现联动互助。

相关领域及有关部门在开展氢发动机相关的项目与活动时,应建立、实施和保持用于监视、测量、分析评价绩效的过程,确定安全管理体系的有效性并持续评价。同时,相关组织应确保监视和测量设备在适用时得到校准或验证,并被适当使用和维护,建立、实施和保持用于对法律法规要求(及其他要求)的合规性进行评价的过程,以及建立、实施和保持包括报告、调查和采取措施在内的过程。最后,相关组织应积极寻求改进的机会,采取必要措施,对安全管理体系的适宜性、充分性和有效性进行持续改进。

5.4 氢安全评价

5.4.1 氢安全评价涉及的主要环节

氢能的制取、储运与使用是氢发动机产业链的核心环节。在制取环节，需关注工艺可靠性与反应体系稳定性，防范因物质混合异常或能量失控引发的连锁风险；在储运过程，需解决介质与载体间的动态兼容性问题，平衡压力、温度等边界条件对材料性能的衰减效应。氢在发动机上的应用则涉及氢发动机本体以及储氢和供氢系统，发动机本体中包括氢喷射系统和点火系统，储氢系统主要由高压氢瓶、安全泄压装置、高压管路和阀件等部分组成，供氢系统主要由高压管路、调压阀和开关阀等组成。由文献汇总氢安全评价所涉及的主要环节见表5-2。

表5-2 氢安全评价涉及的相关环节

环节		对象	评价指标
制取	制氢设备	生产装备	密封性、紧急停机系统响应时间
		辅助系统	氢气纯度、氧气残留浓度
	工艺流程	氢气泄漏风险	泄漏率、在线监测覆盖率
		杂质与副产物控制	氧浓度报警阈值
	厂区布局	防爆分区划分	与明火源距离
		通风与排放	通风换气率
	应急措施	氢气泄漏自动切断系统	应急响应时间
		惰性气体吹扫装置	吹扫有效性
储运	存储系统	储氢容器	抗氢脆性能、密封性
		储氢站设计	储罐间距、防爆墙强度
	运输系统	交通运输	碰撞防护性、道路颠簸稳定性
		管道运输	材料氢脆敏感性、焊缝无损程度
	装卸操作	加注与装卸	加注速度、氢气预冷温度
		连接部件	密封性
	存储环境	日常环境	密封性、日蒸发率
		极端环境	高温蒸发率、抗震等级
使用	交通工具	氢燃料电池	电堆氢气尾排浓度、管路密封性能
		氢发动机	回火安全性、尾氢浓度、喷射系统氢泄漏
	工业用氢	反应器与管路	氧气杂质浓度、惰性气体吹扫系统有效性
		燃烧设备	回火防止器响应时间
	加氢站终端	加氢机安全	加注精度
		用户操作风险	防误触程度

续表

环节	对象		评价指标
使用	特殊场景	密闭空间用氢	氢浓度
		分布式能源	户内泄漏氢浓度报警阈值
共性安全评价	材料兼容性		金属材料氢脆测特性、密封材料溶胀率
	检测与预警		传感器布局密度、数据可靠性
	安全管理体系		人员培训效果、文档追溯性

5.4.2 氢安全评估方法

氢能安全风险评估主要分为定性风险评价和定量风险评价。定性风险评价（qualitative risk assessment）是一种非数值化方法，用于评估风险的性质和严重性，常用于风险识别、分类、排序及提出预防措施。该方法已在化工领域被广泛应用，并随着氢能产业的发展，在氢能系统中得到更多应用。定量风险评价（quantitative risk assessment）则是一种量化的管理技术，已在核电、石油、天然气及航空航天领域长期应用。21 世纪初以来，定量风险评价方法逐渐被引入氢能行业，并用于支持氢能基础设施标准和规范的制定。

1. 定性风险评价

定性风险评价方法主要有危险和可操作性（Hazard and Operability Study，HAZOP）分析方法、失效模式和影响分析（Failure Mode and Effects Analysis，FMEA）方法、故障树分析（Fault Tree Analysis，FTA）方法和事件树分析（Event Tree Analysis，ETA）方法。

FMEA 是一种在开发阶段常用的方法，用于识别产品或流程中可能的风险和失效点。它侧重于分析系统所有可能的失效模式、原因、潜在后果及其影响程度，并通过计算风险优先数（risk priority number，RPN）来评估风险程度，为风险管理提供依据。RPN 是故障模式的发生率（occurrence）、检测率（detectability）和严重性（severity）三者的乘积。然而，FMEA 评估过程中存在一定的模糊性和随机性。近年来，研究人员通过考虑系统级故障和复杂交互作用的影响来改进 FMEA，并将其与 HAZOP 分析、安全屏障图等风险评估工具联合使用（图 5-2），以提高风险评估的全面性和准确性。

2. 定量风险评价

在定量风险评价分析中，后果以可观察的数量表示，如死亡人数或修复费用；概率项则反映分析者对预测结果的不确定性，包括不同场景的频率和后果范围。对于气态氢泄漏，第 i 个后果的发生概率涉及泄漏扩散概率、点火概率以及点火类型概率。泄漏可能导致多种后果，如未点燃氢气扩散、喷射火、闪火或爆炸。其中，喷射火和爆

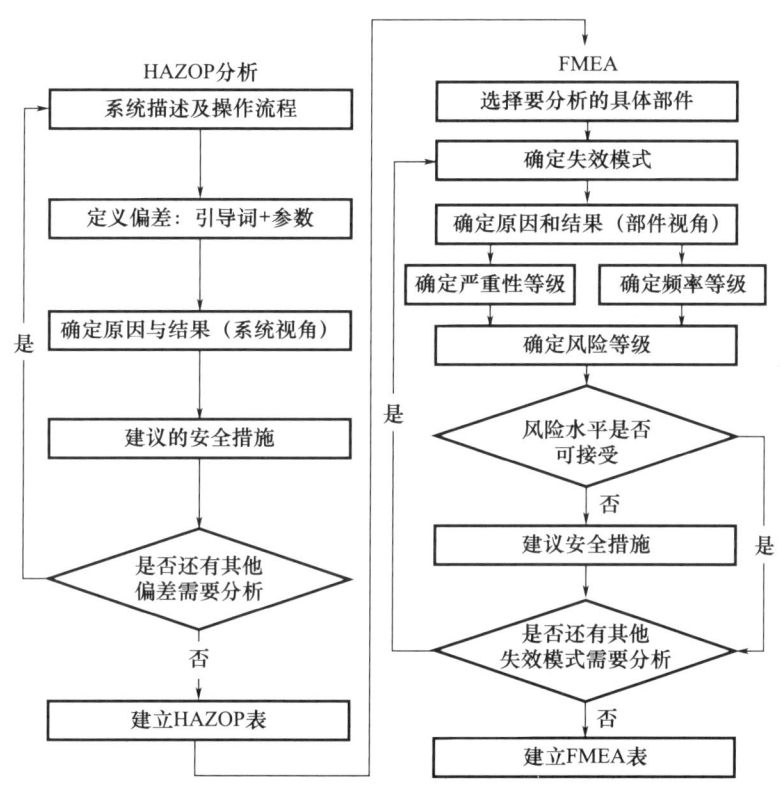

图 5-2 HAZOP 与 FMEA 结合使用示例

炸超压的后果可通过理论模型和 CFD（流体力学）模拟计算，而氢气泄漏扩散过程可用时间序列图描述。具体计算如式（5-1）所示。

$$f_{后果} = f(GH_2 泄漏扩散) \times P(隔离) \times [P(点火类型) \times P(点火效应)]$$
(5-1)

式中：$f(GH_2 泄漏扩散)$——气态氢泄漏扩散的年概率；

$P(隔离)$——点火前泄漏探测和隔离的概率；

$P(点火类型)$——包括立刻点火和延时点火的概率，若是不点火，则为 1；

$P(点火效应)$——如果出现延时点火，是热效应或超压效应的概率，否则为 1。

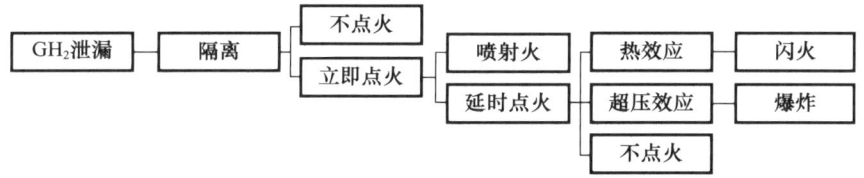

图 5-3 GH_2 泄漏事件后果图

5.4.3 氢安全测试评价

1. 氢安全测试评价体系

氢能汽车安全技术评价体系以全生命周期风险防控为核心,通过多维技术标准法规构建系统性安全保障框架。该体系整合了氢能设施设计规范、安全要求、关键部件性能测试、运行风险管控等环节,形成覆盖"制—储—运—加—用"全链条的标准化架构,具体技术规范涉及基础安全规范,储运系统专项标准,加注与接口安全和整车安全集成。这套氢安全评测体系已经应用于氢燃料电池车辆批量示范运行,得到了充分地验证,保障了运营氢能车辆的安全。氢发动机与燃料电池在氢能基础端的制、储、运、加是共用的,其安全评测体系可以完全借鉴燃料电池已有的规范、标准和评测体系。具体到使用端氢发动机,则需要尽快建立一整套关于氢发动机的规范和标准体系来支撑氢发动机的安全评测。

2. 氢发动机试验场所安全评测

涉氢实验室安全管理需构建覆盖建筑防护、设备配置、系统联动及操作管理的全流程防护体系。实验室主体建筑须严格遵循建筑类规范相应要求设计,采用泄爆屋顶与防爆墙体实现危险区域物理隔离,配套门禁系统强化分区管控。所有涉氢区域应全域铺设防静电地面,设置静电导除装置,并对管路系统实施防静电接地处理。安全监测方面需实现氢气浓度探测全覆盖,在易泄漏部位安装传感器,与排风、供氢切断及报警系统形成联动响应机制,当氢气浓度$\geq 1\%$时自动触发报警并切断气源,同时集成超转速、冷却液超温等多参数异常监控功能。

供氢系统需设置阻火器与双模式(手动/自动)紧急切断阀,放空管出口须高出释放源$0.5\sim 2m$,且留有$0.3m$的净空。从储氢容器至用气设备端需配置三级阀门保护(主管切断阀、紧急切断阀、加氢切断阀)、吹扫放空装置及防泄漏软管。所有涉氢设备须符合防爆认证要求,仪表阀门需达到IP65以上密封等级,关键操作节点设置防静电标识。系统需配置独立的氮气吹扫装置,吹扫口前安装止回阀与切断阀,并确保氮气含氧量$\leq 0.5\%$。

日常操作须严格执行双人作业制度,每2h进行氢气浓度巡检,实施"双确认"安全核查程序。维护方面应定期使用中性皂液或便携检测仪开展密封性测试,每月校验阀门性能,每季度对安全联锁装置进行校准。消防系统需配备七氟丙烷气体自动灭火装置及辅助灭火器材,形成立体化安全防护网络,通过预防—监测—控制—处置的全链条管理保障实验室安全。

3. 氢发动机安全评价

氢气在化工和冶金等领域的应用历史悠久,相应的安全评价体系比较成熟。氢气用于燃料电池汽车等领域得到了广泛实践,类似加氢站的加注领域的安全评价体系也越来越成熟,这些可作为氢发动机未来发展的借鉴与参考。氢发动机与氢燃料电池对储氢和供氢系统的安全要求基本相同,因此该部分的氢安全评价可借鉴氢燃料电池领域相对成熟的评价方法和体系。发动机本体与燃料电池则存在一些不同之处,例如氢发动机中可能会出现回火、爆燃和氢喷射系统密封不严等问题,所以针对发动机本体的氢安全评价则有待后续研究开展。

氢发动机应用安全和氢储运供安全经过多年的研究和发展,安全技术和标准规范日趋成熟,已经在本体安全设计、系统安全要求与防护、智能安全监测系统、安全风险评估与评测、日常维护与安全管理等方面形成了一整套全方位安全体系,保障了氢发动机使用安全性。借鉴氢燃料电池近年来长时间批量可靠运行的安全经验,氢发动机的运行和发展将会得到非常全面的安全保障。作为新型绿色动力装置,氢发动机安全性已然可以支撑氢发动机产业的规模发展。

参考文献

[1] 徐硕余,余碧莹. 中国氢能技术发展现状与未来展望[J]. 北京理工大学学报(社会科学版),2021,23(6):1-12.

[2] 赵杰、杨凯、王伟,等. 氢安全技术及其应用[M]. 北京:中国石化出版社,2023.

[3] Wu E, Zhao Y, Zhao B, et al. Fatigue life prediction and verification of high-pressure hydrogen storage vessel [J]. International Journal of Hydrogen Energy, 2021, 46 (59): 30412-30422.

[4] Barthelemy H, Weber M, Barbier F. Hydrogen storage: Recent improvements and industrial perspectives [J]. International Journal of Hydrogen Energy, 2017, 42 (11): 7254-7262.

[5] ISO 14687-2: 2019. Hydrogen fuel—Product specification—Part 2: Proton exchange membrane (PEM) fuel cell applications for road vehicles [S]. Geneva: International Organization for Standardization, 2019.

[6] Jrissen L. Fuels-Introduction Hydrogen Global Transport [J]. Encyclopedia of Electrochemical Power Sources (Second Edition), 2025, 6: 171-183.

[7] 中国第一汽车集团有限公司,北京理工大学,上海机动车检测认证技术研究中心有限公司,等. 氢燃料内燃机 通用技术条件[S]. 北京:中国标准出版社,2017.

[8] 李劲松,吴涛阳,吴春玲,等. 氢燃料内燃机试验室安全风险分析及防治措施研究[J]. 内燃机,2024,40(3):13-18.

[9] 张立芳. 车载供氢系统关键参数研究[J]. 中国特种设备安全,2008,24(03):12-15.

[10] 曹冬惠,杜冬梅,何青. 氢储能安全及其检测技术综述[J]. 发电技术,2023,44(4):431-442.

[11] Buttner W, Post M, Burgess R, et al. Steering Committee Progress Report on Hydrogen Sensor Performance Testing and Evaluation under the Memorandum of Agreement between NREL,

U. S. DOE and JRC-IET, EC [J]. Office of Scientific & Technical Information Technical Reports, 2018.

[12] 李楚灏, 刘佳. 燃料电池汽车氢泄漏检测探究 [J]. 时代汽车, 2023, (06): 96-98.

[13] Sharma M, Maity T. Smart and Fault-Tolerant Multisensor Fusion Model for UCM Methane Hazard Monitoring Based on Belief Divergence Backed DS Filter and Hybrid CNN-LSTM Classifier [J]. IEEE Internet of Things Journal, 2024, 11 (2): 3264-3273.

[14] Vorwerk P, Kelleter J, Müller S, et al. Classification in Early Fire Detection Using Multi-Sensor Nodes—A Transfer Learning Approach [J]. Sensors, 2024, 24 (5): 18.

[15] 刘艳秋, 张志芸, 张晓瑞, 等. 氢燃料电池汽车氢系统安全防控分析 [J]. 客车技术与研究, 2017, 39 (6): 13-16.

[16] 黄兴, 丁天威, 赵洪辉, 等. 车用燃料电池系统氢安全控制综述 [J]. 汽车文摘, 2019, (4): 6-10.

[17] Barilo N F, Hamilton J J, Weiner S C. First responder training: Supporting commercialization of hydrogen and fuel cell technologies [J]. International journal of hydrogen energy, 2017, 42 (11): 7536-7541.

[18] 中国特种设备检测研究院, 中国地质大学（北京）, 清华大学, 等. GB/T 43500—2023 安全管理体系 要求 [S]. 北京: 中国标准出版社, 2023.

[19] 周斌, 黄国良, 张海涛. LNG 加注船作业定性风险评估方法适用性研究 [J]. 船舶物资与市场, 2020 (10): 82-84.

[20] 史海亮, 阳佳旺, 张贵元. 基于 SAFETI 的成品油管道高后果区定量风险评价 [J]. 石油工业技术监督, 2025, 41 (3): 42-47.

[21] 董玉华, 高惠临, 周敬恩, 等, 长输管道定量风险评价方法研究 [J]. 油气储运, 2001, 20 (8): 5-8+58-3.

[22] 李志勇, 潘相敏, 马建新. 加氢站氢气事故后果量化评价 [J]. 同济大学学报（自然科学版）, 2012, 40 (2): 286-291.

[23] 谢沐霖. 氢能汽车安全评价体系及典型场景事故后果研究 [D]. 广州华南理工大学, 2023.

[24] 邱星慧, 杨东岳, 杜玉峰. 基于 FTA 和 ETA 的有轨电车风险分析方法研究 [J]. 科技风, 2024 (26): 160-162.

[25] 程建华, 顾建. 基于 HAZOP 偏差分析方法对轮胎制造工厂炼胶工序的火灾隐患排查及对策研究 [J]. 橡塑技术与装备, 2025, 51 (4): 65-68.

[26] 王亮, 罗洋, 张自欣, 等. 基于改进 FMEA 方法的突发事件主要特征分析 [J]. 中国安全生产科学技术, 2025, 21 (3): 50-57.

[27] Kikukawa S, Mitsuhashi H, Miyake A. Risk assessment for liquid hydrogen fueling stations [J]. International Journal of Hydrogen Energy, 2009, 34 (02): 1135-1141.

[28] Suzuki T, Izato Y I, Miyake A. Identification of accident scenarios caused by internal factors using HAZOP to assess an organic hydride hydrogen refueling station involving methylcyclohexane [J].

Journal of Loss Prevention in the Process Industries，2021，71：104479.

[29] Hader H，Negrou B，Ayuso T G，et al. Preliminary hazard identification for risk assessment on a complex system for hydrogen production [J]. International Journal of Hydrogen Energy，2020，45（20）：11855-11865.

[30] Ehrhart B D，Harris S R，Blaylock M L，et al. Risk assessment and ventilation modeling for hydrogen releases in vehicle repair garages [J]. International Journal of Hydrogen Energy，2021，46（23）：12429-12438.

[31] 张嘉欣，姜雅宁，孔祥领，等. 氢安全风险评价技术发展现状与展望 [J]. 前瞻科技，2024，3（4）：91-104.

[32] 戴海峰，裴冯来，郝冬，等. 燃料电池电动汽车安全指南 [M]. 北京：机械工业出版社，2020.

[33] 潘相敏. 加氢站技术规范与安全管理 [M]. 北京：机械工业出版社，2023.

[34] DB 13/T 5756—2023 涉氢实验室安全管理规范 [S]. 河北：河北省市场监督管理局，2023.

6 氢发动机应用前景展望及发展建议

6.1 未来重大需求与技术关键点分析

面对"双碳"目标的时代使命与国家能源安全的战略需求，氢能作为连接可再生能源与终端深度脱碳的关键二次能源，其重要地位日益凸显。我国已将氢能及氢内燃机纳入国家能源战略核心。《氢能产业标准体系建设指南（2023版）》及工业和信息化部后续文件明确了氢内燃机等氢能动力装置在氢能产业链中的支柱地位，并明确要加速其标准化进程。展望未来，氢发动机作为"新质生产力"的杰出代表，将在构建新型能源体系、推动产业绿色低碳转型中扮演不可替代的角色。预计至2035年，氢发动机将实现大规模商业化应用，成为氢能利用的核心路径之一，与电动化、传统清洁燃料技术形成多元互补、协同发展的格局，为"双碳"目标提供坚实支撑；2040—2050年，依托风光绿氢的大规模供给和氢发动机技术的持续突破，有望在交通、能源、工业等多领域成为主力脱碳技术，引领零碳未来。

综合前五章的论述，未来氢发动机的重大需求主要包括国家战略需求、产业升级需求和应用场景需求。

1. 国家战略需求

氢发动机可实现国家对传统能源动力领域"双碳"目标的刚性约束，降低油气对外依存度，保障国家能源安全。氢发动机可进一步支撑构建以新能源为主体、绿电制氢为基础的大规模长时储能为支撑的新型电力系统。

2. 产业升级需求

大力发展氢发动机可有力支撑中国庞大的发动机产业从化石能源向绿色低碳能源转型，以最低的社会成本培育绿色"新质生产力"，提升绿色高端装备制造竞争力。

3. 应用场景需求

（1）能源领域：氢发动机发电通过提供分布式、可移动、高可靠性的备用/主力电源，实现离网/微网零碳供能，可实现平抑风电、光伏发电等可再生能源的波动性。

（2）交通领域：氢发动机可支撑长途重载货运、远洋/内河船舶、支线航空等难以电气化场景的领域实现深度脱碳。

（3）工业领域：氢发动机可为高耗能、高排放的数据中心需要备用电源的钢铁、化工辅助动力等工业设施提供零碳动力解决方案。

为满足上述重大需求，需要解决的技术关键难点与卡点包括以下几个方面，如图 6-1 所示。

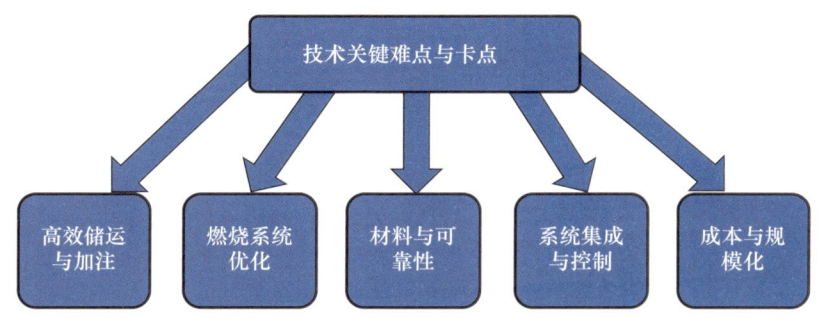

图 6-1 氢发动机的技术关键难点与卡点

1. 高效储运与加注

高密度、低成本、高安全的车载/船载储氢技术（尤其是 70MPa Ⅳ 型瓶规模化、液氢、有机液态储氢、金属储氢应用）；高效、低成本的氢气输运与加氢站网络建设（加氢枪、压缩机、站控系统成本与可靠性）。

2. 燃烧系统优化

超高热效率、超低氮氧化物排放燃烧技术；有效抑制早燃/爆震的控制策略；高可靠性、长寿命高压氢气直喷系统。

3. 材料与可靠性

抗氢脆关键材料（气门、座圈、活塞环、轴承等）；专用低灰分、抗氢稀释润滑油开发；主动曲轴箱通风系统（解决机油乳化、氢泄漏风险）的性能与成本优化。

4. 系统集成与控制

大功率系统集成与热管理；复杂工况下（船舶、发电）高效稳定运行控制策略；与混合动力系统的深度集成优化。

5. 成本与规模化

通过核心零部件国产化实现零部件降本，并通过提高氢发动机的规模化水平不断提高氢发动机的全生命周期成本竞争力。

6.2 氢发动机市场潜力与增长点

《氢能产业发展中长期规划（2021—2035）》指出，"2035 年形成氢能产业体系，构建涵盖交通、储能、工业等领域的多元氢能应用生态"。氢能源将为各行业实现脱碳提供重要路径。目前，氢能的成本较高，使用范围较窄，其应用尚处于起步阶段，主要应用在工业领域和交通领域中，在建筑、发电和发热等领域仍然处于探索阶段。根据中国氢能联盟预测，到 2060 年，工业领域和交通领域氢气使用量分别占比 60% 和 31%，电力领域和建筑领域占比分别为 5% 和 4%。交通领域是目前氢能应用相对成熟的领域，并且随着技术的快速发展，以及氢发动机相对于氢燃料电池在成本和燃料适应性方面的优势，氢能有望在商用车、乘用车、船舶、发电、航空等领域取得独特优势，塑造未来零碳能源格局。

6.2.1 交通运输领域的应用前景

1. 重型商用车

重型货运对动力性、可靠性和经济性要求严苛。氢发动机凭借高功率输出、快速加注、超长续航、近零碳排放及深厚的技术积淀，成为长途重载运输深度脱碳的核心解决方案。随着绿氢规模化生产降本与政策加码，其经济性将持续优化。成本分析显示，纯氢发动机路线有望在 2025 年前后与柴油车成本持平，燃料电池路线则需至 2030 年后方具经济优势；纯电与插混在特定阶段具备竞争力，但受限于电池质量、充电时间及低温性能，其在长途重载领域的长期优势将弱于氢能路线。预计 2030 年前以柴油/天然气为主，氢发动机为辅（目标：累计推广量达 5 万台，主要用于示范线路和特定场景）；2030—2040 年预计实现多技术路线并存，氢发动机的份额快速提升（目标：年销量占比达 30%，累计推广量超 50 万台）；2040 年后，氢发动机与燃料电池将主导市场（目标：氢发动机年销量占比超 50%，成为主力技术路线之一），辅以少量天然气/柴油。氢发动机尤其契合重型公路运输场景的严苛需求，是支撑物流体系绿色转型的新质生产力。

2. 乘用车及轻型商用车

相比汽油机，氢气具有显著能量密度优势，燃烧效率更高，同等燃料质量下续航里程更优，冷启动性能卓越，且可实现近零碳排放。虽当前受储运技术及关键部件（如高压直喷喷嘴）可靠性制约，尚未大规模应用，但其技术潜力与市场空间巨大，是未来多元化清洁乘用车技术路线的重要组成部分。在短期内，乘用车和轻型商用车氢发动机将处于技术储备和特定场景探索阶段，储氢成本大幅下降和基础设施完善得以大规模应用；预计 2030 年，氢能乘用车将以燃料电池主导，氢能乘用车将经历从示范到规模化的跃迁。中长期来看，基于汽油机开发的氢发动机，将在混动架构和特定场景中成为乘用车和轻型商用车"零碳拼图"中的关键一块；预计在 2030—2040 年，氢能乘用车及轻型商用车年销量突破 10 万辆，成为新能源市场重要补充。

3. 船舶

相比燃料电池,氢内燃机在大功率(兆瓦级)输出方面优势显著,已在拖船、渡船领域应用。其技术特性可有效规避船舶密闭空间氢安全风险。氢发动机成本优势突出,是当前最具商业可行性的船舶氢动力技术。以100kW发电装置计,氢发动机成本仅为燃料电池的50%左右。随着船舶储氢技术突破与加氢网络完善,氢发动机在内河及近海船舶领域应用前景广阔。以我国超11万艘内河船舶(500~3000t级货运约8万艘)为基数,单船通常需至少2套160kW+级动力系统。若2030年渗透率达30%,即可催生超2万台;展望2040—2050年,氢发动机有望成为内河航运主力动力。

6.2.2 低空经济领域的应用场景

根据工业和信息化部数据,航空业碳排放占中国交通领域总排放量的10%~15%。航空业的碳减排很难通过电气化实现,而氢能因其零碳排放和高能量密度的特性,为航空业提供了可能的减碳方案。其中,氢发动机动力飞机可能成为中短距离客运、货运航空飞行的选择之一,是帮助我国航空产业实现"双碳"目标的优质选择,同时也是"第三航空"时代的重要标志。

6.2.3 工业与能源领域的应用前景

随着新能源发电比例的不断上升,非移动应用场景的氢发动机发电可能是未来的一个重要增长极。相比于燃料电池和氢燃气轮机的发电形式,氢发动机发电效率和设备集成度更高,并且具有多种燃料适应性(可兼容低纯度氢气);同时,氢发动机还保留了传统内燃机的主要结构和系统,产业基础好,具有成本低、可靠性好、应用广泛等优点,尤其是发电功率在2MW以下时,氢发动机在发电效率方面具有巨大优势。各大燃气内燃机公司纷纷推出掺氢或以100%氢气作为燃料的兆瓦级发电氢发动机,如德国汉堡的能源示范项目和韩国蔚山的示范项目均推出了100%氢气的1MW级氢发动机发电机组。未来,氢发动机发电将在平抑可再生能源波动、保障能源安全、实现工业设施零碳供能方面发挥核心作用,预计到2030年,在离网可再生能源配套、数据中心备用电源等特定场景下,氢发动机可实现商业化应用(累计装机>500MW),到2035年预计可成为分布式能源重要组成部分(累计装机>5GW);2040年后,可以在2MW以下中小型发电市场占据主导份额。

6.3 氢发动机产业发展愿景及行动建议

6.3.1 发展氢发动机的必要性

在碳中和战略背景下，可再生能源发电的波动性和间歇性使得氢能具有了独特的意义和价值。通过"电—氢"转化，波动性的绿电可以大规模转化为氢能，进行长周期的存储、运输和能源化使用，可以有效缓解可再生能源电力供需不匹配的问题，从而使得氢能有望在未来能源结构中占据重要地位。

国家发展改革委和国家能源局于 2022 年 3 月发布《氢能产业发展中长期规划（2021—2035 年）》。作为国家级规划，文件明确了氢能在中国未来能源结构中的战略定位，制定了中国氢能产业阶段性发展目标，并首次系统性提出了氢能在交通领域以外的多个规模化应用场景的发展规划，包括储能、发电与工业。该规划为中国氢能产业的发展指引了明确的方向，并注入了强大的信心。

除氢以外的任何其他绿色燃料实际上都是以氢为基础的，本质上都是为了解决氢的储运难题，从这个角度来讲其他绿色燃料也可以被看作特殊的"氢罐"。但任何转换都是需要额外的能量和成本的，整体效率会降低，成本也会增加。因此虽然目前仍需要解决氢的储运环节效率低、成本高的问题，但直接将氢作为能源使用仍然是除绿电以外新能源行业追求的、效率最高的技术路线。

氢发动机和氢燃料电池是直接用氢作为能源的两大动力技术路线。燃料电池的峰值热效率有明显优势，而且排出的只有水和少量氢气，可以认为是真正的零排放动力。经过几十年的发展，特别是最近十几年在国际和国内的发展，燃料电池取得了很大进步，但仍面临诸多挑战。如峰值效率虽然高但对应的功率很小，而高功率工况下和内燃机相比的优势并不明显甚至更差；燃料电池成本高，低温启动困难且低温启动后功率响应慢；耐久性仍待进一步突破，特别是和水热管理相关的耐久性需要进一步突破。因此，无论在国际还是在国内，虽然整个产业获得了多年的财政补贴和其他各项激励措施，但燃料电池汽车的保有量规模一直非常小，具有经济规模的产业一直没有形成，即使在燃料电池产业化发展比较早的日本和韩国也是如此。

近年来，氢发动机产业异军突起。特别是在欧洲，随着距离 2035 年零排放政策实施的时间越来越近，氢发动机已经成为交通领域除电动化路径以外最热门的碳中和技术路线，特别是在商用车领域。在此背景下，自 2021 年以来，国内企业纷纷推出各自的氢发动机，包括商用车、乘用车、发电设备等各类氢发动机，氢发动机技术和产业在国内也得到了快速发展。

氢发动机在国内外之所以能得到快速发展主要得益于以下因素，这些因素实际上也直接构成了现阶段发展氢发动机的必要性。

（1）氢发动机可助力内燃机行业从化石燃料向绿色燃料转型。氢发动机可实现近零碳排放和超低有害气体排放，比传统柴油机、汽油机更环保，可助力内燃机行业从化石燃料向绿色燃料转型。

（2）强大的产业基础决定了发展氢发动机的社会总成本最低。当前，中国内燃机产业规模连续达到年产量 8000 万台左右，当年新增内燃机总功率 28 亿 kW 左右，相当于当前全国发电总装机容量 34.9 亿 kW 的 80%。而全国内燃机总保有量约 6 亿台，总功率是全国年发电容量的 9 倍左右，内燃机行业已经形成庞大的产业规模和强大的自身造血能力，仅需提供相应的政策支持、无需巨额补贴就能实现持续健康发展。

庞大的产业规模也造就了成熟的研发、制造、零部件产业基础，因此无需额外的生产投资就可转产氢发动机。强大的产业基础也决定了氢发动机的成本仅比传统内燃机略高，并且随着生产规模的扩大，其成本会很快达到和传统内燃机相当的水平。

（3）成熟的技术和产品决定了更容易实现商业化。内燃机经过 100 多年的发展，包括动力性、经济性、NVH、可靠耐久、绿色环保等各方面的技术已经非常成熟，各类内燃机产品已经成功应用于交通运输、非道路机械、通用机械等国民经济的各个领域。基于成熟内燃机技术发展的氢发动机虽然前期存在异常燃烧、氢喷嘴耐久、机油乳化、曲通系统氢浓度高等潜在的技术风险。但经过最近 5 年的快速发展，特别是得益于中国内燃机行业近 20 多年来研发能力、制造能力和供应链的快速完善，行业已经找到了成熟可靠的解决方案。如采用超稀薄燃烧抑制异常燃烧、采用气道喷射或中压喷射解决异常燃烧问题；采用主动曲轴箱通风解决机油乳化和曲通系统氢浓度高问题等。通过上述问题的解决，氢发动机基本上已经成为成熟的产品，具备逐步通过示范运行、小规模投放到大批量上市的条件。

另外，氢发动机和传统变速器、混合动力系统和发电系统都能实现完美匹配，快速应用于已有车辆或其他负载设备，无缝替代汽油机和柴油机，从而助力内燃机行业燃料使用从化石燃料向新能源燃料的转型，实现整个产业的绿色转型升级，为其走向商业化提供了必要条件。

（4）广泛的氢燃料适应性。和燃料电池要求氢气纯度达到 99.99% 以上不同，氢发动机可以吃"粗粮"，这意味着氢发动机不仅可以使用纯度较高的绿电电解氢，也可以使用纯度在 95% 以上的各类灰氢、工业副产氢和天然气管道输送的含杂质氢气等。能使用低纯度氢气的特点使得氢发动机比燃料电池更容易拉动氢能在交通领域的快速发展。

6.3.2 氢发动机发展愿景

内燃机从总功率规模角度具有不可替代性,从能源使用角度又具有能源转型的紧迫性,为实现内燃机产业向绿色低碳转型,使用氢发动机是当前切实可行的技术路线之一。为此,内燃机行业提出以下氢发动机长期发展愿景:

以国家"碳中和"战略为引领,以满足风光绿电大规模长周期储能需求为基石,打造绿色、高效、安全的氢发动机新质生产力体系。以最低社会成本,加速内燃机产业从化石能源向绿色能源的全面转型,实现规模化效益,为道路交通、水运、航空、非道路机械、分布式发电等国民经济关键领域的"双碳"目标提供核心动力支撑。预计氢发动机将从2030年开始快速导入市场,在2035年将成为重要支柱,预计在2040—2050年成为主力担当。

6.3.3 氢发动机发展建议

虽然最近几年国内外氢发动机发展方兴未艾,但未来整个产业要实现高质量发展,既要看到有利的驱动性因素,也要重视当前整个行业面临的约束性问题。特别是在政策、财政支持、标准法规完善、创新技术突破、建立规模优势、优化产业布局、示范应用推广等方面需要政府、行业、企业、科研机构、资本群策群力,共谋发展。因此,发动机行业制定了以下氢发动机发展的行动方案。

1. 纳入国家氢能战略,积极促进政策支持

建议加强顶层设计,以绿电(特别是弃电)制氢作为解决绿电波动问题的中长期储能手段,明确将氢发动机动力及各类氢发动机道路及非道路机械纳入国家和地方政府氢能战略总体规划,在政策支持、财政补贴、碳减排核算体系、绿色通道路权等各个方面获得和燃料电池同等的或相当的地位。

2. 加强国际国内合作,完善标准法规体系

行业应该充分认识到,欧洲在2035年实现零碳排放政策的驱动下,近年来氢发动机的发展得到了长足的进步,并且欧洲在相关政策法规制定、标准体系建设、核心零部件研发生产、先进技术突破等方面具有传统的优势。因此,为促进国内氢发动机行业的发展,国内行业组织、企业、高校和科研机构应加强和国外(特别是欧洲)在氢发动机技术、先进零部件、政策法规、标准体系建设等方面的交流合作,特别是要加强和"碳边界"政策相关的学术交流,实现国内氢发动机相关的政策、法规、标准直接和国外接轨。

(1)建议加快制定国内氢发动机汽车排放和氢安全的具体适用标准,开放准入管理通道。

(2)建议借鉴现有燃油汽车和燃料电池电动汽车产品准入标准体系,研究其对氢

发动机的适用性，尽快研究明确氢发动机汽车产品、其他装备氢发动机的交通运输工具及非道路机械准入检验项目及适用标准。

（3）建议将氢发动机明确纳入正在策划中的碳积分管理细则中，获得和燃料电池、纯电动相当的政策支持。

3. 凝聚行业发展共识，抢占战略发展机遇

内燃机行业具有完整的、具备自身造血能力的研发、制造、供应链、人才体系，这也是氢发动机产业化发展的关键支撑，是提升产业综合竞争力的重要保证。整个行业要凝聚氢发动机未来发展的共识，抢占战略发展机遇，抓紧关键短板环节创新攻关，培育壮大龙头企业。整个行业一定要建立起依托内燃产业生态，快速形成规模优势的理念。

行业一方面要积极促进相关产业政策的出台，另一方面要充分利用好现有的产业政策，鼓励产业上下游联合，以市场化为导向，研发、示范、推广满足市场需求的氢发动机、整车和其他氢能动力产品。

4. 创新研发组织模式，突破关键核心技术

关键核心技术的持续创新和突破，是培育和发展氢发动机产业面临的核心要务。政府、行业机构、科研机构及高等院校、企业要紧密结合，鼓励依托龙头企业、产业技术创新联盟、国家重点实验室，创立氢发动机国家技术创新中心，以产业需求为导向，市场化运作，组织产学研力量开展联合攻关。

重点聚焦氢气高效燃烧、早燃/爆震控制、高效增压、排放控制、专用润滑油、氢脆等氢发动机产业关键共性问题进行技术攻关，加快关键核心技术和产业化应用。加快推动氢喷嘴、主动曲通系统等核心零部件的国产化应用，进一步提升产业化能力，降低技术成本，以规模化、国产化带动制造成本持续下降，推动产业化进程。

建议将氢喷嘴、大流量主动曲通系统、70MPa高压储氢瓶和瓶口阀等部件，作为鼓励发展的技术和关键部件，纳入产业结构调整目录、关键技术攻关工程、国家重点研发计划等支持政策范畴，落实相应的支持举措，持续提升关键部件的技术性能和产业自主可控水平。

5. 创新机制引进资本，优化产业发展布局

鼓励整车企业、能源企业、装备制造业联合相关投资、基金和国内外社会资源，加大对氢发动机及相关产品的投资力度。出台鼓励整车企业、内燃机企业将氢发动机板块独立运营的政策，进一步加大吸引投资资金和其他社会资本的力度，提升产业化水平。

营造良好的投融资环境和公平准入、平等竞争的市场环境，促进各类企业共同发展。创新优化投融资渠道，鼓励社会资本参与氢发动机领域的战略投资、股权融资、

信托投资和特许经营，努力为氢发动机行业发展创造政策支撑、便捷高效的投融资市场环境。

6. 融入现有氢能基础，大力推广示范应用

经过多年发展，尤其在政策、补贴、示范应用的带动下，我国氢能及燃料电池汽车产业取得了较大进展，为后续发展打下了一定的基础，目前正处于由示范应用进入规模化发展的关键阶段。而氢能储运、示范应用规范等基础完全可以和氢发动机共用，这不仅可以避免多重投资、降低社会成本，更可以通过拉动氢发动机的发展进一步扩大示范应用的规模，使氢能动力能更早地服务社会，为此呼吁相关部门给予氢发动机及相关产品和燃料电池同样的政策支持。

整体来看，氢能及燃料电池汽车产业规模化推广仍然面临诸多难题，尤其是在加氢便利性、燃料成本等方面尚处于竞争劣势，短期内难以通过完全市场化实现自我驱动式发展。建议依托氢燃料电池汽车示范城市群建设，将氢发动机汽车、氢燃料电池汽车共同作为氢能汽车予以推广，带动氢能基础设施快速布局建设，加快氢能使用成本降低。各地方城市群统筹考虑区域产业布局情况，给予差异化政策支持。因地制宜支持若干有条件的省份，试点开展氢发动机汽车或其他采用氢发动机动力产品的应用，鼓励有条件的地方在路权、通行费等方面因地制宜予以支持，重点面向重载货运、长途客运、发电、水运等领域开展区域化应用和商业化探索。

总之，预计至2035年，氢发动机将支撑中国氢能产业生态成熟，到2050年，能依托绿氢规模化供给与技术迭代，有望成为交通、工业、能源领域的主力脱碳引擎，为中国乃至全球零碳转型提供"低成本—高可靠—强韧性"的中国特色解决方案。

参考文献

[1] 国家发展改革委，国家能源局．氢能产业发展中长期规划（2021—2035年）[Z]．2022-03-23．

[2] 常青．浅谈氢内燃机在重卡上的应用[J]．商用汽车，2024（4）：20-23．

[3] American Bureau of Shipping. Sustainability whitepaper：Hydrogen as marine fuel [R]．Spring：American Bureau of Shipping，2021．

[4] Tarasenko A B，Kiseleva S V，Popel O S. Hydrogen energy pilot introduction-Technology competition [J]．International Journal of Hydrogen Energy，2022，47（23）：11991-11997．

[5] 姜千．大容量兆瓦级发电氢内燃机关键技术介绍[J]．发电设备，2023，37（5）：277-282．

7 专家视点篇

7.1 氢能赛道中的务实先锋——氢发动机引领产业破局之路

李骏，中国工程院院士，清华大学教授；历任中国第一汽车集团有限公司技术中心总工程师、技术中心主任，中国第一汽车集团有限公司总工程师等职务；曾任国际汽车工程师学会联合会（FISI-TA）主席和中国汽车工程学会理事长。

中国在推动能源结构绿色转型、力争实现"双碳"目标的宏大征程中，氢能作为关键清洁二次能源，其战略地位日益凸显。然而，氢能产业链条长，涉及制、储、运、用多个环节，在迈向规模化应用的进程中，亟须一个能够撬动全局、带动链条整体前进的战略支点。在众多技术路线中，氢内燃机凭借其独特的优势，正展现出成为这一关键支点的巨大潜力。

氢内燃机这一脱胎于传统内燃机深厚工业基础的技术路线，其核心竞争力首先在于显著的技术经济性优势。相较于燃料电池系统对高纯度氢气（通常要求99.99%以上）和复杂昂贵电堆材料的严苛依赖，氢内燃机对燃料纯度的宽容度明显提升，可稳定运行于工业副产氢等纯度相对较低的氢源环境。这一特性直接打破了氢燃料成本瓶颈——当前我国工业副产氢资源丰富、成本优势明显，氢内燃机对其的有效利用为氢燃料提供了极具价格竞争力的落地场景。

在成本构成上，氢内燃机的优势更为直观。其核心结构承袭了经过百余年工业锤炼的内燃机平台，主要部件如缸体、曲轴、连杆等均可复用现有成熟产业链条，无需依赖铂族贵金属催化剂。核心动力总成的成本优势，为整车的规模化普及扫除了关键障碍。

氢内燃机的战略价值，更在于其对传统内燃机庞大产业生态的激活与赋能。中国作为全球最大的内燃机制造国，拥有完整的产业链条、强大的研发体系、成熟的生产工艺和遍布全球的售后服务网络。氢内燃机无需颠覆、重构产业格局，其发展本质是传统优势产业的绿色跃升。现有的生产线经过适应性改造即可投入氢发动机生产，成熟的供应链保障了稳定交付能力，庞大的维保体系则为终端用户提供了坚实后盾。这种承接与升级的模式,最大限度地保护了既有工业资产,显著降低了全行业向氢能转型的社会成本,为氢能应用的早期推广铺设了低风险的快速通道。

在应用场景层面,氢内燃机以其可靠、强劲、耐候性强的特性,在特定领域展现出难以替代的优势。长途重载运输领域,氢内燃机凭借其与传统柴油机近似的动力输出特性和长续航能力,成为深度脱碳的可行方案。船舶动力领域对功率密度和耐久性要求严苛,氢内燃机的大功率单机输出特性与成熟可靠性,对其极具吸引力。大型工程机械、非道路移动机械等常在偏远、恶劣环境下作业的设备,同样需要如氢内燃机般结构坚固、易于维护的动力源。这些场景构成了氢内燃机规模化应用的先导阵地,其成功示范将有力带动氢能全链条发展。

当然,氢内燃机并非终极解决方案,其热效率理论峰值低于燃料电池,且尾气中仍含微量的氮氧化物需要处理。然而,在氢能产业生态尚未成熟、成本制约显著的当下,氢内燃机扮演着产业助推器的关键角色。

为充分释放氢内燃机的战略潜能,亟待构建精准有力的政策与产业协同体系:

(1) 差异化战略引导:在国家及地方氢能规划中,明确氢内燃机在商用车、船舶、工程机械等领域的战略地位,设立清晰的推广目标和路线图。

(2) 绿色氢源认证激励:建立覆盖"制氢-储运-加注"全链条的碳足迹追踪与认证体系,对使用绿氢的氢内燃机车辆、设备给予强力的运营补贴或碳配额激励,引导绿氢应用。

(3) 基础设施兼容先行:在加氢站国家标准中,前瞻性纳入对工业副产氢等多元化氢源的适应性要求,避免纯度标准"一刀切"形成制约发展的瓶颈。

(4) 核心技术攻关支持:重点支持高效率氢气直喷、稀薄燃烧、先进后处理(如高效耐硫催化剂)、专用润滑油开发等关键技术研发,持续提升性能与环保指标。

(5) 打造示范标杆:在港口、矿区、重点物流枢纽等地,推动规模化氢能重卡、氢能船舶、氢能工程机械示范运营,验证商业模式,积累运行数据,提升市场信心。

当氢内燃机在长途货运线上轰鸣,当工程机械在建设一线以氢代油,当内河船舶以氢动力破浪前行,每一次燃烧驱动的不仅是机械本身,更是整个氢能产业巨轮的航程。氢内燃机以务实先锋的姿态,正为这场能源革命提供着关键的初始动能。在通向未来的氢能版图上,这条由成熟工业力量铺就的道路,必将成为支撑中国能源结构深度转型、实现绿色低碳发展的坚实脊梁。

7.2 氢发动机——氢能大规模应用的有力推动者

曹湘洪，中国工程院院士、美国国家工程院外籍院士；现任中国石油化工集团有限公司科技委资深委员，全国石油产品和润滑剂标准化技术委员会主任，国务院安全生产委员会危化品安全专委会专家组组长。

在全球积极应对气候变化、努力实现碳减排目标的大背景下，氢能作为一种来源多样、功能多元、应用场景丰富、清洁高效的二次能源，正受到全球的广泛重视。2024年年初，世界上已有60多个国家和地区发布了发展氢能的战略规划。中国内燃机学会编制的《中国氢发动机发展蓝皮书》，对于推动我国氢发动机技术突破、促进氢能产业发展具有重要意义。对氢发动机、对氢能发展的作用及前景，我有如下看法。

1. 氢发动机是氢能应用的又一重要方式，对氢能发展有重要推动作用

氢发动机作为氢能应用的重要方式，具有独特的优势，对氢能发展会有很大的推动作用。一是从成本角度来看，氢发动机造价相对较低。与氢燃料电池相比，氢发动机可以在较大程度上利用现有的发动机制造技术和生产设备，在传统汽油发动机或柴油发动机的基础上，根据氢气的理化性能和燃烧特性，开发氢燃料供给系统、燃烧系统等关键系统的材料和部件，实现氢发动机的制造。生产氢燃料电池动力系统需全新的生产工艺和设备，还需要昂贵的稀有金属材料和电池膜。利用现有技术、设备和生产设施适当进行技术改造生产氢发动机，可以大幅度降低制造成本，也使传统燃油发动机生产企业和相关研发机构能够以较低的成本进入氢发动机领域，加快氢发动机的研发和产业化进程。二是氢发动机对氢气品质要求较为宽松。氢燃料电池对氢气的纯度、杂质含量等品质有很高的要求，氢气纯度需达到99.99%以上，还需要脱除其中对燃料电池有毒害作用的微量有害杂质，如按国家标准要求一氧化碳含量$\leqslant 0.2\times 10^{-6}$、总硫（按$H_2S$计）含量$\leqslant 0.004\times 10^{-6}$、甲醛含量$\leqslant 0.01\times 10^{-6}$、氧含量$\leqslant 5\times 10^{-6}$，增加了氢气的制取成本。而氢发动机由于其燃烧原理和工作方式的特点，对氢气品质的要求可以明显放宽，这意味着在氢气制取环节，工业副产氢、低成本碱性电解槽生产的氢气等纯度较低的氢气，可以简化氢气提纯和脱除微量杂质的工艺。氢发动机的工作原理和对氢气品质要求宽松的特性，还使其使用寿命明显长于燃料电池，有人预测可达100万km以上，降低了氢能产业链前端制取环节技术门槛和制取成本，氢发动机制造成本下降、制氢成本下降和用户使用成本下降将有利于氢能交通的发展。

2. 氢发动机启停快速，负荷调节灵活，有很好的推广应用前景

基于上述发动机制造成本和氢气品质要求方面的优势，加上氢发动机和汽柴油发

动机一样，开机停机快速、负荷调节灵活、使用寿命长，热效率基本接近燃料电池的氢发动机会比氢燃料电池更容易推广。在交通领域，尤其是商用车市场，成本是影响技术推广的关键因素之一。商用车运营者对车辆的购置成本和使用成本极为敏感。氢发动机的低造价使得商用车制造商在生产装备氢发动机的车辆时，能够控制整车价格，使其更接近传统燃油商用车的价格区间，降低了商用车运营者的初始投资压力。同时，由于对氢气品质要求低带来的氢气成本降低，使用寿命长带来的折旧成本低，也使得商用车在运营过程中的燃料成本更具竞争力。例如，在城市物流配送、长途货运等场景中，装备氢发动机的商用车可以凭借其成本优势，在和氢燃料电池车的竞争中脱颖而出，率先实现大规模商业化运营。氢发动机启停快速、负荷调节灵活，和弃光弃风电力及电解水制氢耦合，更容易实现"源—网—荷—储"的平衡。氢发动机发电耦合及发动机的余热发电，既确保氢气的高效利用，还增加了电力系统的转动惯量，和电池储能相比，更有利于电网安全，我认为氢发动机在储能领域也有很好的推广应用前景。

3. 氢发动机研制中需重视的问题和发展趋势

展望未来，氢发动机有着广阔的发展前景。在技术研发方面，要通过优化燃烧过程、改进燃料喷射技术、研发新型材料等手段，进一步提高氢发动机的热效率，降低氢气消耗，提高动力输出的稳定性和可靠性，考虑行驶中实现高热效率，氢电混合动力驱动技术的开发与应用应当得到重视。同时，在排放控制方面，虽然氢发动机燃烧产物主要是水，几乎不产生传统燃油发动机的污染物，但氢发动机研究开发中还应关注和重视减少可能产生的氮氧化物排放。

在应用领域拓展方面，除了交通领域，还能在储能、分布式发电、备用电源等领域发挥重要作用。在一些偏远地区或者电力供应不稳定的地区，氢发动机驱动的分布式发电系统可以利用当地的氢气资源，为居民和企业提供稳定的电力供应。在数据中心、医院等对电力可靠性要求极高的场所，氢发动机作为备用电源，能够在电网停电时迅速启动，保障关键设备的正常运行，其具有的快速启动、高功率输出等特性，使其在储能和备用电源市场具有很强的竞争力。

总之，氢发动机和燃料电池发电相比，凭借其造价低、使用寿命长、对氢气品质要求宽松、启动快速、出力调变灵活等优势，在氢能发展中具有不可忽视的重要地位，很可能成为氢能大规模推广应用的重要突破口。在未来，随着技术的不断进步和应用领域的持续拓展，氢发动机很有可能在我国推动能源结构转型中发挥目前难以预判的重要作用。我国内燃机行业应加强氢发动机技术研究开发和产业示范，国家和地方政府也应加大政策支持的力度，促进氢能利用方式多元化、应用场景多元化的协同发展，共同开拓发展氢能之路。

7.3 镁基固态储氢——氢发动机的系统集成创新与应用展望

丁文江，中国工程院院士，上海交通大学氢科学中心主任，上海市氢科学重点实验室主任，上海市氢科学技术研究会会长，轻合金精密成型国家工程研究中心主任。

氢能作为支撑国家"双碳"战略目标实现的核心二次能源，其高效、高密度、高安全性的储运技术，是交通动力系统亟待突破的关键环节，特别是重型移动装备的深度脱碳。当前主流储氢技术路线在满足上述综合要求方面仍面临显著挑战。在这一背景下，镁基固态储氢材料以其本征的安全特性和卓越的体积储氢密度，展现出构建高效、紧凑、安全氢能储供体系的独特潜力。尤为关键的是，其固有的可逆热效应特性，为实现储氢材料与氢动力装备（如内燃机、燃料电池）在运行过程中产生的高品位废热之间的深度能量协同，提供了不可或缺的材料。这种材料特性与系统热源的内在耦合机制，为解决传统储供氢模式存在的能效瓶颈，并最终构建"废热驱动供氢"的自维持能量闭环系统，提供了极具战略价值的技术路径。本篇将聚焦于镁基储氢-氢发动机热集成这一创新技术路线，系统阐述其核心原理、关键进展、面临的挑战以及未来的突破方向与发展前景。

镁基固态储氢材料以其高的储氢密度（质量储氢密度 7.6% H_2，体积储氢密度 >110g/L）和可逆的热效应特性（吸氢焓变 $\Delta H \approx -75 kJ/mol H_2$），为构建高效热协同的储供氢一体化体系提供了可行性。其核心原理在于材料晶格结构可通过可逆的氢化/脱氢相变反应实现氢原子的高效储存与释放，如图 7-1 所示，在特定温度与压力条件下这种材料吸收氢气形成金属氢化物并放热，加热时则分解释放氢气，并且此过程具有一定的氢气净化能力。然而，镁基固态走向大规模产业化应用，仍然面临着诸如反应

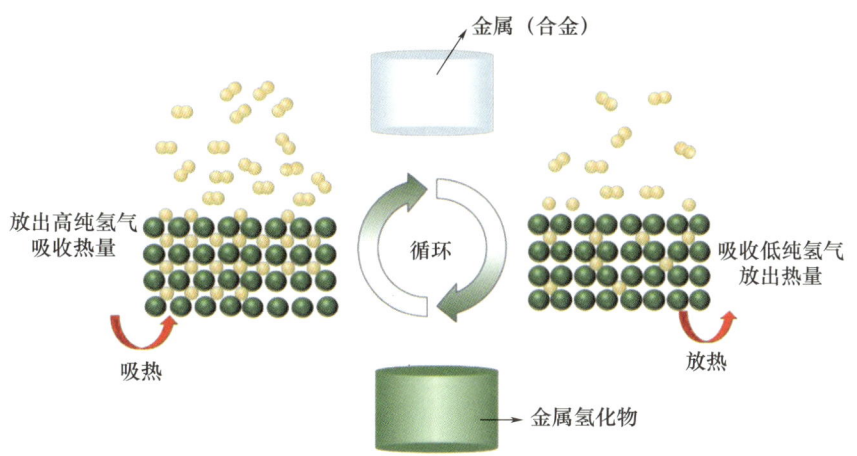

图 7-1 镁基固态储氢材料吸放氢原理

动力学迟滞、相对较高的释氢温度以及循环稳定性差等关键瓶颈的制约。针对这些存在的问题，学术界与产业界开展了持续的材料科学与工程创新，特别是在多尺度结构设计与催化界面调控等前沿方向上的突破，正在系统性地优化材料的吸放氢热动力学行为和降低可操作温区范围。这一系列材料本征性能的显著提升，使其独特的热力学属性与氢动力装备（如内燃机或燃料电池）在运行过程中产生的高品位排气余热之间，形成了极具潜力的高效协同效应。这种材料特性与系统热源的深度耦合，为利用原本耗散的废热能源驱动可控稳定的氢气释放，构建自维持的能量闭环系统，奠定了至关重要的技术基础，展现出其在氢能交通动力系统深度脱碳路线图中的核心价值与广阔前景。

构建高效热集成的能量利用闭环，是推动镁基储氢-氢发动机系统实现能效提升和应用的必要途径。该体系的核心优势在于其耦合了发动机运行产生的宽温域排气热能，直接驱动镁基储氢材料的可控释氢反应，从而在原理上实现了"废热驱动供氢"的自维持能量循环模式。相关研究表明，通过发展先进的瞬态热管理策略，能够有效平抑复杂工况波动对释氢动力学过程造成的干扰。这种热力学层面的深度协同，不仅实现了对高品位排气废热的回收利用，提升了系统的整体热功转换效率，更关键的在于它同步消除了对外部电加热的依赖，显著降低了系统稳定运行的能量损失；同时，释氢过程固有的吸热特性所形成的局部低温效应，还为进一步优化发动机排气系统的热管理提供了解决方案。这一系列由热力学协同驱动的系统性增益，对提升集成系统的净效率具有实质性贡献，展现出显著的技术经济性潜力。因此，镁基储氢-氢发动机热集成技术所代表的热能驱动闭环范式，不仅为重型动力装备的深度脱碳提供了一条极具前景的创新技术路线，更对构建高效、自主、可持续的氢能交通动力体系有着重要的战略意义。

面向氢发动机技术的规模化商业应用，镁基储氢与发动机热管理系统的深度集成作为一条极具发展潜力和应用前景的技术路线，迈向成熟应用仍需系统性突破若干核心瓶颈，如氢热耦合相应速度匹配问题、冷启动待机时间长、热量循环过程的散失等。令人鼓舞的是，国内研究力量正围绕这些关键挑战展开卓有成效的攻关，并取得了实质性的积极进展。首先，要解决的挑战是热-氢动态耦合智能响应，发动机瞬态工况引发的剧烈排热波动对储氢系统的实时、稳定释氢能力构成严峻考验。当前的研究前沿正聚焦于发展先进的分级热管理架构与多区协同温控策略，这些创新方法被证实能显著提升系统对释氢速率的动态调控精度与响应能力，为实现宽工况范围内稳定可靠的氢气供应奠定了关键技术基础。其次，轻量化与成本竞争力是决定该技术路线市场生命力的关键因素。成本控制则高度依赖于材料循环利用技术的突破与规模化制造工艺的持续优化，通过材料体系革新与产业生态协同，当前镁基固态储氢成本控制正展现出积极的下行趋势，向着具备市场竞争力的目标稳步推进。最后，系统在严苛工况下的长期服役可靠性是规模化应用不可回避的问题。发动机频繁启停的机械冲击与氢循环诱发的材料、罐体疲劳损伤构成了系统耐久性的核心制约。

综上所述,镁基储氢-氢发动机热集成技术路线,通过构建"废热驱动供氢"自维持能量闭环的独特范式,为解决重型移动装备深度脱碳面临的高效、高密度、高安全性储供氢核心难题,提供了一条具有战略价值与工程可行性的创新路径。该技术的核心优势在于材料的高体积密度与热效应同发动机高品位废热的深度协同,实现了系统能效的实质性提升。未来面向规模化商业应用时,突破当前存在的热-氢动态智能调控、轻量化与成本竞争力、长周期服役可靠性等核心瓶颈是技术实现应用的关键,需要着力推动材料多尺度设计优化、系统热管理架构创新与规模化先进制造工艺的深度协同。只有通过材料科学、热系统工程、控制理论与先进制造等多学科的深度融合与全链条创新,才能加速打通从关键技术突破到工程示范验证,直至最终迈向规模化产业应用的通道。镁基固态储氢-氢发动机热集成技术,不仅有望成为破解重型商用车、工程机械等难脱碳领域动力转型困局的关键技术方案,更对我国构建自主可控、高效低碳的交通能源体系,实现"双碳"战略目标具有不可替代的战略支撑作用。值得特别指出的是,该技术路线所体现的"氢-热协同"核心理念,在更广阔的氢能应用场景中同样展现出巨大价值:以可再生能源电力制取的氢气储存在固态储氢装置中,可根据需求供应多元终端(如工业原料、燃料电池发电或交通动力),如图 7-2 所示;而通过集成设计有效利用吸氢过程产生的热量及外部余热(如来自燃料电池、工业过程或发动机),为放氢过程提供热源,将显著降低系统能耗,提升制氢-储氢-用氢全链条的整体能量利用效率,加速固态储氢技术的规模化应用。镁基固态储氢-氢发动机的发展进程,将是我国氢能技术创新能力与工程转化水平的重要标志之一。

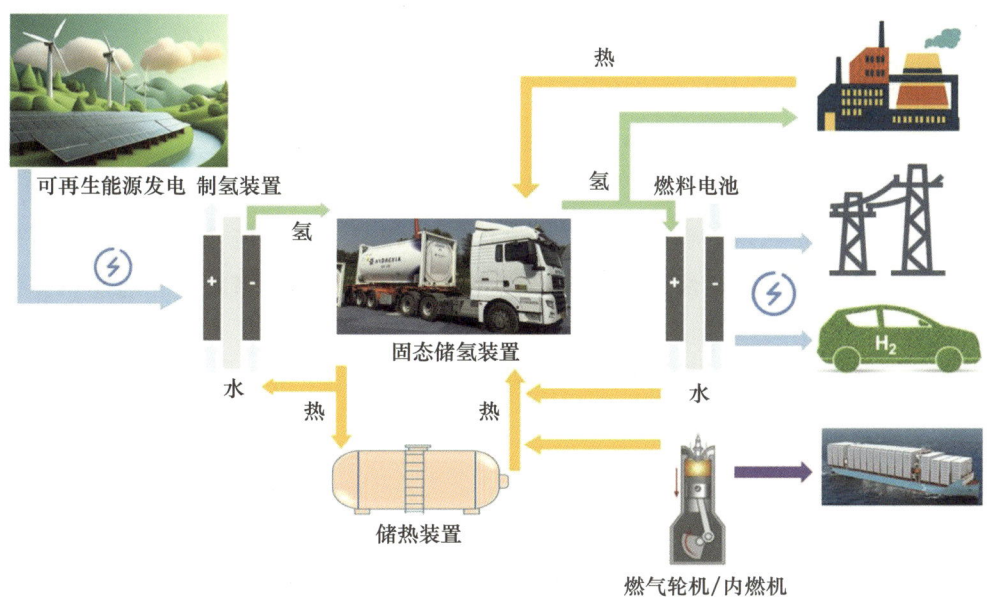

图 7-2 固态储氢技术的应用示意图

7.4 氢能储运技术现状及镁基材料氢储运的发展潜力

潘复生，中国工程院院士，重庆大学教授；现兼任重庆市科学技术协会主席、中国工程科技发展战略重庆研究院院长、国际标准化组织（ISO）镁及镁合金技术委员会主席、国际镁学会主席、中国材料研究学会副理事长。

在全球积极推进碳达峰、碳中和目标的大背景下，节能减排和能源转型已成为全球共识与必然选择。其中能源转型作为解决"双碳"问题的核心路径，正经历从传统化石能源向清洁低碳能源体系转型的历史性变革。氢能作为一种清洁、高效且可持续的能源载体，正逐渐成为能源领域的焦点。但由于储运氢技术没有重大突破，氢气作为能源的可能性非常低（小于2%），氢能战略推进极为艰难。安全高效的低成本储运氢技术的发展和应用已成为氢能战略实施最关键的瓶颈，镁基固态储氢技术有望为解决此瓶颈并提供新途径。

1. 氢能在能源转型中的重要性

氢能具有能量密度高（是汽油的3倍）、来源多样、应用场景广泛、零排放等优点，被认为是未来的终极能源。当前氢能正在成为新型能源体系中不可或缺的战略性能源，其发展对于推动能源结构转型、实现"双碳"目标具有重要意义。发展新一代绿色氢能技术是实现"双碳"目标的重大刚性需求，能够构建非化石能源与化石能源之间的转换桥梁，实现电能与热能的灵活转换，是构成未来能源互联网的重要环节，对保障能源安全、应对全球气候变化具有重要作用。随着清洁低碳能源体系建设的不断加快，氢能作为新兴能源的角色日益凸显，2024年我国氢能全年生产消费规模超3650万吨，位列世界第一位。但目前氢能产业总体处于发展初期，在终端能源消费量中占比仍然很低（不足2%），其核心问题在于氢气储运环节存在效率低、安全性不足等"卡脖子"问题，尚未形成高效、经济、可持续的氢能流通体系，严重制约了氢能在大范围、多场景下的推广应用。因此，解决氢储运问题迫在眉睫，应加快推进新型储氢技术路径开发，提升储运环节的安全性、经济性与能效水平。

2. 当前主流储运氢技术的优缺点

氢能存储技术作为氢能产业链的核心环节，直接决定了氢能应用的经济性与安全性。当前的储氢方式主要分为高压气态储氢、低温液态储氢和固态储氢三种。

高压气态储氢具有简单快捷、充放氢速度快、工作温度温和等优点，是目前应用最为广泛的储氢方式。但其受限于压缩能耗和安全隐患，在长距离运输场景中经济性较差，当运输距离超过200km时，高压气罐氢运输成本在氢气利用总成本中占比超过

20%，且随距离增加急剧上升。国家有关部门和部分地区明确规定，高压气罐氢运输距离不能超过 200km、不能过隧道。同时，高压气态储氢技术也面临着储氢瓶部分材料、工艺及零部件依赖进口等问题。

低温液态储氢在航空航天领域已实现商业化应用，其体积储氢密度为 70.8g/L，是高压气态的 1.8 倍。然而该技术的发展受多种因素限制：

（1）液化耗能大，每液化 1 质量的 H_2 需要消耗约 0.4 质量 H_2 的燃烧热值。

（2）需要专业的低温绝热容器及配套的制冷系统。

（3）挥发损失大，同样不适合长期储存且存在一定的安全隐患。

与传统储氢方式相比，固态储氢由于其储氢密度高、安全性能好、应用场景广泛等优点，近年来受到广泛关注，并被认为是最具发展潜力的氢储运技术之一。

3. 固态储运氢技术的特点及镁基固态储运氢的优势

固态储氢是通过物理或化学方法将氢储存在固态材料原子层表面或原子晶格中的一种储氢方式。其中，稀土固态储氢已开始小规模应用，更有潜力的镁基固态储氢已获得国内外市场的广泛关注，有望成为颠覆性储氢技术。

物理吸附储氢通过范德华力将氢气分子吸附在固体表面，储氢材料包括碳基材料、无机多孔材料和金属有机骨架化合物等，具有安全性高、吸放氢速率快、环境友好等优势。但大多数此类材料需在较低温度下才能达到一定储氢密度，常温常压下吸氢量较低。未来将通过优化材料的内部结构、提高比表面积和孔容等方式，进一步提高材料的储氢容量和吸附性能；也可以通过与其他储氢方式进行复合，进一步拓展其应用场景。

在化学储氢过程中，氢气分子首先吸附在材料表面并发生解离，解离后的氢原子进一步扩散到材料内部与其他元素以共价键、离子键或金属键形成化合物，在一定条件下又可以将这些化合物中的氢释放出去。与高压气态储氢和低温液态储氢相比，固态化学储氢是一种基于可逆反应来实现的原子级储氢技术，不仅储氢密度高，而且具有稳定、安全的储运优势，是未来极具发展前景的储氢方式。其中金属氢化物因循环性能较好，操作环境较为温和等因素成为研究重点。但是，在实际场景中得到应用的稀土系、钛系等体系还存在储氢密度较低等问题，储氢密度缺乏竞争力。镁基储氢材料具有镁资源丰富（我国全球占比 85% 以上）、成本低（较稀土基材料低 60%）、储氢密度高（质量储氢密度 7.6%、体积储氢密度 110g/L，远高于目前应用的高压储氢和稀土固态储氢）、可以纯化氢气等特点，在固定式储能和大规模、长距离氢气运输应用中展现出巨大潜力，已获得国内外市场的广泛关注，但市场对镁基固态储氢的投入强度远高于政府部门。镁基固态储氢目前还存在着吸放氢温度偏高、循环寿命不够长、稳定性有待进一步提升等问题，国家政府部门应该加大支持力度。在镁基中温吸放氢材料、储氢系统和装备等方面应加大研究力度和产业化步伐，一旦实现大规模产业化，镁基固态储氢有望为氢能战略实施提供一条颠覆性新技术。

4. 镁基固态储运氢的应用前景

镁基固态储氢技术在未来氢能产业发展过程中具有广泛的应用场景和前景。

（1）固态储氢加氢站：利用固态储氢材料安全、密度高的特点，在加氢站中实现稳定、高效的氢气存储与释放过程，尤其适合移动式加氢设施，能显著提升加氢站的安全性与布设灵活性。

（2）固态储氢运氢车：固态储氢运氢车可在常温常压或较低温压条件下实现氢气的远程运输，为建设安全、经济、高效的氢能运输体系提供新路径并且可拓展在运煤火车上实现氢气的长途运输。

（3）储氢仓库和纯化储氢一体化装置：利用储氢材料的选择性吸放氢特性，将固态储氢装置用于储存和提纯氢气，有效解决在生产企业和氢气用户中的氢气安全储存和纯化问题。

（4）分布式储能系统：固态储氢装置可灵活部署在风电、光伏等分布式能源站点，实现就地产氢、就地储氢。结合掺氢天然气或燃料电池发电设备，为区域能源系统提供稳定能源输出，提升整体能效与调节能力。

（5）氢燃料电池系统：作为氢供给模块，固态储氢系统可与燃料电池耦合，保障持续、稳定的氢气供给，尤其适用于对空间、安全性要求较高的移动或便携式燃料电池设备，如应急电源、无人机、特种装备等。

（6）氢内燃机动力系统：在氢内燃机中，固态储氢系统作为加氢模块可实现高效、稳定供氢，降低传统储氢系统因高压等带来的安全隐患，并提高动力系统的集成紧凑性，适用于工程机械、船舶等场景。

7.5 氢内燃机的综合优势与技术展望

赵华，英国皇家工程院院士，中国工程院外籍院士，国际汽车工程师协会（SAE）Fellow；现任英国伦敦布鲁内尔大学副校长、先进动力及燃料研究中心主任。

随着全球气候变化问题日益严峻，构建低碳乃至零碳的能源和利用成为各国技术创新的核心方向，也是我国 2060 年实现碳中和必不可少的途径。氢作为太阳能和风能等可再生能源的储能载体，被认为是未来能源革命的重要支柱，将会广泛用于替代化石燃料制备的汽油和柴油。在众多氢能应用技术中，氢内燃机因具备较强的技术延续性和工程适配性，受到国际汽车工业和动力工程领域的广泛关注。

近年来，氢内燃机研发活动持续升温，尤其以德国、日本、美国和中国的内燃机和工程机械制造商、整车企业与科研机构为代表，重点应用场景包括商用车、重型卡车及非道路机械方面重点开展技术验证与商业化示范。

在技术路线选择上，大多欧洲商用车制造商，如沃尔沃卡车、斯堪尼亚、戴姆勒卡车和曼恩等都在原有的重型柴油或气体发动机上通过进气或缸内直喷氢气的方式，开发出能够满足超低排放和高效率的氢气内燃机。这些企业普遍认为，氢内燃机是实现难度相对较低且成本效益显著的解决方案。康明斯作为全球内燃机的领军者，已开发出 6.7L 中型及 15L 重型氢内燃机。日本丰田通过将氢内燃机用于 GR Corolla 赛车，验证了其在高负载、高转速条件下的适应性。潍柴动力、玉柴、一汽集团等国内企业近年来加快氢内燃机布局，开展多个功率段的原型机试制，部分产品已进入实车验证阶段。在 2025 年初，英国的 JCB 公司研发的氢气发动机已经通过欧洲十几个国家的认证，标志着氢气发动机在非道路工程机械商业化的开端。

总体趋势显示，全球氢内燃机技术呈现的方向主要是以气道喷射到缸内直喷的火花点火燃烧系统的开发为主，通过涡轮增压与稀薄燃烧协同优化、燃烧控制策略智能化的技术支持，提升其功率密度与热效率。同时，西港公司利用超高压氢气直喷和柴油微引燃技术实现了超过 50% 有效热效率的重型氢气发动机。通过稀薄燃烧、选择性催化还原（SCR）等技术的综合应用，使得氢内燃机的 NO_x 排放控制在个位数水平，远低于欧Ⅶ标准要求。考虑到氢气喷嘴的可靠性以及在现有的内燃机基础上无需大的改动，最先一批商业化的氢发动机主要以气道喷射为主，包括火花点火的单燃料氢发动机和柴油-氢气双燃料内燃机。

尽管氢内燃机技术取得一定进展，但仍面临多项关键技术瓶颈，如氢气着火能低、燃烧速度快，极易产生爆震或回火现象，以及曲轴箱内氢气易引发爆炸。特别是在高压缩比条件下，稳定燃烧的窗口较窄，需精细控制空燃比、点火时刻和喷氢方式。氢气虽然是最容易扩散的气体，但实验表明，缸内直喷会存在氢气分布不均匀，导致热效率降低和 NO 排放增加。

在相同排量下，氢气的低能量密度和稀薄燃烧使得发动机功率输出受限，需借助增压技术（如涡轮增压、电增压）加以提升。虽然氢气燃烧的碳排放为零，但在高温燃烧条件下，会产生大量 NO_x。实现近零污染需依赖稀薄燃烧与后处理系统的协同控制，特别是在瞬态工况中如何能同时保证突出的性能和最低的排放。

虽然氢气燃烧不会产生 CO_2 和碳烟颗粒，但通过活塞环、缸壁和曲轴箱等回收的气体进入燃烧室的润滑油会在燃烧过程中生成颗粒和 CO_2，还有可能导致油滴自燃引发的爆震。另外，氢气燃烧所产生大量的水气会增加润滑油的稀释和水溶。因此迫切需要研究和开发针对氢发动机的新一代润滑油。

氢内燃机作为零碳动力系统有着极大的技术优势和竞争力。氢内燃机最大的优势在于可充分利用现有成熟的内燃机制造技术、产业链和服务网络。与氢燃料电池相比，其制造成本低、系统结构相对简单，尤其在重载交通领域具备良好适应性。其响应速度快的特性决定更适用于高负荷变工况的应用场景。

当前氢内燃机单位成本显著低于氢燃料电池系统。其使用寿命与维修成本也优于燃料电池，因此在生命周期成本方面具备优势。

氢内燃机特别适用于长途运输、工程机械、农业机械、矿山设备等重负载场景，尤其在极端温度或高粉尘环境下运行优势明显。短期内在商用车、非道路移动机械领域具备较快落地可能，中长期在船舶、轨道交通及发电领域也有潜力。

氢内燃机还可与 e-fuels（电制合成燃料，包括绿色甲醇，氨气）兼容，构建过渡时期的碳中和解决方案。其与传统柴油、天然气发动机相近，可实现动力系统的渐进式替换，有助于降低碳中和转型的成本与风险。

从产业的角度看，为推动氢内燃机技术的应用与发展，发动机制造商、整车企业、材料供应商、储运设备商需积极合作。

通过国际合作机制的建立与强化可有效推动氢内燃机的认证体系、燃料接口标准、储氢安全等级等制定，从而打破技术壁垒、促进市场融合。各国政府可推动联合示范项目，例如在欧亚之间建设"氢走廊"，实现技术共研、基础设施共建、运营数据共享。此外，氢气的碳足迹追踪与认证机制也应协调一致，为氢内燃机提供清洁能源认证支撑。氢内燃机相较燃料电池对制造环境要求较低，更适合发展中国家率先部署。发达国家可通过技术转让、产业投资、联合培训等方式帮助全球范围内的技术扩散，助力全球减排目标。

总之，氢内燃机作为连接传统内燃技术与零碳未来的重要桥梁，具备明显的技术与经济潜力。尽管目前仍面临若干技术瓶颈，但在政策引导与技术突破的共同推动下，其有望在未来十年内形成重要的零碳动力支撑系统，特别是在商用与工程机械领域占据一席之地。

7.6 氢发动机政策标准现状及产业化展望

吴志新,俄罗斯工程院外籍院士,教授级高级工程师,原中国汽车技术研究中心有限公司副总经理,中国内燃机学会会士,中国汽车工程学会常务理事、会士,中国智能交通协会副理事长。

氢能作为一种来源丰富、绿色低碳、应用广泛的二次能源,是全球能源转型发展的重要载体之一,现已逐步成为各国能源战略与新兴产业布局的重要赛道。欧洲各国普遍将氢能作为推进清洁能源转型和可持续发展的重要抓手。欧盟二氧化碳排放法规已将燃用单一燃料的氢发动机汽车认定为"零排放车辆(ZEV)",通过相关激励机制抵消部分碳减排目标对汽车制造商的压力。UN R49 修正案已增加氢发动机排放型式认证的相关条款。美国重点支持氢能前沿技术研发突破,美国环保署(EPA)在重型车三阶段温室气体排放标准(GHG3)中将完全使用氢运行的氢发动机汽车碳排放计为零,并可获得排放积分用于交易、储存或抵消高排车辆的排放赤字。美国能源部已投入资金支持氢发动机研发和示范项目。日本加速推动"氢能社会"建设,明确氢能在交通、工业等多领域应用,鼓励氢能产业发展,其氢能及燃料电池技术处于全球领先水平,近期日本经济产业省正在推进氢发动机重型车脱碳实证项目。

我国将发展氢能产业作为落实"双碳"目标、推进能源革命和产业转型升级、培育未来产业的重大战略举措。近年来,我国从中央到地方密集出台了一系列支持氢能产业发展的政策及标准法规。氢发动机与氢燃料电池是氢能在交通领域应用的两大技术路线。前期,我国的氢能政策和规划主要聚焦氢燃料电池,积极推进氢能及燃料电池电动汽车示范应用工程,已取得积极成效。但目前燃料电池汽车产业化仍面临氢能基础设施布局不完善、关键核心技术有待进一步突破、产品制造和使用成本较高等瓶颈问题。

与此同时,近几年国内外兴起了氢发动机技术和产品研发热潮,引起了我国政府主管部门和行业组织的高度重视。目前,我国已逐步将氢发动机纳入相关产业及科技发展规划与政策体系,正在研究相关产品准入及管理政策。2023年8月,国家标准化管理委员会等八部门发布《氢能产业标准体系建设指南(2023版)》,将"氢内燃机"列为"氢能应用"重要领域之一,并加入核心标准研制行动。2023年12月,国家发展改革委发布《产业结构调整指导目录(2024年本)》,将"氢燃料发动机"列为"鼓励类汽车关键零部件"。2024年8月,工业和信息化部在国家重点研发计划"新能源重点专项"中给予了"重型商用车混合动力专用氢内燃机关键技术(共性关键技术)"重点科技项目支持。

在氢发动机标准法规方面，我国已取得了积极进展，正在加快构建相关标准体系。现已制定并发布 1 项国家标准和 10 余项团体标准，另有多项国行标正在研制。2024 年 9 月，我国氢内燃机领域首个国家标准《氢燃料内燃机 通用技术条件》（GB/T 44723—2024）发布，标志着氢内燃机标准化工作迈出关键一步。2025 年 3 月，生态环境部等发布《重型柴油车污染物排放限值及测量方法（中国第六阶段）》（GB 17691—2018）修改单（征求意见稿），将"重型氢燃料发动机及整车"纳入排放法规。2025 年 4 月，工业和信息化部在"2025 汽车标准化工作要点"中明确提出"开展氢（氨）发动机汽车技术规范等标准预研"。

在不同技术路线对比方面，氢内燃机凭借成本低、可靠性高、环境适用性好等优势，在商用车领域具备较高的应用潜力。未来，面向碳中和，汽车技术路线主要有纯电动、燃料电池、碳中性燃料发动机等。其中，在我国较低电价条件下，纯电动汽车具有使用成本低的显著优势，但存在能量密度低、低温性能衰减等问题，适用于轻型车及短途运输商用车。相比之下，氢燃料电池汽车的优势是效率高、补能快，主要瓶颈是使用成本高、加氢便利性较差等，适用于重载及中短途运输场景。氢发动机具备制造成本低、可靠性高、环境适用性好、燃料纯度要求及燃料成本低等优势，但是存在少量 NO_x 排放，且应用中面临与燃料电池同样用氢便利性等挑战，适用于重载、中长途运输以及极寒地区等场景。

综合来看，纯电动可作为未来低碳、零碳汽车的主流技术路线，氢能汽车（包括氢燃料电池和氢内燃机）可作为有效补充。在国防工业、应急动力、极寒地区等电动化及氢燃料电池所不及的领域，内燃机仍将长期发挥主导作用。值得一提的是，氢发动机与氢燃料电池互补性强，两者协同发展，有助于快速拉动氢能基础设施建设，带动氢能产业链高质量发展。未来，以上多种车用动力技术路线将会长期并存、协同互补发展，共同满足交通运输和出行需求。

在市场需求方面，氢发动机在未来交通运输领域绿色低碳转型过程中市场前景广阔、大有可为。中长途重型车、工程机械等高功率需求场景下，氢发动机优势明显，预计较快形成规模化应用。在乘用车领域，混动及增程式氢发动机在氢能基础设施完善地区可作为纯电动技术的补充，也具有较好应用前景。另外，氢发动机在低空、内河航运的细分场景下具有应用可行性。当前，国内外氢发动机技术研发快速推进，多家头部主机厂已投入大量资源开展产品研发布局。

截至 2025 年 5 月，国内外已发布 20 余款氢燃料发动机样机及样车。目前，我国氢燃料内燃机技术与产品研发基本与国外同步，正处于产品研发后期及应用验证阶段。预计 2027 年左右，氢发动机头部企业将具备量产条件，在激励政策加持下，全国可能启动多种应用场景的氢发动机小规模示范应用项目。到 2030 年，氢发动机有望发展成为交通、发电、工程机械等领域具有竞争力的绿色零碳动力解决方案之一。

当前，我国氢发动机行业尚处于产业化早期，应从政策环境支持、关键核心技术突破、示范工程引领、氢能基础设施建设等多方面共同发力推进产业化进程。一是，在制氢端，应强化清洁低碳氢应用激励，同时探索工业副产氢就地消纳技术路径。二是，在氢气储运加注端，应加快氢高速、氢走廊建设，完善加氢站管理政策体系，形成网络化布局。三是，在应用端，应明确氢燃料内燃机适用政策及标准法规，建立准入及监管通道，同时加快关键核心技术攻关和自主创新能力建设。四是，在市场端应鼓励因地制宜先行先试，在具备条件地区率先开展氢发动机汽车试点示范项目。